# वादविवाद प्रतियोगिता संकलन

लेखिका

डा॰ वीणा चावला



**बुक्स फॉर ऑल**

दिल्ली-११००५२

ISBN : 978-81-7386-274-8

प्रकाशक
**बुक्स फॉर ऑफ**
(एन इम्परिन्ट ऑफ लो प्राइज़ पब्लिकेशन्स)
ए-6, नीमडी कॉमर्शियल सेन्टर,
अशोक विहार फेज़ - IV, दिल्ली - 52
फोन 27302453

मुद्रक : डी॰ के॰ फॉईन आर्ट प्रैस प्रॉ॰ लि॰, दिल्ली - 52

**भारत में प्रकाशित**

# समर्पण

यह पुस्तक मेरे गुरु साईबाबा को समर्पित है। उन्होंने मेरे हृदय में मां सरस्वती के रूप में निवासकर समाज देश-विदेश में हो रही घटनाओं परिस्थितियों को सोचने-समझने, चिंतन-मनन करने की क्षमता प्रदान की है। नेरे शरीर का अणु-अणु उनकी भक्ति व शक्ति से संचालित है। मेरा रोम-रोम उनके प्रेम-रस से पूर्ण हो कार्य करने में समर्थ है। मेरे शरीर के सभी चक्र तथा उनने सम्बन्धित सभी अंग उनकी कृपा से संतुलित हैं। मेरी अंगुलियाँ उन द्वारा प्रवाहित ऊर्जा के परिणामस्वरूप ही धाराप्रवाह लेखन कार्य करती हैं। मैं उनसे वंदन करती हूँ कि वह सदैव मुझे अपनी छत्र-छाया में रखें तथा मेरे हृदयरूपी आसन पर विराजमान रहें।

**डा0 वीणा चावला**

# मेरी ओर से

मैं अपने अध्ययन काल में अकसर वादविवाद प्रतियोगिता में भाग लेती रही हूँ। कई बार पराजित हुई, कई बार विजेता घोषित हुई। समय बीतता गया। अध्ययन-काल समाप्त होने के पश्चात् मैंने हिन्दी विषय की अध्यापिका के रूप में विद्यालय में अपना कार्य प्रारम्भ किया। विद्यार्थियों के बीच रहकर साहित्यिक गतिविधियों से जुड़ी रही। उन्हीं के रूप में अतीत को जीती रही। विद्यार्थियों को नाटक, वादविवाद, भाषण, कविता आदि प्रतियोगिताओं के लिए सदैव प्रेरित किया तथा उनका मार्गदर्शन भी किया। आज मुझे 27 वर्ष हो गए हैं अध्यापिका पद पर कार्य करते हुए। मैं जब भी छात्र-छात्राओं को वाद-विवाद प्रतियोगिता में भाग लेने के लिए प्रेरित करती तो एक समस्या सामने आती कि विषय की सामग्री कहाँ से एकत्र की जाए। यद्यपि अनेक समाचार पत्र-पत्रिकाएँ, दूरदर्शन तथा विभिन्न संचार माध्यम इस कार्य में सहायक सिद्ध होते हैं लेकिन फिर भी विद्यार्थियों को सामग्री एकत्र करने के लिए अनेक कठिनाइयों का सामना करना पड़ता है। एक दिन मेरे मन में यह विचार आया कि अगर वाद-विवाद प्रतियोगिता की कोई पुस्तक उपलब्ध हो जाए तो कार्य सरल हो सकता है। मैंने कई जगह ऐसी पुस्तक की तलाश की लेकिन वह उपलब्ध नहीं हुई। तब मेरे मस्तिष्क में ऐसी पुस्तक लिखने की प्रेरणा जागृत हुई। इस कार्य में मेरा अध्ययन व अध्यापन काल का अनुभव व ज्ञान काम आया। प्रभु ने मेरी सहायता की और मैं अग्रसर हुई। इस पुस्तक में विभिन्न विषयों को समेटने का प्रयास किया गया है। आज मुझे अपनी भूतपूर्व छात्र-छात्राएँ प्रियंका, स्वप्निल, ख्याति, संजीव, अमित चावला, गौरव, शिरू, गुंजन, प्रीति, गीतांजलि, ऋचा, सुमेधा, रश्मि, साक्षी, नन्दिता, आस्था नवल का ध्यान आ रहा है जिन्होंने विभिन्न प्रतियोगिताओं में भाग ले विद्यालय का नाम गौरवान्वित किया। ये मेरे हृदय में सदैव समाई रहेंगी।

किसी भी विषय पर विचार-विमर्श करने में मेरे सहयोगी मित्रों ने मुझे पूर्ण सहयोग दिया। श्रीमती अनीता वडेरा, डा० रबिन्द्र नाथ ककरिया, नीलम तलवार, मधु भारद्वाज, वीना गंजू, सुमन मित्तल, वन्दना रस्तोगी, नागेन्द्र पाठक, ममता नागपाल,

रेखा सचदेवा, सुमन गक्कड़, नीता छाबड़ा, सुषमा पाण्डेय, सुशीला शर्मा, इन्दु शर्मा, रश्मि मेहता, सविता, रजनी गुप्ता, रेखा गुप्ता, नीता अग्रवाल, वर्षा नारंग, नीलू कालरा, दीपा भारद्वाज, रितु जैन, इन्दु अरोड़ा, निशा शर्मा व श्री विमलेश ठाकुर के प्रति विशेष आभार व्यक्त करती हूँ। मैं अपनी भाभी अलका चावला, भतीजी स्मृति चावला तथा नन्हीं परी सिमरण चावला की भी आभारी हूँ जिन्होंने मुझे इस कार्य के लिए प्रोत्साहित किया। मुझे पूर्ण विश्वास है कि यह पुस्तक विद्यार्थियों के लिए उपयोगी सिद्ध होगी। शिक्षिका होने के नाते मेरा शिक्षा-क्षेत्र में यह छोटा सा प्रयास व योगदान है। मैंने इस पुस्तक की रायल्टी प्रकाशक से नहीं ली है क्योंकि यह पुस्तक मां भारती के चरणों में समर्पित है।

**डॉ0 वीणा चावला**

# विषय सूची


समर्पण 3

मेरी ओर से 5

विषय सूची 7

वाद विवाद प्रतियोगिता के नियम 11

## खण्ड (क)

1. अग्रजों ने हमें कहीं का नहीं छोड़ा 15
2. विज्ञापन धोखेबाजी का व्यापार है 20
3. चुप चीख से अधिक बलवान है 25
4. वर्तमान पीढ़ी अपनी जड़ों से उखड़ चुकी है 29
5. कल्पना सफलता की आधारशिला है 34
6. युवा पीढ़ी अपने भाग्य की निर्माता स्वयं है। 39
7. जिन्दगी समझौतों का नाम है 43
8. वर्तमान शिक्षा प्रणाली शिक्षार्थियों के विकास में सहायक है 49
9. सफलता के लिए पहुँच आवश्यक है प्रतिभा नहीं 54
10. स्वतंत्रता प्राप्ति का साधन क्रान्ति थी शान्ति नहीं 58
11. परमाणु बम परीक्षण भारत की उन्नति का द्योतक 63
12. नारी का कार्य क्षेत्र घर है 69
13. भौतिक उन्नति महानता की प्रतीक है 74
14. राष्ट्र को संतों की नहीं संतरियों की आवश्यकता है 79
15. मजहब नहीं सिखाता आपस में बैर रखना 85
16. आतंकवाद को शान्ति से समाप्त किया जा सकता है 91
17. नैतिक मूल्यों का ह्रास आधुनिकता की विवशता है 96
18. भारत अमेरिका परमाणु समझौता भारत के उज्ज्वल भविष्य का प्रतीक है 102

19. राजनैतिक एवं प्रशासनिक क्षेत्र में महिलाएँ पुरुषों से अधिक सफल हैं 106
20. आज के युग में धन से ही व्यक्ति की प्रतिष्ठा है 111
21. राजनीति व अपराधीकरण अन्योन्याश्रित है 117
22. आज हमारे राष्ट्र को युवा नेता की आवश्यकता है अथवा वयोवृद्ध की 123
23. बीती बातों को भुला देना ही उचित है 128
24. विज्ञान वरदान या अभिशाप 133
25. आधुनिक मनोरंजन व पतन 138
26. पत्रकारिता का निजी जिन्दगी में हस्तक्षेप उचित 142
27. उच्च शैक्षणिक संस्थानों में आरक्षण उचित है 145

## भाषण (खण्ड ख)

1. भ्रष्टाचार : एक समस्या 151
2. बालिका समानता की अधिकारिणी है 154
3. पीढ़ी दर पीढ़ी बढ़ते अन्तर 158
4. योग शिक्षा का महत्त्व 160
5. वर्तमान समय में कृष्ण की नीतियों की प्रासंगिकता 162
6. वर्तमान युग में संस्कारों की आवश्यकता 164
7. (मन की जीत) मन के हारे हार है मन के जीते जीत 168
8. युवा पीढ़ी और राष्ट्रीय एकता 171
9. राष्ट्रीय एकता में हिन्दी का योगदान 175
10. विद्या धन ही सर्वश्रेष्ठ धन है 178
11. शहरीकरण और मानवीय मूल्य 182
12. आधुनिक परिप्रेक्ष्य में नैतिकता की आवश्यकता 185
13. नेता सुभाष चन्द्र बोस 188
14. मानव अस्तित्व की रक्षा के लिए वृक्षारोपण 181
15. स्वदेशी आन्दोलन एक आवश्यकता 194
16. कल हमारा है 197
17. उन्नत जीवन का पर्याय श्रेय और प्रेय 199
18. दीप से दीप जले 202
19. आज के संदर्भ में स्वामी दयानन्द 205

20. यदि आज पंडित नेहरू होते 208
21. विश्व शान्ति में आर्य समाज का योगदान 212
22. कृणवन्तो विश्वमार्यम 215
23. वैदिक मान्यताएँ एवं श्री कृष्ण 218
24. बारहवीं कक्षा का विदाई समारोह (शिक्षक वर्ग के भाव) 220
25. विद्यार्थियों के लिए संदेश 222

## कविता खण्ड (ग)

1. स्वागत 225
2. शहीद की इच्छा 226
3. बदलते रंग 228
4. देश 230
5. कसक 233
6. दिशा 234
7. एकता 235

## निबन्ध खण्ड (घ)

1. आर्य संस्कृति के प्रतीक श्रीराम 238
2. सफलता का आधार आत्मविश्वास 240
3. जीवन में मित्रता का महत्त्व 244
4. बढ़ती जनसंख्या और सिकुड़ते साधन 249
5. चरित्र निर्माण के बिना शिक्षा अधूरी है। 251
6. प्रदूषण की समस्या 253
7. महात्मा हंसराज का आर्य समाज एवं शिक्षा के क्षेत्र में योगदान 257
8. बीता हुआ समय वापिस नहीं आता 261
9. भगवान श्री कृष्ण 263
10. जनसाक्षरता में मेरी भूमिका 265
श्रद्धांजलि 273

# वाद-विवाद प्रतियोगिता के नियम

विद्यालय, महाविद्यालय आदि स्तर पर मौखिक अभिव्यक्ति का विकास करने के लिए समय समय पर अनेक प्रतियोगिताओं का आयोजन किया जाता है जिसमें एक प्रतियोगिता है–"वादविवाद प्रतियोगिता"। जब कुछ वक्ता किसी पूर्व निर्धारित विषय पर पक्ष-विपक्ष में अपने विचार प्रस्तुत करते हैं तो उसे वादविवाद कहते हैं। वैसे सभी वक्ता अपनी अपनी योग्यता के अनुसार विषय का यथासामर्थ्य विकास करते हैं लेकिन अनेक औपचारिकताओं की उन्हें जानकारी नहीं मिल पाती जिसके बिना उनकी अभिव्यक्ति सशक्त नहीं हो पाती।

वाद विवाद प्रतियोगिता में विजयी होने के लिए कुछ विशेष बातों पर ध्यान देना आवश्यक है :

(i) सभागार में उपस्थित अध्यक्ष, निर्णायक मंडल तथा अन्य उपस्थित जन को सम्बोधित करना आवश्यक है।

(ii) जब वक्ता अपने विचार प्रस्तुत करे तो अपने पूर्व व विपक्षी वक्ता के मत का खण्डन करने के लिए सम्मानित शब्दों प्रयोग करे। जैसे
1. " मेरे से पूर्व वक्ता ने ये कहा–
2. मेरी विपक्षी वक्ता ने अभी-अभी यह कहा–"

(iii) किसी भी विद्यालय या महाविद्यालय से इस प्रतियोगिता में भाग लेने वाली टीम अर्थात् पक्ष विपक्ष के वक्ताओं के कथ्य में एक प्रकार का तारतम्य होना चाहिए। विपक्षी वक्ता के मतों का खंडन करते हुए अपने मत की पुष्टि करें।

(iv) अपनी बात प्रस्तुत करते समय आवाज़ में उतार-चढ़ाव होना आवश्यक है।

(v) आत्मविश्वास, कथ्य की स्पष्टता, भाषा, उच्चारण, प्रस्तुतीकरण, इन सब बिन्दुओं पर ध्यान देना आवश्यक है।

(vi) हर प्रतियोगिता के लिए समय सीमा निर्धारित की जाती है। वक्ता को समय का ध्यान रखना चाहिए। इस प्रतियोगिता में एक

निश्चित समय से पूर्व एक सांकेतिक घंटी बजाई जाती है। वक्ता को चाहिए कि वह इस घंटी को सुनकर अपने कथ्य की समाप्ति की ओर अग्रसर हो जाए।

(vii) प्रतियोगिता का प्रारम्भ किसी प्रभावशाली घटना या उदाहरण से किया जा सकता है तथा अन्त किसी कविता के अंश से किया जा सकता है लेकिन ध्यान देने वाली बात यह है कि इन सभी का सम्बन्ध वादविवाद विषय से हो।

# खण्ड-क

# 1
# अग्रजों ने हमें कहीं का नहीं छोड़ा

## पक्ष

आदरणीय निर्णायक मंडल व अन्य उपस्थित जन, याद कीजिए उस दर्दनाक घटना को जब भारत मां के दो टुकड़े हुए थे हिन्दुस्तान व पाकिस्तान। यह कोई प्रकृतिकृत विडम्बना नहीं थी यह तो था हमारे अग्रजों का अभूर्त पूर्व कारनामा, उनका सोच-समझकर किया गया फैसला।

अध्यक्ष महोदय! विरासत में मिले संस्कार इतनी शीघ्र अपनी छाया व प्रभाव नहीं छोड़ते। ये तो वे नासूर हैं जो शाख दर शाख फैलते ही जाते हैं। हर पीढ़ी भावी पीढ़ी को कुछ नैतिक मूल्य, सांस्कृतिक परिपाटियाँ, सामाजिक दायित्व, धार्मिक मान्यताएँ, राजनैतिक दष्टिकाण व कर्त्तव्य बोध का अहसास विरासत में देती है पर इस परिप्रेक्ष्य में हम भारतवासी हत भाग्य हैं। हमें हमारे अग्रजों ने कहीं का नहीं छोड़ा हमारी स्थिति उस त्रिशंकु जैसी है जो डाँवाडोल अटका हुआ है।

आज हमारे देश में धर्म, जाति, भाषा, सम्प्रदाय, मजहब व सत्ता के नाम पर जगह-जगह उथल पुथल मची हुई है। आखिर कौन है इस डावांडोत स्थिति का जिम्मेदार? इस कगार पर हम क्यों और कैसे आ गए? वास्तव में पतन के जिस गहरे दलदल में हम धंसते चले जा रहे हैं—वह हमारे अग्रजों द्वारा प्रदत्त है। हमारे अग्रजों ने विदेशी शासकों का विरोध करने की जगह उन्हें अपने राष्ट्र में आने के लिए आंमत्रित किया, जानते है क्यों? केवल अपनी स्वार्थ सिद्धि के लिए। जयचन्द, मीर जाफर मानसिंह जैसे अनेक स्वार्थी अग्रजों के उदाहरण हमें अपने देश के इतिहास के पन्नों को पलटने पर मिलते हैं। इस बात को भुलाया नहीं जा सकता कि अग्रजों ने अपनी देश की संस्कृति की जगह पाश्चात्य संस्कृति को दे दी। वह इसलिए क्योंकि उन्हें अंग्रेजों ने रायबहादुर जैसे उपाधि दी थी। तनिक से स्वार्थ के लिए बिक गए ये लोग।

हमारे राष्ट्रपिता कहे जाने वाले महात्मा गाँधी जिन्होंने अहिंसा अपनाओं का नारा दिया, जिन्होंने एक पल की हिंसा रोकने हेतु भारत का विभाजन हो जाने दिया क्या उन्होंने कभी यह सोचने का प्रयास किया कि उनके अपरिपक्व व क्षणिक फैसले की विडम्बना पचास वर्ष बाद भी भारतवासी झेलते रहेंगे। वाह, विभाजन के बाद भी भारत ने तीन बार पाकिस्तान से हाथ मिलाया और वह भी युद्धभूमि में। वही पाकिस्तान जिसकी जर्जर अर्थव्यवस्था को सुधारने में योगदान दिया गया। शान्तिदूत नेहरू जी द्वारा काश्मीर की समस्या को संयुक्त राष्ट्रसंघ में ले जाने के कारण पाकिस्तान आज भी उस पर आँख लगाए है। तिब्बत के मामले में नेहरू जी के चुप्पी साध लेने का परिणाम तो सारे विश्व के सामने है। पंचशील में चीन को शामिल करना नेहरू जी की विचारधारा थी। राष्ट्र को अंधऔद्योगीकरण की ओर ले जाना और चीन-भारत की हार का दोष नेहरू जी को जाता है।

आज भारत के राजनैतिक पटल पर अभूतपूर्व हो रही उथल-पुथल के जिम्मेदार हमारे राजनेता हैं जो देश की चिंता छोड़ अपने बैंक बैंलेंस को बढ़ाने व स्व की चिंता में लिप्त हैं। विश्व विख्यात इंटरनैट पर कुछ वर्ष पूर्व अगर भारत के विषय में कोई खबर थी तो वह तो भूतपूर्व मंत्री सुखराम के वित्तीय घोटालों की और दूसरी ओर भूतपूर्व प्रधान मंत्री नरसिंहा राव और उनके राजनैतिक गुरु पर चल रहे मुकदमें की। कभी बोफोर्स घोटाला तो कभी हवाला कांड या टेलीकाम घोटाला, विदेशी अखबार मुकदमे इनके कारनामों से भरे हुए थे। कई नेताओं ने तो पशुओं का चारा तक नहीं छोड़ा। तब से अब तक इन घोटालों की नदी में उफान बढ़ता ही जा रहा है। इस खोखलेपन की राजनीति के बीच किसी भी भारतीय का स्वतंत्र सांस लेना दूभर हो गया है।

निर्णायक मंडल! कोई भी सरकार जब बदलती है तो नए शासक उसके कार्यों का आलोचनात्मक विश्लेषण करते हैं। कोई इन अनुभवी अग्रजों से पूछे कि विदेशी कम्पनियों के साथ समझौतों पर हस्ताक्षर करते हुए क्या कभी राष्ट्र हित को ध्यान में रखा जाता है? विडम्बना तो यह है कि भारत को प्रगतिशील बनाने की हुँकार भरने वाले राजनेता इसे स्वयं ही विनाश की ओर धकेल रहे हैं। वर्तमान में हमारे देश की अर्थव्यवस्था इतनी शोचनीय हो चुकी है जिसकी भरपाई करने का हम सोच भी नहीं सकते।

आज हमारे संविधान में पिछड़ी जातियों के लिए विशेष आरक्षण की सुविधा उपलब्ध है। परन्तु बढ़ती देश की जनसंख्या के आधार पर यह कदम कहाँ तक सार्थक है। इसके अतिरिक्त भारत की शरणार्थी नीति के कारण उसकी जनसंख्या बढ़ती जा रही है जिससे बेरोजगारी और गरीबी की समस्या ने भारत को और भी

अधिक जकड़ लिया है। निर्णायक मंडल! आप ही बताइए इस दरियादिली का आखिर लाभ क्या?

हाँ एक बात मुझे ओर ध्यान आ रही है निर्णायक मंडल, भाषा को अलग-अलग राज्यों में प्रतिस्थापित करने में अग्रजों की कौन सी दूरदर्शिता काम कर रही थी? भाषावाद और जातिवाद के नाम पर हो रहे दंगों की जवाब देही हमारे अग्रजों की ही है। क्या हम वोटों की राजनीति करने वाले समाज के ठेकेदारों को क्षमा कर पाएँगे? हमारे संविधान के निर्माताओं के अनुसार तो हमें शांति का अनुपालन करना चाहिए। आज हमारे शत्रु राष्ट्र शास्त्रों की होड़ में लगे हमें बरबाद करने के स्वप्न देख रहे हैं क्या अग्रजों के विचारों को अपना आदर्श मानकर हमें स्वयं को ध्वस्त करने वाली विचारधारा को बढ़ावा देना चाहिए या मुहँतोड़ जवाब देना चाहिए? अगर हमें अपने अग्रजों को अपना आदर्श मानकर अन्धानुकरण में लगे रहे तो यह हमारा अपने भविष्य के साथ जबरदस्त खिलवाड़ होगा और हम अन्धकार के गर्त में शनैःशनैः डूबते चले जायेंगे।

## विपक्ष

अग्रजों ने हमें जीवन दिया, दिशा दी, गति दी। उनके प्रति कृतज्ञता प्रदर्शित करना हम अनुजों का कर्त्तव्य है। अध्यक्ष महोदय और उपस्थित सभ्य समाज! मैं विषय के विपक्ष में सदन के समक्ष अपने विचार प्रस्तुत कर रही हूँ।

अग्रजों नें हमें जीवन दिया, इस जीवन को चलाने के लिए स्वतंत्र देश दिया। लगभग एक हज़ार वर्षों की गुलामी की जंजीर अग्रजों ने तोड़ी। गांधी, भगत सिंह राजगुरु, चंद्रशेखर आजाद आदि चंद ऐसे नाम हैं जिनकी वजह से हम आज आजादी की सांस ले रहे हैं।

हमारी सांस्कृतिक विरासत हमारी सबसे बड़ी शक्ति है। 'वसुधैव कुटुम्बकम्' की शिक्षा हमें निरन्तर मिलती है। इसी सदी में रामकृष्ण परमहंस, स्वामी रामतीर्थ, स्वामी विवेकानंद, महर्षि दयानन्द और महर्षि अरविन्द जैसे अग्रजों ने क्या हमें ज्ञान देकर, जीवन का अर्थ समझाकर हमारी राहें बनाईं या हमें कहीं का नहीं छोड़ा?

समाज का वैभव व्यक्ति है और व्यक्ति की सम्पदा विचार से जानी जा सकती है। हमें नव विचार दिए हमारे अग्रजों ने, जिनमें डॉ. अम्बेडकर, लोकनायक जयप्रकाश नारायण, राम मनोहर लोहिया और दीन दयाल उपाध्याय जैसे मनीषी सम्मिलित हैं। क्या इन्होंने जो दिया उससे हमें सही रास्ता नहीं मिला?

साहित्य समाज का दर्पण है इस दर्पण से हमें समाज का चेहरा देखने और फिर उसे संवारने का अवसर मिलता है। रवीन्द्रनाथ ठाकुर, सुब्रह्मणयम भारती बंकिम चंद्र, शरद चंद्र, प्रेमचंद आदि साहित्यकारों ने अपने साहित्य से हमें अपने को जानने की, पहचानने की क्षमता दी। आज का हमारा अग्रज साहित्यकार भी यही कर रहा है। हमारे अग्रजों ने हमारे समक्ष ऐसे विलक्षण उदाहरण रखे हैं जो हमें समाज में अपनी भूमिका निभाने के लिए प्रेरित करते हैं। बाबा आम्टे हमें 'श्रम' संस्कार देते हैं। मदर टेरेसा हमें बेसहारों के लिए सहारा बनने की प्रेरणा देती हैं। सुन्दरलाल बहुगुणा पर्यावरण के महत्व को समझाते हैं।

प्रतियोगिता में खेल भावना का महत्व सर्वोपरि होता है। हम हारे या जीते यह उतना महत्वपूर्ण नहीं जितना कि खेल को अच्छी भावना से खेलना। यह हमें सिखाते हैं हमारे अग्रज विश्व स्तर के खिलाड़ी, पी.टी. उषा, कपिल देव, लेयन्डर पेस,

सुनील गावस्कर, विश्वनाथ आनन्द। हमारे इस गौरवशाली देश में जहाँ रामराज्य जैसा न्यायप्रिय प्रशासन था, जहाँ अकबर का सर्वधर्म प्रिय प्रशासन था, जहाँ चाणक्य निर्देशित चन्द्रगुप्त का प्रशासन था, जहाँ महाराजा अग्रसेन का सहकारिता संयुक्त प्रशासन था वहीं नेहरू जी के भारत के प्रगतिशील होने के स्वप्न को भी दिशा मिली। आज भी हमारे अग्रज किरण बेदी, शेशन और खेरनार जैसे प्रशासक हैं जिनसे हम ईमानदारी और निर्भीक शिक्षा ग्रहण करने की प्रेरणा लेते हैं। मेरे प्रतियोगियों ने जिन भ्रष्टाचारी नेताओं, अधिकारियों आदि के उदाहरण दिए हैं उनके भ्रष्टतंत्र को रोकने की दिशा और सामर्थ्य हमें इन अग्रजों से प्राप्त होती है।

हमारे अग्रज दुनिया में चिकित्सा के क्षेत्र में, इन्जीनियरिंग के क्षेत्र में देश का नाम बढ़ा रहे हैं। हमारी कला और संस्कृति का वैभव हमारे अनेक अग्रजों ने विश्व के कोने-कोने तक पहुंचाया है जिनमें पंडित रविशंकर, लता मंगेशकर, बिरजू महाराज, यामिनी कृष्ण मूर्ति, उस्ताद अमजद अली और जाकिर हुसैन के नाम लिए जा सकते हैं। चित्रकला, स्थापत्य, फैशन, तकनीक, मूर्तिकला आदि के क्षेत्रों में हमारे अग्रज तेज़ी से आगे बढ़ रहे हैं—हुसैन, हिब्बार, रजा, सूजा, बेन्द्रे, रोहित बाल जैसे अनेक हस्ताक्षर हैं।

मैं अपने वक्तव्य का समापन इस बिन्दु पर करना चाहती हूँ जहाँ से हम अपने अग्रजों को श्रेष्ठतम दिशा निर्देश करते हुए देखते हैं। इस सिंहावलोकन में बुद्ध महावीर की परम्परा वाला स्वर्णिम भारत दृष्टिगत होता है जहाँ आज भी हमें अपने समकालीन अग्रजों से बहुत कुछ प्राप्त हो रहा है। मैं आप सबसे पूछती हूँ कि अब भी आप यही कहेंगे कि क्या हमारे अग्रजों ने हमें कहीं का नहीं छोड़ा?

अध्यक्ष महोदय! मेरा दृढ़ मत है कि अग्रजों हमारे लिए बहुत कुछ छोड़ा लेकिन हमने ही अपने भ्रष्ट आचरण से उन्हें कहीं का नहीं छोड़ा।

# 2

# विज्ञापन धोखेबाजी का व्यापार है।

## पक्ष

20 जनवरी सन् 2002, आज के मुख्य समाचार-एक किशोर बालक ने पैप्सी के विज्ञापन में प्रदर्शित कलाबाजियों से प्रभावित होकर वैसा ही करने के प्रयास में अपनी जान गँवा दी। जी हाँ, यह उदाहरण है—विज्ञापन के बढ़ते प्रभाव का।

आदरणीय अध्यक्ष महोदय, निर्णायक मंडल तथा अन्य उपस्थित जन! विज्ञापन कोई भी हो उसका उद्देश्य है--वस्तु की बिक्री बढ़ाना। वर्तमान युग प्रतियोगिता का है। इसलिए बाजार में अपनी वस्तुएँ बेचने के लिए निर्माता उपभोक्ताओं को विज्ञापन एजेंसियों द्वारा तरह-तरह के विज्ञापन परोस रहे हैं। यही विज्ञापन दूरदर्शन, समाचारपत्रों, पत्रपत्रिकाओं, आकाशवाणी आदि विभिन्न संचार माध्यमों द्वारा जनता तक पहुँचाए जाते हैं और उनका ध्यान आकर्षित करने का प्रयास किया जाता है।

निर्माण कम्पनियाँ अपने उत्पादनों की बिक्री के लिए तरह-तरह के आकर्षक विज्ञापन बनाती हैं। विज्ञापन की भाषा को तोड़मरोड़ कर प्रस्तुत किया जाता है। झूठे दावे किए जाते हैं। दो विभिन्न उत्पादों की गुणवत्ता को लेकर भ्रमित किया जाता है। एक ही पदार्थ के अनेक विज्ञापन देखकर व्यक्ति असमंजस में पड़ जाता है और सही चुनाव करने में असमर्थ रहता है।

निर्णायक मंडल! आप ही बताइए कि यह कैसे कहा जा सकता है कि पदार्थ के जिन गुणों का दावा विज्ञापनों में किया जा रहा है वे गुण उस पदार्थ में समाहित भी हैं या नहीं। लोग तो विज्ञापनों से ही आकर्षित होकर पदार्थ खरीद लेते हैं और निर्माताओं की साजिश का शिकार हो जाते हैं और तो और आजकल नई-नई योजनाएँ निकाली जाती हैं कि एक के साथ एक वस्तु बिना मूल्य के दी जाती है। जिससे ऐसे पदार्थ और भी लाभदायक प्रतीत होते हैं। यह तो निश्चित है कि मनुष्य का चित्त तो लाभ के प्रति झुकाव प्रदर्शित करेगा ही परन्तु ग्राहक यह नहीं समझ पाता कि किसी न किस रूप में हानि तो उसी की हो रही है।

अध्यक्ष महोदय! आज इन विज्ञापनों के कारण ही एक साधारण व्यक्ति की चाह ने उसकी आवश्यकता का रूप धारण कर लिया है। हीरो हांडा मोटरसाइकिल के विज्ञापन में ऋतिक रोशन और सौरभ गांगुली को मोटर साइकिल चलाते हुए दिखाकर युवकों को आकर्षित करने का प्रयास किया गया है। आवश्यकता न होने पर भी युवक इन साधनों की मांग करते हैं और अनुचित रास्तों पर चलकर अपनी इच्छाओं को पूर्ण करने का प्रयत्न करते हैं।

मेरे मित्रो! क्या इस सत्य को झुठलाया जा सकता है कि आज अनेक विज्ञापन हमारी सभ्यता व संस्कृति का गला घोंट रहे हैं। जूही चावला द्वारा प्रदर्शित कुरकरे के विज्ञापन में उसने अनारकली बन तथा 'रिजाइस' शैम्पू में द्रौपदी व कौरवों की हास्यास्पद झांकी प्रस्तुत कर भारतीय इतिहास की धज्जियाँ उड़ाई हैं। विभिन्न चैनलों पर प्रदर्शित विज्ञापनों के माध्यम से सांस्कृतिक विस्फोट हो रहा है। जब प्रसिद्ध अभिनेता अक्षय कुमार " बैगपाइपर" नामक शराब का विज्ञापन देकर एक बोतल थामें दर्शकों को अपनी बगल में पड़ी कुर्सी पर बैठने का संकेत कर शराब पीने के लिए आमंत्रित करते हैं तो लोग इससे प्रभावित हो मोहजाल में फंसकर स्वयं शराब का सेवन कर लेते हैं। ऐसे और भी कई विज्ञापन हैं—जैसे एक महिला जेलर और कैदी द्वारा क्लोजअप टूथपेस्ट का विज्ञापन, एरिट्रोकेट एप्पल जूस का विज्ञापन, अन्य नशीले पदार्थ सिगरेट, पानमसाला, चुटकी आदि के विज्ञापन दर्शकों को अंधेरे के गर्त में धकेले रहे हैं। पान-पराग का विज्ञापन तो दहेज प्रथा जैसी कुरीतियों को बढ़ावा देता है क्योंकि उसमें वर के पिता बारातियों का स्वागत पान-पराग से करने की इच्छा जाहिर करते हैं।

निर्णायक मंडल! मेरे कुछ प्रतिपक्षियों ने एल आई सी के विज्ञापनों की ओर हमारा ध्यान आकर्षित किया उनकी बात सुनकर मुझे एल.आई.सी. के उस विज्ञापन का ध्यान आ गया जिसमें नन्हा बालक एक पौधा लगाता है उसका पड़ोसी उस बालक को देखकर प्रसन्न होता है। धीरे-धीरे वह वृक्ष भी पल्लवित होता जाता है और वह बालक भी युवा हो जाता तथा धन भी बढ़ जाता है। पड़ोसी वृद्ध हो जाता है। वही नन्हा बालक युवा होने पर उस वृक्ष पर चढ़कर पड़ोसी की युवा बेटी को चोरी से मिलने आता है। अध्यक्ष महोदय! आप ही बताइए यह विज्ञापन 'जीवन बीमा' कराने का संदेश दे रहा है या नैतिक मूल्यों का हनन कर रहा है। 'वनस्पति चावल' के विज्ञापन में भद्र महिला खाने की मेज पर पड़ोस में बैठे साथी के गाल पर चिपके एक दाने को अपने होठों से खाने का प्रयास करती है—ऐसे घृणास्पद विज्ञापन हमारी नैतिकता के ह्रास के जिम्मेदार हैं।

अन्त में मैं यही कहूँगी कि विज्ञापन धोखेबाजी और आकर्षण का अनूठा व्यापार है।

## विपक्ष

निर्णायक मण्डल तथा अन्य उपस्थित जन। आपके दो मित्र तर्क-वितर्क कर रहे हैं कि दोनों में से कौन श्रेष्ठ है—नाइकी या चेरोकी। (Nike या Cheroka) और आप वहाँ चुपचाप खड़े उनका मुँह देख रहे हैं क्योंकि आपको इन दोनों वस्तुओं का कुछ भी ज्ञान नहीं हैं। बताइए आपको कैसा लगेगा? लज्जाजनक, उपेक्षित।

आदरणीय अध्यक्ष महोदय! मैं इस बात से सहमत हूँ कि विज्ञापन लाभदायक व्यापार है। आज के युग में अगर कोई अपना लाभ चाहता है तो इसमें अनुचित क्या है?—शर्त ये है कि दूसरे की हानि न हो। अपनी वस्तु की बिक्री करने की चाह में अगर उत्पादक कम्पनियाँ नई योजनाएँ बनाती हैं और ग्राहकों को उससे परिचित कराती हैं तो क्या बुराई है इसमें? क्योंकि इससे लाभ तो दोनों का ही होता है।

निर्णायक मंडल! विज्ञापन तो हमें बाजार में उपलब्ध वस्तुओं का ज्ञान प्रदान करते हैं, उन्हें खरीदने के लिए हमें बाध्य नहीं करते।

मेरी विपक्षी वक्ता का यह कहना है कि मनुष्य का मन तो लाभ और आकर्षण के प्रति झुकाव दिखाता ही है किन्तु मैं आप सबसे पूछती हूँ कि अगर मनुष्य अपने चंचल मन पर नियंत्रण नहीं रख पाता तो क्या यह दोष उसका स्वयं का नहीं है? अगर एक मनुष्य बुराई के पथ पर अग्रसर हो रहा है तो क्या यह उसकी स्वयं की कमजोरी नहीं है? आप केवल यह कहकर नहीं छूट सकते कि अश्लील चित्रपूर्ण या घृणास्पद विज्ञापन देखने से मेरा मन-मस्तिष्क विकृत हो गया।

निर्णायक मंडल! यह सत्य है कि 'थम्जप' के विज्ञापन में प्रसिद्ध अभिनेता सलमान खान द्वारा जानलेवा कलाबाजियों का प्रदर्शन किया गया किन्तु ऐसे विज्ञापनों को दिखाने से पूर्व एक चेतावनी भी दिखाई जाती है कि कोई इसका अनुसरण करने का प्रयास न करे। यह तो कोई कारण न हुआ कि कोई बालक इस चेतावनी को पढ़ने में असमर्थ या लापरवाही के कारण इसको नहीं पढ़ पाया और उसने विज्ञापन की कलाबाजियों की नकल करने के प्रयास में अपनी जान गवा दी। अन्य भी तो कितने बालकों ने यह विज्ञापन देखा होगा पर उन्होंने तो ऐसा कुछ भी

नहीं किया। जो नन्हें-नन्हें बालक व बालिकाएँ विज्ञापनों में काम करते हैं उनका आत्म विश्वास बढ़ जाता है। अन्य बच्चे भी विज्ञापन देखकर महत्त्वपूर्ण जानकारी प्राप्त करते हैं।

निर्णायकमडंल! 'अन्नपूर्णा' नमक के विज्ञापन के शिक्षिका खेल-खेल में ही विद्यार्थियों को यह ज्ञान दे देती हैं कि अधिक समय तक नमक को खुला छोड़ने से उसमें आयोडीन की मात्रा कम हो जाती है।

समाचार पत्र, दूरदर्शन, आकाशवाणी हमें जानकारी व मनोरंजन कम दामों पर प्रदान करते हैं क्योंकि जो धन वे विज्ञापनों द्वारा प्राप्त करते हैं वे उनके मूल्य को कम करने में सहायता करता है।

मैं अपनी विपक्षी वक्ता जो बड़े जोर-शोर से यह प्रमाणित करने की कोशिश कर रही हैं कि विज्ञापन धन व समय दोनों का अपव्यय करते हैं, मैं उनसे पूछती हूँ कि अगर विज्ञापन द्वारा वस्तुओं की जानकारी न दी जाए तो वह किस माध्यम से वस्तुओं की जानकारी प्राप्त करेंगी और अपनी इच्छानुसार उन्हें खरीदेंगी।

I.I.C. (आई.आई.सी.) युनाइटिड इण्डिया इंशोरैन्स जैसी संस्थाओं, ऋण प्रदान करने वाले H.D.F.C, I.D.B.T बैंकों तथा N.I.I.T द्वारा नियोजित 'भविष्य ज्योति स्कालरशिप' आदि का ज्ञान भी हमें विज्ञापन ही देते हैं। आजकल बच्चों के भविष्य को सुधारने के लिए 'कोमल जीवन योजना' का प्रचार किया जा रहा है ताकि वे अपना लक्ष्य प्राप्त कर सकें। आई.टी.सी. कम्पनी द्वारा प्रदर्शित विज्ञापन में निर्धन बालकों की शिक्षा में सहयोग देने के लिए आग्रह किया जाता है। इस कम्पनी के प्रोडेक्शन में प्राप्त धन को गरीब बालकों की शिक्षा पर लगाया जाता है।

निर्णायक मंडल! क्या इस बात से इनकार किया जा सकता है कि विज्ञापनों के माध्यम से बच्चों की स्वस्थता के प्रति मां-पिता को सचेत रहने के लिए कहा जाता है। पोलियो निवारण का विज्ञापन इस बात का ज्वलन्त प्रमाण है। 'एडस' का विज्ञापन छुआछूत की शंका का निवारण कर गृहस्थ जीवन की मर्यादा की रक्षा करने का संदेश देता है। आजकल ऐसे विज्ञापन भी दिखाए जाते हैं जो बालिका के समान अधिकारों के द्योतक हैं और पैतृक सम्पत्ति में उसे समान अधिकार दिलाने की जागरुकता पैदा करते हैं तथा कन्या भ्रूण हत्या पर दंडित करने की जानकारी देते हैं। एक अन्य विज्ञापन में एक महिला, पुलिस द्वारा हो रहे शोषण का विरोध करती है। महिलाओं के लिये 'वोकेशनल ट्रैनिंग इंस्टीटयूट' भी उनमें संचेतना का भाव उत्पन्न करते हैं।

मैं अपनी विपक्षी वक्ता से पूछती हूँ कि उन्हें सौरभ और ऋतिक का हीरो हाण्डा का विज्ञापन तो याद है लेकिन वह ऐश्वर्या व अभिषेक बच्चन द्वारा 'आइबैंक' व 'एकता' का संदेश देने वाले विज्ञापन को कैसे भूल गई हैं?

अन्त में, मैं अपने वक्तव्य का समापन यही कहकर करती हूँ कि विज्ञापन एक सशक्त माध्यम है जागरूकता फैलाने का और अपने अधिकारों के प्रति सचेत रहने का।

# 3

# चुप चीख से अधिक बलवान है

## पक्ष

एक व्यक्ति बड़ा परेशान रहता था कि देवता उसके वश में नहीं है। किसी ज्ञानीजन ने उससे पूछा—"क्या तुम्हारा परिवार तुम्हारे वश में है?" तो उसने उत्तर दिया- नहीं। उन्होंने फिर पूछा—"अच्छा, तुम्हारी जिह्वा तो तुम्हारे वश में होगी" तो उससे कहा- नहीं। उस ज्ञानी जन ने कहा—" जब तुम्हारी जिह्वा, तुम्हारा मन ही तुम्हारे वश में नहीं है, तो फिर तुम देवताओं को अपने वश में कैसे कर सकते हो?"

जी हाँ, यदि हमारी वाणी, हमारी इंद्रियाँ हमारे वश में हों, हम उनके दास न होकर स्वामी हों तो हम अपने जीवन की सभी स्थितियों को वश में कर सकते हैं।

एक शान्त व्यक्ति अपने विचारों व आदर्शों में गहरा होता है। क्रोध के वश में होकर मनुष्य अपनी बहुमूल्य ऊर्जा, शरीर और मन की शक्ति को व्यर्थ गँवाता है। उसी शक्ति को किसी उपयोगी काम में लगाया जा सकता है।

**"मूढ़ो का रस है प्रभुता में,**
**प्रतिभाशाली झुक जाते हैं**
**जीवन की ऊर्जा को सज्जन**
**यूं ही लड़कर न गंवाते हैं**
**सीना ताने चलता दुर्जन,**
**नम्रता संत का लक्षण है,**
**अथं शान्ति शरणं गच्छामि"**

अध्यक्ष महोदय! आज के समय में चुप रहना अपनी शान के खिलाफ समझा जाता है, मौन रहने को एक व्यक्ति की कमज़ोरी समझा जाता है। जबकि, वास्तव में यह उसका सबसे मजबूत शस्त्र है। महात्मा गाँधी ने मौन और शान्ति के पथ को अपनाया और हमारे देश को स्वतंत्र कराया। वे क्रान्ति के पक्ष में कदापि नहीं थे।

जो अपनी ही वाणी पर नियंत्रण खो देता है, वह विवेकहीन व्यक्ति अपना ही सिर पत्थर से फोड़कर आँसू बहाता है। महाभारत का युद्ध द्रौपदी के कटु वचनों का ही परिणाम था।

निर्णायक मंडल! यदि हर अपराधी चीख-चीख कर स्वयं को निर्दोष सिद्ध कर पाता तो न्याय की देवी किसी कोने में बैठी सिसक रही होती। केवल चीख कर यदि अपना पक्ष सिद्ध किया जा सकता तो हमारे वर्तमान नेता व राजनेता आज की युवा पीढ़ी के नए आदर्श बन गए होते क्योंकि संसद सभाओं में ये लोग चीख-चीख कर अपनी बात कहते तो हैं, परन्तु उसका निष्कर्ष कुछ नहीं निकलता।

सत्य ही कहा गया है कि 'अधजल गगरी छलकत जाय'—जो अपनी बात प्रकट करने के लिए चीखना अनिवार्य समझता है वह भीतर से खोखला होता है।

जिस मनुष्य की इंद्रियाँ उसके वश में हैं उसमें रचनाधर्मिता, सहनशीलता, विनम्रता, नियमितता, कार्यकुशलता आदि गुण स्वतः ही आ जाते हैं। ऐसा व्यक्ति ही वाणी को नियंत्रित कर सकता है और स्वयं को महामंडित करता है क्योंकि आत्मनियंत्रण अलसाई आँखों का स्वप्न नहीं बन सकता। आत्मनियंत्रण तो उस सुहावनी उषा के समान है जो डूबी पलकों को जागरण का संदेश देकर आगे बढ़ाती है।

मेरी विपक्षी वक्ता इस सत्य से अनभिज्ञ हैं कि साहित्यकारों ने अपनी लेखनी से अनेक समस्याओं को हल किया है। बंगाल की भूमि पर स्त्री के शोषण को अपनी लेखनी से पृष्ठों पर उतारने वाले शरतचंद्र व उत्तर प्रदेश के किसान की दुर्दशा का वर्णन करने वाले प्रेमचंद्र तथा पंजाब की समस्याओं को वर्णित करने वाले नानकसिंह इस सूची के कुछ प्रमुख नाम हैं। आप ही बताइए कि क्या ये महान आत्माएं सफलता की साक्षात मूर्ति नहीं हैं?

अंत में मैं केवल इतना ही कहूँगी कि लालसाओं की दया पर जीना, भावुकता में बह जाना, वाणी पर नियंत्रण न रख पाना—ये भयंकर दुर्घटनाएँ हैं जो जीवन में दयनीय असफलताएँ ला देती हैं। शान्त हो जाओ, मधुर बन जाओ। हर तूफान का पूरी शक्ति से मुकाबला करो। यदि तुम अपने मन के तूफानों को वश में कर सकते हो तो बाहरी तूफान तुम्हारा कुछ नहीं बिगाड़ सकते।

**"कुछ होता है अनुकूल यहाँ, कुछ होता है प्रतिकूल यहाँ**
**हम व्यर्थ पात से कंपते हैं**
**लहरों को बनने मिटने दो, भीतर चैतन्य न कंपने दो**
**निष्कंपं शरणं गच्छामि, मौनं शरणं गच्छामि"।**

## विपक्ष

दिनांक—16 जून

समय—दोपहर के 3 बजे

स्थल—मेरी बहन का ससुराल

जी नहीं, मैं आपको किसी समारोह का निमन्त्रण नहीं दे रही हूँ, अपितु मैं तो आपको एक सच्ची घटना सुना रही हूँ। उस दोपहर सूरज की चिलमिलाती गर्मी में, मेरी बहिन अस्मिता का शरीर आग में झुलस गया और दिन के सन्नाटे में उसकी चीखें समा गई। यह इसलिए हुआ क्योंकि वह हर बात को चुप-चाप सह जाती थी। उसके ससुराल वाले उसे हमेशा प्रताड़ित करते थे। यदि उसने उनके विरूद्ध आवाज़ उठाई होती, तो आज शायद वह जीवित होती।

आज जब मानव अपने स्वार्थ की पूर्ति के लिए दूसरों के प्राण लेने से नहीं चूकता, अपनी पाश्विक वृति की संतुष्टि के लिए दूसरों को मानसिक व शारीरिक कष्ट देने से नहीं चूकता, जब मानवीय संवेदनाएँ समाप्त होती जा रही हैं और एक खण्डित मानस, एक खण्डित समाज, एक खण्डित राष्ट्र हमारे सामने खड़ा है तो ऐसे समय में अपने अधिकारों की प्राप्ति के लिए मौन रहने का कोई औचित्य नहीं रह जाता।

यदि भगतसिंह, चन्द्रशेखर आज़ाद, सुभाष चन्द्र बोस तथा लाला लाजपतराय, जैसे हमारे स्वतन्त्रता सेनानी चुप-चाप बैठे जाते, अन्याय के विरुद्ध आवाज न उठाते तो आज भी यह भारतवर्ष पराधीनता की जंजीरों से मुक्त न हुआ होता।

मेरी विपक्षी महोदया हमारे राजनेताओं का उपहास कर रही हैं। मैं उन्हें यह बात बता देना चाहती हूँ कि वे राजनेताओं के भाषण ही थे जिन्होंने इस देश में जागृति पैदा की। हमें एक नई दिशा दिखाई।

आज के इस अत्याधुनिक युग में शोषित वर्ग जब तक सहता है उसके प्रति संवेदना जागृत नहीं होती। जब तक व्यक्ति मौन रहता है, लोग उसे, उसकी नियति मान लेते हैं।

मौन यदि सभी समस्याओं का हल होता, तो हमारा देश उन्नति के इस

शिखर पर न पहुँचा होता। यदि भारत पाकिस्तान द्वारा फैलाए गए आतंक को कम करने के लिए कारगिल का युद्ध न लड़ता तो आज शायद परिस्थितियाँ कुछ और ही होती।

मेरी विपक्षी महोदया का मानना हैं कि एक वकील शान्त मन से कार्य करता है लेकिन अगर वो अपनी दलीलें अदालत में पेश न करे तो क्या कभी किसी को न्याय मिल पाए? क्या कभी इस धरती से पाप का बोझ हलका हो पाए? कभी नहीं।

मेरी विपक्षी महोदया मानती हैं कि साहित्यकारों ने समाज में जो जागृति उत्पन्न की वह शान्ति के पथ पर चलकर की परन्तु मैं उनसे यह पूछती हूँ कि क्या लेखनी द्वारा इन महान् साहित्यकारों का अपने विचारों को पृष्ठों पर उतारना आवाज़ उठाना नहीं? साहित्य को मौन की संज्ञा नहीं दी जा सकती क्योंकि साहित्य क्रान्ति का मूल साधन है। शरतचन्द्र, प्रेमचंद, नानक सिंह जैसे महान साहित्यकारों ने अपनी लेखनी की बुलन्द आवाज़ से समाज को एक नई दिशा प्रदीप्त की।

चुप रहने से कोई कार्य सिद्ध नहीं हो सकता। माँ भी अपने बच्चे को दूध तब तक नहीं पिलाती जब तक वह रोता नहीं।

अब भी समय है, उठो, जागो, आगे बढ़ो, अपने विचारों को व्यक्त करके अपने हक के लिए लड़ो। यदि तुम भी भीष्म पितामह की तरह चुप-चाप अन्याय और अत्याचार सहते रहे, तो इतिहास अपने आपको एक बार फिर से दोहराएगा और तब यह समाज तुम्हें कभी क्षमा नहीं करेगा।

# 4

# वर्तमान पीढ़ी अपनी जड़ों से उखड़ चुकी है

## पक्ष

शुक्रवार 11 मार्च 2005 हिन्दुस्तान समाचार पत्र, मुख्य शीर्षक–कातिल होता प्रेम–"दिल्ली में पिछले साल आठ युवतियाँ अपने प्रेमियों के हाथों क्रूरतापूर्वक मारी गई", दूसरा समाचार–"पिछले साल राजधानी में बलात्कार के 526 मामले दर्ज हुए।"

यह है हमारी युवा पीढ़ी-जो सांस्कृतिक संक्रमण काल से गुजर रही है। 'इटस माई लाइफ' यानि यह मेरी जिंदगी है, जैसी मर्जी रहूँ, जो मर्जी करूँ किसी को इससे क्या? यह सोच किसी एक युवा की नहीं बल्कि अधिकांश युवाओं की है, लेकिन संजीदगी से दूर अपनी जिद पर अड़े ऐसे युवा अपनी जिन्दगी अपने हिसाब से जीने के मिथक के टूट जाने पर खुद तो अपना सब कुछ लुटा ही बैठते हैं साथ में अपने माता-पिता व परिवार को भी संकट में डाल देते हैं। बच्चे माँ-बाप को सिर्फ पैसे खर्च करने की मशीन मानते हैं। युवा पीढ़ी 'इटस माई लाइफ' और 'जेनरेशन गेप' जैसे शब्दों को हथियार के तौर पर इस्तेमाल करती है। परिणाम, युवा अनुचित रास्ते पर चल पड़ते हैं। यही कारण है कि आज अपराध बढ़ रहे हैं। आज की पीढ़ी के शब्दकोश में मस्ती, मजा और पैसा जैसे शब्द ही रह गये हैं लेकिन जब ठोकर लगती है तब सब कुछ बिखरकर रह जाता है, इसलिए अब जरूरत इस बात है कि 'इटस माई लाइफ' जुमले की महत्ता को स्वयं युवा पीढ़ी ही समझे और अपनी जिंदगी को एक सही मकसद के लिए जिए।

पाश्चात्य संस्कृति, उपभोक्तावाद के परिणामस्वरूप व्यक्ति में स्वार्थ व अहंकार बढ़ गया है। आज के युवाओं का मानस केवल अपने आप पर केन्द्रित है वह शीघ्रातिशीघ्र अधिक से अधिक प्राप्त करने के लिए उतावले हैं। इस आपाधापी में वे अपने घर, परिवार और परम्पराओं को पिछड़ापन मान कर उनसे दूर होते जा रहे हैं।

आप संजीव नन्दा के नाम से तो परिचित ही होंगे जिसने शराब के नशे में चूर होकर 5 व्यक्तियों को अपनी कार के नीचे कुचल दिया। मनु शर्मा जिसने शराब के नशे में जसिका लाल की हत्या कर दी। पंजाब के भूत पूर्व मुख्यमंत्री के पौत्र द्वारा फ्रांसीसी सैलानी कातिया दानिया के शीलहरण की घटना को भी आप भूले न होंगे जिसने हमारी आचार संहिता पर एक करारा चांटा मारा। डी.पी.एस के छात्र द्वारा अपनी साथी की मोबाइल पर अश्लील वी.सी.डी. बनाना—ऐसी अनेक घटनाएँ आजकल सुनने को मिल रही हैं। क्या ऐसी घटनाएँ आज की पीढ़ी के नैतिकहीन और संस्कारहीन होने का परिचय नहीं दे रहीं? आज की युवा पीढ़ी 'तू चीज बड़ी है मस्त मस्त' में खो गई है और इस देश का युवावर्ग 'चोली के पीछे क्या है' गूढ़ अर्थ ढूंढ़ने में अपनी अकल लगा रहा है और तो और अधिकांश युवक युवतियाँ अपना आदर्श मल्लिका शेरावत व बेबीडोल, माइकिल जैक्सन में ढूंढ़ने लगे हैं। क्या यह हमारे देश का दुर्भाग्य नहीं हैं? आज आधुनिकता के जहरीले सांप ने बचपन और यौवन को ऐसा डंसा है कि विद्यालय व महाविद्यालयों में चंचलता का स्थान गुंडागर्दी ने ले लिया है। दया, क्षमा, करुणा, परहित, इन्द्रियों पर संयम, बड़ों का आदर—ये सारे संस्कार वर्तमान पीढ़ी भूल चुकी है। 'धन व सैक्स' इन दो चीजों की प्राप्ति इनके जीवन का लक्ष्य बन गयी है। अधिक महत्त्वाकांक्षी इस पीढ़ी के लिए अपनी इच्छाओं की पूर्ति ही इनका चरम लक्ष्य बन गयी है चाहे इसके लिए नैतिक व मानवीय मूल्यों को ताक पर लगाना पड़े। ऐसी अनेक घटनाएँ रोज समाचार पत्रों में पढ़ने को मिलती हैं। आर्थिक आकांक्षाओं की पूर्ति में बाधक रिश्ते इनके लिए जहर बनते जा रहे हैं। 'खाओ पीओ और मौज उड़ाओ' इसी सूक्ति को चरित्रार्थ करने में लगे हैं आज के युवा। ये भावनाओं व संवेदनाओं से शून्य हैं।अन्त में मैं यही कहूँगी वर्तमान पीढ़ी अपनी जड़ से उखड़ चुकी है।

## विपक्ष

दिनांक : 15 जनवरी हिन्दुस्तान टाइम्स, लैण्डर पेस महेश भूपति ने विम्बलडन से पुरस्कार स्वरूप मिली राशि कारगिल योद्धाओं के परिवार को दान कर दी"

जी हाँ, यह उदाहरण है हमारी सभ्य एवं सुसंस्कृत वर्तमान पीढ़ी का।

आदरणीय अध्यक्ष महोदय, निर्णायक मण्डल एवं मेरे प्रिय साथियों! मेरे विपक्षी साथियों ने विषय के पक्ष में तर्क देकर आपको जिस कुहासे से ढक दिया है मैं अपने वक्तव्य द्वारा उसे छांटना अपना पुनीत कर्त्तव्य मानती हूँ।

प्रश्न उठता है कि आप जड़ से उखड़ना किसे मानते हैं नए फैशन के कपड़े पहनना, नए क्षेत्र—जैसे मॉडलिंग करना, ये सब इस बात के प्रमाण नहीं है कि आज की युवा पीढ़ी अपने मूल संस्कारों को भूल गई है। सभ्यता तो बसती है समाज को श्रेष्ठतम मार्ग पर ले जाने व दूषित परंपराओं को मिटाने वाले विचारों में, वेशभूषा में नहीं। मैं अपनी विपक्षी महोदया से पूछती हूँ कि भौतिक साधनों का उपयोग करने से, क्लबों में जाने से क्या व्यक्ति संस्कार हीन हो जाता है? परिवर्तन तो प्रकृति का नियम है। आधुनिक पीढ़ी तो कच्ची मिट्टी का वो घड़ा है जिसे अभी-अभी पुरानी पीढ़ी द्वारा रचा गया है। जो संस्कार आज युवापीढ़ी के पास हैं वे उन्हें पुरानी पीढ़ी द्वारा ही दिये गये हैं। क्या कोई वृक्ष जड़ के बिना अपना अस्तित्व कायम कर सकता है? तो फिर यह कैसे कहा जा सकता कि संस्कारों के बिना आज का युवा जीवन जी रहा है। आज की युवापीढ़ी आधुनिक है किन्तु फिर भी वह अपनी सांस्कृतिक विरासत को ही अपनी सबसे बड़ी शक्ति मानती है। उनके लहु की एक-एक बूँद में आज भी भारतीय माटी की सोंधी महक है। क्या इस बात से इनकार किया जा सकता है कि कारगिल क्षेत्र में हुए युद्ध में ब्रिगेडियर योगेन्द्र सिंह यादव, कैप्टन विक्रम बत्रा, लैफ्टीनेन्ट मनोज पांडे व कैप्टन एन कैगरूज आदि सेनानियों ने देश के लिये प्राण न्यौच्छावर कर अपनी देश प्रेम की भावना व सुसंस्कृत होने का प्रमाण दिया है। मैं अपनी विपक्षी महोदया को इस बात से अवगत कराना चाहती हूँ कि युवापीढ़ी का सच्चा प्रतिनिधित्व ऐसे युवक करते हैं मनुशर्मा और संजीव नंदा जैसे युवक नहीं। द्वापर युग के पाँच पाण्डव उस युग के नेतृत्व करने वाले माने जाते

हैं सौ कौरव नहीं। आज मनुशर्मा और संजीवनंदा जैसे कुछ ही लोग हैं। हम उन के कारण सारी युवापीढ़ी को असभ्य नहीं मान सकते। आधुनिक पीढ़ी की हस्ताक्षर ऐश्वर्या राय जैसी प्रतिष्ठित अभिनेत्री ने भी नेत्र दान का संकल्प लेकर यह दर्शाया है कि वे अभी भी भारतीय संस्कृति के परोपकार के मूल्यों को अपना मूल मानती हैं।

मैं अपनी विपक्षी महोदया से पूछती हूँ कि क्या प्राचीनकाल में रावण दूवारा सीता का अपहरण व कौरवों दूवारा द्रौपदी का वस्त्रहरण नहीं किया गया था? अन्तर तो केवल इतना है कि आज की युवा पीढ़ी भीष्मपितामह के समान अन्याय होते देखकर हाथ पर हाथ धरे नहीं बैठती? अत्याचार व अन्याय का प्रतिकार करने वाली ऐसी आधुनिक पीढ़ी को जड़हीन कैसे कहा जा सकता हैं? याद रखिए कि हमारी संस्कृति यही शिक्षा देती है कि अन्याय करना और उससे भी अधिक उसे सहना पाप है। आज की युवा पीढ़ी अपने अधिकारों, कर्त्तव्यों के प्रति सजग है। इस का प्रमाण है रिहाई, क्राइम पैट्रोल जैसे कार्यक्रमों का सफल होना जिसका श्रेय केवल वर्तमान पीढ़ी को ही जाता हैं। "SPIC MACAY" जैसे सांस्कृतिक संगठनों के प्रयासों ने यह प्रमाणित कर दिया है कि आज की अत्याधुनिक युवापीढ़ी अपनी पुरातन सभ्यता व संस्कृति की अमिट छाप अपने हृदय में संजोये हुए है। सुसंस्कृत उदय प्रकाश व उयान चतुर्वेदी जैसे सहित्यकार व विचारक, सचिन व सहवाग जैसे बल्लेबाजों ने अपने देश का नाम पूरे विश्व में ऊँचा किया और समाज को नयी दिशा प्रदान की है। युवा पीढ़ी दूवारा निर्मित लगान, गदर, शहीद भगत सिंह जैसे छायाचित्र ने लोगों में देश प्रेम की भावना कूट-कूट कर भर दी। मैं यहाँ प्रस्तुत असहमत विपक्षियों से पूछती हूँ कि उन्हें "तू चीज बड़ी है मस्त-मस्त" गीत सुनकर युवकों का आनन्दमग्न होना याद है परन्तु रोज़ा के गीत "भारत हम को जान से प्यारा है" का घर घर में गूंजना याद क्यों नहीं?

अपनी विपक्षी महोदया के सुष्मिता सेन, प्रियंका चोपड़ा व, ऐश्वर्य के प्रति विचार सुनकर तो मैं चकित रह गई। जिन युवतियों ने अपने देश का नाम पूरे संसार में ऊँचा किया है क्या आप उन्हें असभ्य व जड़हीन कह सकते हैं? प्रियंका चोपड़ा ने पूरे विश्व की जनता के सामने मदर टेरेसा को अपना आदर्श माना है। मिस यूनिवर्स व मिस वर्ल्ड का खिताब पाकर गरीबों व लाचारों की सहायता करना मेरी विपक्षी महोदय की नज़र में क्या जड़हीनता का उदाहरण है? अगर यह जड़हीनता है तो मुझे गर्व है आज के ऐसे जड़हीन युवक व युवतियों पर।

मैं अपनी विपक्षी महोदया से बिल्कुल सहमत नहीं हूँ। आधुनिक पीढ़ी उन्युक्त विचारों की है किन्तु उदण्ड व उच्छृंखल नहीं है। मैं एक रूपक आपके सामने

प्रस्तुत करने जा रही हूँ—इस जीवन रूपी वृक्ष की जड़ है संस्कृति व संस्कार जो उसे पुरानी पीढ़ी से मिल रहे हैं। इस वृक्ष की शाखाएँ हैं युवा वर्ग की इच्छाएँ। मैं यह मानती हूँ कि युवा पीढ़ी अपने अनुभव के आधार पर जीवन जीना चाहती है लेकिन इस का अर्थ यह तो नहीं कि वह अपने संस्कार अर्थात जड़ से उखड़ चुकी हुई है। आप कल्पना कीजिए की क्या कोई वृक्ष जड़ के बिना अपना अस्तित्व कायम कर सकता है? तो फिर यह कैसे कहा जा सकता है कि संस्कारों के बिना आज का युवा वर्ग जीवन जी रहा है? अगर ऐसा हो तो उसे प्राण कौन प्रदान करेगा? जब भी कोई हल्का सा हवा का झोंका संस्कारों की दीपशिखा को बुझाने का प्रयास करता है तो युवापीढ़ी अपने सशक्त हाथों से उसे प्रज्ज्वलित कर देती है।

आज का युवा सोया हुआ नहीं है उस के पास तो कर्म की तीली है। वो कभी बुझ नहीं सकती, कमी मर नहीं सकती। तूफान में यह आत्मबल होता है कि उसे एक दिन वृक्ष बनना है। आज का युवा भी इतना ही सजग और प्रयत्नशील है। कृष्ण की वाणी, गीता का सार, कर्म की महत्ता, एक विश्वास, एक निष्ठा, एक आधार इन्हीं मूलभूत बातों व आदर्शों से सुसज्जित हैं वर्तमान पीढ़ी।

# 5
# कल्पना ही सफलता की आधार शिला है

## पक्ष

देश के स्वर्णिम गणतंत्र दिवस की तैयारी में जुटे हम और आप। हमारे भारत वर्ष के महान नेताओं और वीर सैनानियों को शत-शत प्रणाम करता कृतज्ञ भारत। ज़रा सोचिए, जिस विकासशील देश में आज हम सांस ले रहे हैं वह वास्तव में हमारे देश के कर्मठ नेताओं की कल्पना का ही जीवन्त रूप है।

आदरणीय अध्यक्ष महोदय, निर्णायक मंडल व अन्य उपस्थित सभाजन, कल्पना आशा है, विश्वास है, कल्पना स्पंदन है, सृजन है, कल्पना ही प्रगति है इसलिए कल्पना ही जीवन में सफलता का आधार है। रंगबिरंगे, सतरंगी, झिलमिल कल्पनाएँ न हों तो जीवन की कुंठाओं, असफलताओं, विवशताओं व विकृतियों को सहर्ष झेलना व उनसे निजात पाना शायद असंभव व अपरिमार्जित, पीड़ादायी होता।

स्वयं पंडित नेहरू ने भी एक आर्थिक एवं औद्योगिक दृष्टि से समृद्ध भारत की कल्पना ही तो की थी। देश के पहले प्रधानमंत्री बनने के बाद उन्होंने अपनी कल्पना को साकार किया। भाखड़ा नंगल बांध, भिलाई स्टील प्लांट अनेक पंचवर्षीय योजनाओं के कारण देश की प्रगति के रास्ते खुलते गए और आज यही वजह है कि हम खुशहाल हैं। अगर कल्पना है तो यथार्थ उसे साकार कर देता है।

**ख्वाव उनके पूरे होते हैं**
**जिनके सपनों में जान होती है**
**उड़ान पंखों में नहीं**
**हौंसलों में होती है।**

कल्पना ही सृजन की नींव है। जिंदगी में कोई आकांक्षा यदि दिल में पनपती है तो वही आपकी रचनात्मक क्रियाशीलता से साकार हो जाती है। सफलता भी उन्हीं को मिलती है जिन्होंने उस सफलता की कल्पना व उम्मीद की हो क्योंकि

**ख्वाब हैं तो रास्ते हैं,**
**रास्ते हैं तो मुश्किलें हैं**
**मुश्किलें हैं तो हौंसला है।**
**हौंसला है तो विश्वास है।**
**और विश्वास है तो जिंदगी है।**

अमेरिकन राष्ट्रपति अब्राहम लिंकन खुद आठ बार चुनाव हारे, व्यापार में दो बार अत्यधिक हानि हुई, दिमागी संतुलन बिगड़ा परंतु उनकी जीत की कल्पना ने उनके हृदय की लौ को जलाए रखा जिससे उन्होंने अमरीका को एक खुशहाल देश बनाया। बिल गेटस ने अठारह वर्ष की आयु में ही विद्यालय को छोड़कर एक सफल उद्योगपति बनने की कल्पना ही तो की थी और आज वे विश्व के सबसे बड़े रईस हैं।

दुर्घटना ग्रस्त विकलांग सुधा-चंद्रन ने यदि कुशल नृत्यांगना बनने का सपना न संजोया होता तो आज वे विकलांगता को परे कर एक कुशल नृत्यांगना न बनतीं।

जरा कल्पना तो कीजिए फिर विश्वास की डगर पर कठिनाइयों के रोड़े अपने आप हट जाएँगे। रास्ते की मुश्किलों को आसान कर मंजिल तक पहुँच ही जाएँगे। जिंदगी का बुनियादी उसूल है

**मन के हारे हार है,**
**मन के जीते जीत।।**

जीतता वही है, जीत जिसकी कल्पना होती है। धीरू भाई अम्बानी जो कि मात्र एक कर्मचारी थे, कल्पना करते थे एक जाने-माने उद्योगपति बनने की और आज वे रिलायंस ग्रुप के प्रधान हैं। संसार में जितने भी अनुसंधान व आविष्कार हुए हैं अथवा जो साहित्य कला की उन्नति हुई है—सब इंसानी कल्पना का ही तो मूर्त रूप है। हमने कल्पना की तो हवाईजहाज बनाए, कल्पना की तो बड़ी-बड़ी इमारतें बनाई और कल्पना की तो आज़ादी पाई।

Onalsis, Ford, Leornardo da vinci आदि ने सफल होने की कल्पना ही की थी, इसलिए कामयाबी ने इनके कदम चूमें।

जब विश्व सुंदरी Diana Hayden से उनसे उनके जीवन के लक्ष्य के बारे भी पूछा गया तो उन्होंनें भी यह कहकर अपनी जीत को साकार किया।

'In Dreams begin Responsibilities' अंत में मैं केवल इतना ही कहूँगी कल्पना ही जीवन में सफलता की कुंजी है। कल्पना की उर्वर भूमि पर ही मेहनत और आशा का फूल खिलता है। इसलिए

**मृदुल कल्पना के चल पंखों**
**पर हम सब हों आसीन।**
**भूल जगत के कोलाहल को**
**रच लें अपनी सृष्टि नवीन।।**

## विपक्ष

आदरणीय अध्यक्ष महोदय तथा अन्य उपस्थित जन। कल्पना इस जीवन की सत्यता से कोसों दूर एक ऐसी परिधि है जहाँ मनुष्य अपने जीवन के वास्तविक अर्थ, महत्त्व और साधना को पीछे छोड़ देता है। कल्पना तो रेत की उस लकीर के समान है जो यथार्थ की पहली लहर का सामना करते ही खण्डित हो जाती है।

निर्णायक मंडल, टाटा, बिरला व धीरूबाई अम्बानी बनने की कल्पना तो हर सामान्य व्यक्ति करता है किन्तु वास्तविकता का सामना करते ही वही जीवन के संघर्ष एवं सच्चाइयाँ। इन उद्योगपतियों ने अपने परिश्रम व लगन के बलबूते पर सफलता प्राप्त की है।

क्या इस सच्चाई को भुलाया जा सकता है कि कल्पना तो इन्सान की प्रगति के मार्ग में छलावे के समान है ठीक उसी प्रकार जिस प्रकार मरुस्थल में प्यासे को पानी का भ्रम हो। कल्पना निष्क्रियता है, क्षणभंगुरता है। यह तो आकांक्षाएँ व अभिलाषाएँ हैं जबकि वास्तविकता तो स्पन्दन है, क्रियाशीलता है।

इतिहास साक्षी है कि मनुष्य का परिश्रम ही उसे सफलता के सौपान पर चढ़ाता आया है न कि कल्पना। मेरी विपक्षी वक्ता का यह कहना कि प. जवाहर लाल नेहरू ने भारत को औद्योगिक और आत्मनिर्भर राष्ट्र बनाने की कल्पना की थी मिथ्या है, बल्कि उन्होंने तो भारत को औद्योगिक व आत्मनिर्भर बनाने के लिए भाखड़ा नांगलबांध व पंचवर्षीय योजना आदि का निर्माण किया था। उसी का परिणाम है कि आज हमारा भारत विकासशील देशों में गिना जाता है।

अभी-अभी मेरी विपक्षी महोदया ने 'बिलगेटस' का उदाहरण देते हुए कहा कि 18 वर्ष की आयु में ही उन्होंने बहुत बड़े उद्योगपति बनने की कल्पना की थी लेकिन शायद वह यह नहीं जानती कि 'बिलगेटस' अपनी साधना के कारण अपने लक्ष्य तक पहुँचने में सफल हुए। अगर कल्पनाओं में ही व्यक्ति की इच्छाओं की पूर्ति होने लगे तो उसे यथार्थ का सामना करने की आवश्यकता ही क्या है?

क्या दुर्घटनाग्रस्त विकलांग सुधाचंद्रन का एक कुशल नृत्यांगना बनना उसकी कल्पना की देन है। उन्होंने बार-बार नृत्य का अभ्यास कर दृढ़ निश्चय व मजबूत इच्छाशक्ति से सफलता प्राप्त की।

अब्राहम लिंकन आठ बार चुनाव हारे किन्तु फिर भी अपनी दृढ़ इच्छाशक्ति व योग्यता के आधार पर अमेरिका के राष्ट्रपति बने। मेरी विपक्षी वक्ता शायद यह नहीं जानती कि कल्पना व सपनों के महल रात में बनते हैं तथा सुबह को ढह जाते हैं।

महान वैज्ञानिक अल्बर्ट इंस्टाइन अपनी कक्षा के सबसे मंदबुद्धि व्यक्ति थे किन्तु उनमें कुछ करने की लगन थी और उन्होंने किया और आज वे विश्व के प्रसिद्ध वैज्ञानिकों में गिने जाते हैं।

क्या प्रसिद्ध बल्लेबाज सचिन का शतक पूरा कर विश्व रिकार्ड बनाना उनकी कल्पना का परिणाम था या उनके अभ्यास व परिश्रम का?

कल्पना तो वह सुरंग है जो व्यक्ति को गुमराही के अन्धेरों में वास्तविकता की धूप-छांव से दूर ले जाती है।

**मन के हारे हार है**
**मन के जीते जीत,**

किन्तु जीतता वही है जिसमें आत्मविश्वास होता है। जीवन के संघर्षों का सामना करने की हिम्मत होती है या यूं कहिए मात्र विश्वास होता है।

कल्पना मिथ्या है। अतः जागो, उठो, नए आयाम, नई दिशाएँ, नई मंजिलें, नई नीतियाँ कर्मवीरों का आह्वान कर रही हैं। इंसान ने तो चाँद को छू लिया है। हम कब तक परियों के देश की कहानियों से जादू की छड़ी की आस लगाए बैठे रहेंगे। मानव जीवन को व्यर्थ मत जाने दो। कल्पनाओं की सुखद रंगीनियों से दूर जाकर उसका सदुपयोग करो। अब फैसला आपके हाथों में है कि आप पैरों तले यथार्थ की जमीन चाहते हैं या कल्पनाओं का रंगीन महल।

# 6

# "युवापीढ़ी अपने भाग्य की निर्माता स्वयं है?"

## पक्ष

आज के मुख्य समाचार—सोनी चैनल द्वारा प्रकाशित कार्यक्रम 'इंडियन आइडियल' में 'अभिजीत सांवत' विजयी हुए।

इसी शृंखला में 'इंडियल आइडियल' द्वितीय में संदीप आचार्य ने विजय प्राप्त की। 'फेम गुरुकुल कार्यक्रम' में काजीव रूपरेखा ने अपनी प्रतिभा दिखाई। 'सारेगामापा' कार्यक्रम में 'देबूजीत' ने अपनी मधुर आवाज से स्ब भारतवासियों के हृदय में एक विशेष जगह बनाई जी हाँ ये उदाहरण हैं आज की युवा-पीढ़ी के जो अपने भाग्य की निर्माता स्वयं है। कुछ वर्ष पूर्व तक हमारी युवा पीढ़ी सपने तो देखती थी, वे साकार होंगे या नहीं यह नहीं जानती थी। आज की युवा पीढ़ी सपने देखने के साथ साथ उनके पूर्ण होने का विश्वास भी रखती है।

खेल जगत को ही लीजिए। मात्र सोलह वर्ष की आयु मे ही क्रिकेट के क्षेत्र में कदम रखने वाले सचिन तेंदुलकर ने सारी प्रसिद्धि अपने खेल के प्रदर्शन के कारण ही प्राप्त की। उन्हें आगे लाने वाली केवल उनकी प्रतिभा थी।

हमारी युवा पीढ़ी अपने पथ का चुनाव स्वयं करती है और अपने परिश्रम के द्वारा लक्ष्य को प्राप्त भी करती है।

गांधी परिवार की दुहाई देते हुए मेरे विपक्षी मित्रों, मैं यह पूछती हूँ कि क्या श्रीमती इंदिरा गांधी में प्रधानमंत्री बनने की योग्यता नहीं थीं? क्या हम कह सकते हैं कि उन्हें राजनीति में प्रवेश अपने पिता के कारण मिला था? मेरे विचार से तो ये श्रीमती इंदिरा गांधी की प्रतिभा का तिरस्कार होगा। किसी का हाथ थाम कर चलना आसान है, माँ के आंचल को थाम के बचपन जीना भी आसान है परन्तु युवावस्था में अपने सपनों को साकार करना बहुत कठिन होता है लेकिन आज की

युवा पीढ़ी अपने विश्वास के बल पर सफलता की ऊचाँइयों को छू रही है। "उद्यमेन हि सिध्यन्ति कार्याणि न मनोरथे, न हि सुप्तस्य सिंहस्य प्रविशन्ति मुखे मृगाः। फिल्म जगत के चाँद सितारे शारुखान, प्रीति जिंटा को अपने परिश्रम से ही उच्च स्थान प्राप्त हुआ है। राकेश रोशन के सुपुत्र ऋतिक रोशन यदि प्रतिभाशाली न होते तो उनकी पहली फिल्म के द्वारा ही उन्हें दर्शकों की सराहना प्राप्त न होती क्योंकि कुमार गौरव को अपने पिता द्वारा लाए जाने के बाद भी प्रतिभा के अभाव के कारण सफलता प्राप्त नहीं हुई।

तूफान में बहता बीज जब किनारे जा कर लगता है तो उसमें यह आत्मबल होता है कि उसे एक दिन वृक्ष बनना है। आज का युवा भी इतना ही सजग और प्रयत्नशील है क्योंकि वह जानता है कि विजय स्तंभ एक दिन उसके हाथ में होगा। सागर से जूझना होगा हर तूफान में लेकिन कहीं न कहीं कोई कश्ती मिल जाएगी जो उसे साहिल तक पहुँचाएगी। यही भावनाएँ होती है युवाओं की।

रानी जेठमलानी एक ऐसी वकील हैं जिन्होंने अपनी पहचान अलग बनाई। ममता बैनर्जी का कोई गॉड फादर नहीं है, हेलन कैलर ने स्वयं अंधे होते हुए भी अंधों की शिक्षा में योगदान दिया।

दीप शिखा बुझ तो जाती है लेकिन अगर कोई दो उँगलियाँ माचिस की तीली उठा ले तो फिर जल उठती है। हारे हुए भी जीत की ओर अग्रसर होते हैं अगर वे ठान लें तो। आज का युवा तो सोया हुआ नहीं है, हारा हुआ नहीं है उसके पास तो कर्म की तीली है, वो कभी बुझ नहीं सकता, वो कभी मर नहीं सकता।

**कर्म योग है, कर्म धर्म है,**
**कर्म हठी है, कर्म विजय लेता है**
**कर्म दीक्षा लेकर कर्मण**
**संसृति से लोहा लेता है।**

## विपक्ष

आदरणीय सुधिवृन्द, निर्णायक मंडल एवं मेरे प्रिय साथियों, आज की इस वाद-विवाद प्रतियोगिता में विषय के विपक्ष में अपने विचार प्रस्तुत कर रही हूँ। जैसे कि हर सिक्के के दो पहलू होते हैं उसी प्रकार कर्म के साथ भी जुड़ा है उचित मार्गदर्शन, साधन और प्रेरणा। इन सब के अभाव में किसी भी व्यक्ति का उन्नति के पथ पर अग्रसर होना असंभव है।

व्यक्तित्व वह बीज हैं जो उर्वरा धरती पर पानी, हवा, धूप, एवं खाद्य आदि अनुकूल सामग्री का योग पाकर एक अंकुर के रूप में प्रस्फुटित होता है और संभावनाओं की नई-नई कोपलों को जन्म देता हुआ शत शाखी बन जाता है।

भविष्य में सफलता प्राप्त करने के लिए सर्वप्रथम आवश्यकता होती है मजबूत नींव की तथा माता-पिता एवं गुरु के मार्गदर्शन की उनसे उचित शिक्षा पाकर ही बालक अपने उज्ज्वल भविष्य का स्वप्न देख सकता है।

बालक शैशव काल में एक छोटे से मिट्टी के गोले की तरह होता है। उसे जिस रूप में ढाल दिया जाए उसी रूप में ढल जाता है और उस मिट्टी के गोले को आकार देने वाला और कोई नहीं अपितु उसके अभिभावक, उसके माता-पिता ही हैं। उसके माता-पिता ही उसके लिए प्रेरणा का स्रोत होते हैं, अच्छे संस्कार देकर, अनुशासनबद्ध करके उसे लक्ष्य की ओर अग्रसर करते हैं।

शैशव काल तो छोड़िए जब बच्चा प्रसव काल में होता है, तभी से ही माता-पिता के संस्कार उसमें पनपने लगते हैं। अब आप अभिमन्यु को ही देख लीजिए, माता के प्रसव में ही पिता के क्षत्रिय होने के कारण उसने चक्रव्यूह को भेदना सीख लिया था जिसके कारण आज भी उसका नाम दुनिया स्मरण करती है।

उचित प्रेरणा, अच्छे संस्कार तथा लक्ष्य के प्रति जागरूक होना ऐसे गुण हैं जो भाग्य निर्माण के लिए अत्यंत आवश्यक हैं, और यह गुण माता-पिता, गुरुजन, समाज तथा पड़ोसी आदि से ही सीखने को मिलते हैं। टाटा, बिरला, बजाज, गोदरेज आदि नामों में क्या खासियत है? खासियत है उनके द्वारा अर्जित धन में, और आज उनके बच्चे भी माता-पिता द्वारा बताए पथ पर चलकर ही सफलता की ओर अग्रसर हो रहे हैं।

इतिहास साक्षी है कि पिता मोती लाल नेहरू एवं गांधी की बदौलत ही प्रतिभा के धनी वल्लभभाई पटेल हाशिए पर पँहुच कर रह गए तथा पंडित नेहरू प्रधानमंत्री बने। यही कारण है कि इंदिरा गांधी, फिर राजीव गांधी जो सिर्फ पायलट थे वह प्रधानमंत्री बनें और आज कितनी ही जनता सोनिया जी को प्रधानमंत्री बनाने के लिए जीतोड़ संघर्ष कर रही है पर मेरी समझ में यह नहीं आता कि उनमें ऐसी क्या अद्‌भुत प्रतिभा है जो उन्हें जनता इस सर्वोच्च पद तक लाने के प्रयत्नशील है? इस बात को सभी समझते हैं कि आज प्रियंका वडेरा ने भी सोनिया गांधी के कारण ही प्रसिद्धि अर्जित की है।

सनी दयोल, काजोल, करिश्मा, अक्षय खन्ना आदि को भी फिल्मी जगत में प्रवेश केवल माता-पिता की प्रसिद्धि के कारण ही मिला।

कलाकारों व डाक्टरों जैसे प्रतिष्ठित वर्गों की सफलता भी अभिभावकों पर ही निर्भर करती है। क्या अयान और अमन अपनी प्रतिभा का प्रदर्शन स्वयं कर पाए थे? नहीं, उनकी सफलता के पीछे हाथ था उनके पिता अमजद अली का।

अभिभावकों के योगदान के महत्त्व को दर्शाने में खिलाड़ियों ने भी कोई कसर नहीं छोड़ी। लाला अमरनाथ की पहुँच के कारण ही उनके पुत्र महेंद्र अमरनाथ को टीम में प्रवेश मिला था। विश्व में सबसे ज्यादा नाम अर्जित करने वाले पी. टी. उषा, लैण्डर पेस को भी अपने पिता से ही उचित मार्गदर्शन मिला जिसके कारण आज वे उन्नति की चरम सीमा पर अग्रसर हो रहे हैं। जहाँ तक बात है सचिन तेंदुलकर की यह ठीक है कि उसके माता-पिता स्वयं ख्याति न प्राप्त कर सके किन्तु तेंदुलकर द्वारा अकसर आप यह कहते सुनेंगे कि मेरी सफलता का राज माता द्वारा दी गई प्रेरणा तथा पिता द्वारा सिखाया गया अनुशासन ही है।

इन सब बातों को देखते हुए हम यह कह सकते हैं कि अभिभावक ही साधन है और उचित मार्गदर्शन ही विजयश्री का माध्यम।

जिस प्रकार ईश्वर की दया के बिना सृष्टि की रचना होना असंभव था उसी प्रकार उचित मार्गदर्शन तथा साधनों के बिना व्यक्ति का सफल होना असंभव है।

बालक अपने कुल, समाज और राष्ट्र की निस्तेज बाती होते हैं और इस निस्तेज बाती से देश में, समाज में, विश्व में प्रकाश फैलाने के लिए उचित मार्गदर्शन व सहारे को जरूरत होती है जो केवल अभिभावक व गुरुजन ही दे सकते हैं।

अन्त में मैं इतना ही कंहूगी कि जिस प्रकार मिट्टी को सही आकार कुम्हार देता है उसी प्रकार मिट्टी रूपी बालक को मूर्त रूप माता-पिता, गुरुजन एवं अभिभावक ही देते हैं। अतः मेरे मत में युवा वर्ग स्वयं अपने भाग्य का निर्माता नहीं है।

# 7
# जिन्दगी समझौते का नाम है

## पक्ष

आदरणीय निर्णायक मण्डल गुरुजन एवं मेरे प्रिय साथियों! हमारी आज की वाद-विवाद प्रतियोगिता का विषय है 'जिन्दगी समझौते का नाम है' मैं विषय के पक्ष में अपने कुछ विचार आपके सम्मुख प्रस्तुत करने जा रही हूँ। जीवन विषमताओं तथा सरलताओं दोनों का संगम है। जहाँ इस जीवन में मनुष्य को दुःख व क्षोभ आदि भावों का सामना करना पड़ता है वही हर्ष और उल्लास उसे कर्म की ओर प्रवृत्त करते हैं। इस सुख दुःखात्मक स्थापना हेतु समझौते का भी अपना एक स्थान है। आधुनिक सामाजिक व राजनैतिक परिवेश में यह शब्द व्यापक स्तर पर प्रयुक्त होता है। यदि मनुष्य के सामाजिक जीवन का सर्वेक्षण किया जाए तो ऐसा प्रतीत होता है कि मानो मनुष्य का जीवन रूपी भवन समझौते की नींव पर ही आधारित है।

अपने जीवन को आनन्दमय बनाने के लिए मनुष्य को समझौते करने ही पड़ते हैं। यदि अहम् भाव को प्रबल रखा जाए व समझौते न हों तो प्रगति का मार्ग अवरुद्ध हो जाता है।

**"मैं इसलिए अक्सर लोगों से कहता हूँ**
**जिस जगह बंटे नफरत जा प्यार चुराओ तुम**
**जो चोट करे तुम पर उसके चूम लो हाथ**
**जो गाली दे उस को आशीष पिन्हाओ तुम"।**

जीवन का क्षेत्र अति व्यापक और विशाल है। जिसमें इतिहास व पुराणों में हम समझौते देखते हैं। प्रभु श्री राम यदि समझौता न करते तो निश्चय ही अयोध्या नगरी की दशा ही बदल गई होती। राम का चरित्र हम जिस रूप में स्मरण करते है वह रूप सम्भवतः चिर स्मरणीय न होता। इतिहास साक्षी है कि पुरातन काल से विश्व शान्ति कायम रखने में समझौते ने अपना महत्त्वपूर्ण सहयोग दिया है। यदि विवादों का समाधान करने के लिए समझौते का सहारा न लिया जात तो यह विश्व

कब का समाप्त हो चुका होता। सन् 1947 में यदि गाँधी जी द्वारा भारत पाक विभाजित होने के समझौते को ग्रहण न किया जाता तो कदाचित् हम स्वाधीनता प्राप्त न कर पाते। संयुक्त राष्ट्र का गठन समझौते द्वारा विश्व के राष्ट्रों का विवाद समाप्त करने तथा विश्व शान्ति को कायम रखने के लिए किया गया है जो एक सफल प्रयास सिद्ध हुआ है। अरब देश का यूरोपीय समुदाय के साथ खनिज तेल के लिए समझौता न होने का परिणाम ही हमारे सामने खाड़ी युद्ध के रूप में सामने आया किन्तु वह एक समझौता ही था जिससे कुछ समय उपरान्त युद्ध की इस विभीषिका का शमन हुआ। एक समझौते द्वारा इस समस्या का समाधान हुआ।

जहाँ भी किसी समझौते का अभाव हम देखते हैं वहीं कोई हानि अवश्य होती है। महाभारत का विशाल युद्ध का कारण भी दुर्योधन का अहम् ही था। अहंकार में चूर हो उसने किसी भी समझौते से मना कर दिया था। आज वर्तमान समय में अन्तर्राष्ट्रीय स्तर पर विश्व के महान् शक्तियों ने व्यापक सिद्ध हाने वाले प्रलयंकारी रासायनिक व परमाणु शस्त्रों का किसी भी युद्ध में प्रयोग न करने का समझौता किया है। यदि ये समझौता न होता तो धरती पर जीवन असम्भव हो जाता। गुट- निरपेक्ष आन्दोलन और दक्षेस के अन्तर्गत जो राजनैतिक और व्यापारिक समझौते हुए हैं वे हमारी प्रगति के सुन्दर सोपान हैं। भारत और रूस के बीच गोर्बचैव के भारत आगमन के समय हुए व्यापारिक समझौते ने भारत को आर्थिक रूप से लाभ पहुँचाया।

आज हम विश्व भर में एक समस्या देखते हैं गृह-कलह की। गृहस्थ जीवन में गृहस्थी रूपी गाड़ी को सुचारू रूप से खींचने के लिए समझौतों की आवश्यकता अनिवार्य रूप से पड़ती है। पति-पत्नी में वैचारिक स्तर पर विवाद उत्पन्न होता है तो समझौते द्वारा उसका निदान किया जा सकता है यदि पति-पत्नी अपने अहम् के कारण समझौता नहीं करते तो यह विवाद अनेक कुंठाओं को जन्म दे सकता है।

परिस्थितियों से समझौता करना कोई निन्दा की बात नहीं है और न ही मनुष्य इससें छोटा हो जाता है। कभी-कभी ऐसी विषय परिस्थितियाँ उत्पन्न हो जाती हैं जिनके समक्ष झुकने के सिवा और कोई विकल्प शेष नहीं रह जाता। ऐसी स्थिति में समझौता ही एक मात्र विकल्प शेष रह जाता है और कुंठाए दूर हो जाती हैं।

आज हम अपने आस-पास टकरावों का ही समुद्र उमड़ता देखते हैं। कहीं पंजाब व कश्मीर के आतंकवादियों की समस्या है जो देश को आतंकित किए हुए हैं तो कहीं अयोध्या मंदिर व बाबरी मस्जिद लेकर हिन्दू व मुसलमानों में झगड़े हो रहे हैं। लम्बे समय से ये झगड़े सामाजिक शान्ति को भंग कर रहे हैं। इन विषयों

से सम्बन्धित यदि समझौते शीघ्र हो जाएँ तो देश की प्रगति का मार्ग निष्कंटक हो जाएगा।

अन्त में मैं यही कहूँगी कि मनुष्य जीवन क्षण-भंगुर है। यदि मनुष्य जीवन में विद्यमान समस्त सुखों का भोग करना चाहता है तो उसे विभिन्न क्षेत्रों में समझौते अवश्य करने होंगे। जिन्दगी समझौतों का ही दूसरा नाम है।

## विपक्ष

आदरणीय निर्णायक मंडल, अन्य उपस्थित! मैं विषय के विपक्ष में अपने विचार प्रस्तुत कर रही हूँ। अभी-अभी मेरी साथी वक्ता ने जिन्दगी में समझौतों की महिमा का गान लिया किन्तु आज इस युग में जिन्दगी को समझौता बताना तो कोरी कायरता है।

हमारे वेद-शास्त्रों में तो सदा ही संघर्ष को महत्त्व दिया गया है। जितने भी क्रांतिकारी महापुरुष हुए उन्होंने अपने जीवन में समझौतों को कोई स्थान नहीं दिया। उन्होंने जीवन को संघर्ष रूपी कसौटी पर कसकर सोने के समान तेजपूर्ण व सुदृढ़ बनाया। मुझे कवि जगदीश गुप्त की पंक्तियाँ याद आ रही हैं। ''जीवन है महज संघर्ष ही'' जीवन को युद्ध की संज्ञा दी गई है और इस युद्ध में विजयी वही होते हैं जो अपने पथ स्वयं निर्मित करते हैं। जैसे-पानी ढलान की ओर स्वतः ही बहता जाता है–ऐसी सरल जिन्दगी किसी काम की नहीं। जीवन वही सार्थक है जिसमें चुनौतियों का सामना दृढ़ इच्छाशक्ति व आत्मविश्वास से किया जाए। निर्णायक मंडल, कवि दिनकर की ये पंक्तियाँ भी समझौतों का विरोध करती हैं :

**जो नर फाकों में प्राण गवाते हैं,**<br>**न बेच मन का प्रकाश**<br>**रोटी का मोल चुकाते हैं**

ऐसे व्यक्ति जीवन में कभी समझौता नहीं करते। मेरी विपक्षी महोदया ने इतिहास के अनेक उदारहरण देकर अपने तथ्य की पुष्टि की लेकिन वह उस पौराणिक गाथा को भूल गई हैं जिस में पूज्या नारी ने सत्यवान की मृत्यु के साथ कोई समझौता नहीं किया। यदि उसने अपने पति की मृत्यु को अपना भाग्य मानकर समझौता कर लिया तो आज इतिहास ही बदल गया होता।

सुप्रसिद्ध दार्शनिक सुकरात ने विषम परिस्थितियों में भी अपने आदर्शों व जीवन मूल्यों को नहीं त्यागा। यहाँ तक कि जनता के कहने पर उन्हें विष का प्याला पीना पड़ा। अपने प्राण दे दिए लेकिन उन्होंने कोई समझौता नहीं किया। जीवन सुख-दुःख झंझावत से ही मिलकर निर्मित होता है। जब तक उसमें ध्वंस-निर्माण नहीं तब तक उसमें कोई आकर्षण भी नहीं।

**"जीवन समर, जीवन समर**
**बन्दी युगों तक जो बना,**
**हत भाग्य पंखों से छिना,**
**अब वही पिंजरा तोड़ कर**
**नव कल्पना के पंख धर**
**आंधी प्रलय का छोड़कर डर**
**है देख, बाहर आ खग वीरवर, खग वीरवर।"**

निर्णायक मंडल! ऐसे में स्मरण हो आते हैं महापण्डित कौटिल्य विष्णुगुप्त चाणक्य, जिन्होंने जीवन पर्यन्त कोई समझौता नहीं किया। वे विषम परिस्थितियों में भी अपने निर्णय पर डटे रहे।

भारत के स्वतन्त्रता-संग्राम की ओर दृष्टि डालें तो मेरी साथी वक्ता के कहे गए कथनों की निरर्थकता स्वतः ही सिद्ध हो जाती है। हमारे देशप्रेनी क्रान्तिकारी नव-युवकों ने अपने प्राणों की आहुति दे दी लेकिन ब्रिटिश साम्राज्य ने समझौता नहीं किया।

हिटलर ने अपने जीवन में कभी पराजय को स्वीकार नहीं किया उसने कभी भी किसी भी क्षेत्र में समझौता नहीं किया किन्तु फिर भी उसने अपने जीवन को प्रगति पथ की ओर मोड़ा। निर्णायक मंडल, उसने किसी के आगे सर्म्पण नहीं किया।

क्या इस बात को भुलाया जा सकता है कि सन् सत्तावन के विद्रोह की मुख्य सूत्रधार वीरांगना महारानी लक्ष्मीबाई ने अपने जीवन में समझौतों को स्थान नहीं दिया व अपने इसी व्रत का पालन करती हुई वह वीर गति को प्राप्त हो गईं और भारत के इतिहास में एक अमिट छाप छोड़ गईं।

अध्यक्ष महोदय, मुझे स्मरण हो आया है महात्मा गांधी का, जिन्होंने राष्ट्रीय स्तर पर मोहम्मद अली जिन्ना व ब्रिटिश सरकार से मिलकर एक समझौता किया। यदि उन्होंने यह समझौता न किया होता तो देश का विभाजन न होता।

मेरे साथी वक्ताओं, स्वतन्त्रता प्राप्ति के तुरन्त बाद जब पाकिस्तान ने काश्मीर के अधिकांश भाग पर कब्जा कर लिया था, उस समय भारतीय सेना उन्हें वापिस खदेड़ने में सक्षम थी उस समय भारतीय प्रधानमंत्री नेहरू जी ने यथास्थिति समझौता कर लिया और पाकिस्तानियों को काश्मीर से नहीं निकाला। उनके उस समझौते का परिणाम हम आज तक भुगत रहे हैं। मेरी विपक्षी साथी को सोवियत संघ के साथ तथा मारीशस के साथ नेहरू जी ने जो समझौते किये इनका स्मरण तो रहा लेकिन न जाने वह क्यों उस समझौते को भूल गई हैं जिसके फलस्वरूप 1962 में चीनी देश के साथ भारत का युद्ध हुआ। हिन्दी-चीनी भाई-भाई का नेहरू जी का स्वप्न अधूरा रह गया।

अन्तर्राष्ट्रीय स्तर पर नेल्सन मंडेला दक्षिण अफ्रीका में काले लोगों के अधिकार के लिए गोरों से तीन दशक संघर्ष करती रहीं। यदि यहाँ पर भी परिस्थितियों से समझौता कर लिया जाता तो काले लोगों को अधिकार न मिल पाते।

यदि वर्तमान समय को देखें तो आज आतकंवादियों का उत्साह बढ़ता सा दिखालाई पड़ता है। कुछ वर्ष पूर्व मन्त्री मुफ्ती मोहम्मद सईद की बेटी रूबिया के अपहरण के समय यदि समझौते के रूप में पांच आतंकवादियों को न छोड़ा जाता तो कंधार में हुई विमान- अपहरण की घटना न घटती और विभिन्न स्थानों पर बम विस्फोट द्वारा हुई विनाश लीला भी दिखाई न देती।

निर्णायक मंडल! वास्तव में जो व्यक्ति कमजोर होते हैं, जिनकी इच्छा शक्ति दृढ़ नहीं होती है, जिनमें आत्म विश्वास नहीं होता, जो जीवन की कटु सच्चाइयों को झेल नहीं पाते, वही जीवन के संकटों से बचने के लिए समझौता कर लेते हैं। ऐसे व्यक्ति को हारा हुआ माना जाता है। जो विषम परिस्थितियों में झुक जाए ऐसा व्यक्ति मृतप्राण है—

**संघर्ष से हटकर जिए तो क्या जिए तुम या कि हम**
**जो नत हुआ वह मृत हुआ ज्यों वृंत से झरकर कुसुम।**

निर्णायक मंडल, यदि मनुष्य प्रत्येक हार से समझौता कर ले तो संघर्ष करने क्षमता तो पूर्णतः नष्ट हो जाएगी। महाराणा सांगा, महाराणा प्रणाम, वीर शिवाजी ने परिस्थितियों से कभी समझौता नहीं किया। ये वीर बांकुरे आज इतिहास के जाज्वल्यमान नक्षत्र हैं। राजा राममोहन राय सरीखे महापुरुष यदि समाज की कुरीतियों से समझौता कर लेते तो आज का समाज कितना घृणित व कुत्सित होता इसकी कल्पना मात्र से ही हृदय सिहर उठता है।

भारतीय परम्परा समझौता करने की नहीं संघर्ष करने की प्रेरणा देती है विवशतावश अपनी हार मान लेने वाला व्यक्ति मृतक के समान होता है जबकि संघर्ष करने वाला विजयभाल का अधिकारी होती है।

**"रे गन्ध नहीं बांटी जा सकती ताकत से**
**यह तूफानों के बाल खोल लहराती है**
**गाती है जब वह बैठ चिता की लपटों में**
**मरघट की मिट्टी तक से क्रान्ति उगाती है।"**

अतः मेरा तो यही मानना है कि समझौता जिन्दगी का नहीं मृत्यु का नाम है। कवि इकबाल के शब्दों में :

**कुछ बात है कि हस्ती मिटती नहीं हमारी**
**सदियों रहा है दुशमन दौरे  जमाना हमारा**

# 8

# वर्तमान शिक्षा प्रणाली शिक्षार्थियों के विकास में सहायक है

## पक्ष

"विद्या ददाति विनयं
विनयाददाति पात्रताम्
पात्रत्वाद्धनमाप्नोति
धनात् धर्मः ततः सुखम।"

"वर्तमान शिक्षा प्रणाली शिक्षार्थियों के विकास में सहायक है।" मैं इस विषय के पक्ष में अपने विचार प्रस्तुत करने जा रही हूँ। अभी-अभी जो संस्कृत की पंक्तियाँ मैंने कहीं, वर्तमान शिक्षा प्रणाली उस कसौटी पर खरी उतरती है।

शिक्षा का उद्‌देश्य क्या है? शिक्षा का उद्‌देश्य है मनुष्य को मनुष्य बनाना, उसमें आत्मनिर्भरता की भावना भरना, देश का चरित्र निर्माण करना तथा परम पुरुषार्थ की प्राप्ति कराना। अब हम वर्तमान शिक्षा प्रणाली का इन गुणों के आधार पर मूल्यांकन करते हैं कि क्या वह वास्तव में शिक्षार्थियों को इन गुणों को आत्मसात करने में सहायक सिद्‌ध होती है या नहीं। कुछ पूर्व वक्ताओं ने बड़े जोरों-शोरों से इसका विरोध करते हुए कहा कि इस शिक्षा प्रणाली से कोई लाभ नहीं हो रहे हैं तथा विद्यार्थियों में जो अराजकता है उसका मूल कारण भी यही है परन्तु आप अपने अन्तर्मन को टटोल कर देखिए कि क्या वर्तमान शिक्षा प्रणाली ही इसके लिए एकमात्र दोषी है? क्या मनुष्य के प्रदूषित मन का इस में कोई दोष नहीं है?

वर्तमान शिक्षा प्रणाली तो अपेक्षाकृत अधिक व्यावहारिक है। लगभग तीन वर्ष की आयु से ही बालक का विद्यालयगमन प्रारम्भ हो जाता है। इस अल्पायु में वह न केवल पुस्तकीय ज्ञान को प्राप्त करता है अपितु वातावरण के प्रति सजग रहना

भी सीख जाता है। तत्पश्चात् उसे काव्य संगीत द्वारा वर्ण-माला भी सिखाई जाती है। इस सबका लाभ यह है कि बालक बाल्यकाल में ही जागरूक बन जाता है।

कुछ लोगों का मानना है कि परीक्षा का मानव जीवन में कोई महत्त्व नहीं है किन्तु ऐसा नहीं है क्योंकि वर्तमान शिक्षा प्रणाली का एक महत्वपूर्ण पक्ष है परीक्षा। मानव जीवन में विशेषतः छात्र जीवन में परीक्षाओं का अत्यधिक महत्व है। यदि ये न हो तो हमें छात्रों की योग्यता का पता ही न चले। आप ही बताइए कि क्या इसके बिना छात्र के व्यक्तित्व को परिष्कृत किया जा सकता है? हर व्यक्ति को उसकी योग्यता के अनुसार काम देना ही इस का उद्देश्य है। ये जो परीक्षाएँ होती हैं ये छात्रों को पूरे वर्ष अध्ययन के लिए तैयार रखती हैं। वर्तमान शिक्षा प्रणाली की परीक्षा पद्धति ही मनुष्य को चुनौती प्रदान करती है। परीक्षा और प्रतियोगिता मनुष्य को उत्साहित कर कर्म में प्रवृत्त करती है।

अब प्रश्न यह उठता है कि क्या विद्यालय में पढ़ाए जाने वाले विषयों का दैनिक जीवन में कोई महत्त्व है? हाँ, वर्तमान शिक्षा प्रणाली व्यवसाय उन्मुख भी है। भाषा, इतिहास, विज्ञान, तकनीकी, प्रौद्योगिक विषयों के अतिरिक्त विद्यार्थियों को अनेक व्यवसाय भी सिखाए जाते हैं जिस से उन में कलात्मक रुचि उत्पन्न हो और वे व्यावसायिक दृष्टि से भी लाभन्वित हों। इस प्रणाली में सीमित पाठ्यक्रम नहीं हैं अपितु नृत्य, संगीत, खेल, कूद आदि भी पाठ्यक्रम के आवश्यक अंग हैं। इस से यह लाभ है कि छात्रों का हर क्षेत्र में विकास होता है। नैतिक शिक्षा के अतिरिक्त छात्रों को विदेशी भाषाओं, संस्कृति और उपलब्धियों से भी अवगत कराया जाता है। आज की इस शिक्षा प्रणाली ने भ्रांतिपूर्ण विचारों तथा छुआछूत की कुत्सित भावना का अंत किया है। इसके कारण बालक-बालिका में जो भेद-भाव था वह भी समाप्त हो गया है। अब तो बालिकाएँ प्रत्येक क्षेत्र में बालकों के साथ कदम से कदम मिलाकर चलती हैं।

वर्तमान शिक्षा प्रणाली स्वस्थ प्रतिस्पर्धा तथा चिंतन मनन को बलवती बनाती है। इसमें पुस्तकीय ज्ञान के अतिरिक्त सिलाई, कढाई, फोटोग्राफी आदि की भी जानकारी दी जाती है। आजकल देश में शिक्षा के क्षेत्र में कम्प्यूटर साक्षरता की लहर चली हुई है। क्या मेरी विपक्षी महोदय इस बात से अनभिज्ञ हैं कि सरकार की नीति भी देश में कम्प्यूटर शिक्षा को प्रोत्साहन देने की है। देश के मानव संसाधन विकास मंत्रालय ने आगामी तीन वर्षों में देश के दस हज़ार सरकारी और सहायता प्राप्त स्कूलों में कम्प्यूटर साक्षरता प्रदान करने का निश्चय किया है। मुझे लगता है कि आधुनिक प्रणाली का विरोध करने वाली मेरी पूर्व वक्ता कोठारी कमीशन के

बहुमुखी विकास की व्यवस्था से परिचित नहीं हैं?

प्राचीन काल का सिद्धान्त 'विद्या पुष्कलेन धनेन प्राप्यते श्रद्धावान लभते' ज्ञान में परिवर्तित हो गया है क्योंकि अब तो कुछ राज्यों में निःशुल्क शिक्षा भी प्रारम्भ कर दी गई है। जिस से बालक व बालिकाएँ शिक्षा प्राप्ति की ओर अग्रसर हो रहे हैं। अंत में मैं यही कहना चाँहूगी कि वर्तमान शिक्षा प्रणाली विद्यार्थियों के विकास में सहायक है।

## विपक्ष

केवल 70 अंक, मेरी मेहनत, रात रात भर पढ़ने का फल केवल 70 अंक। जी हाँ, जब मैं अपनी दसवीं कक्षा की परीक्षा का परिणाम देखने विद्यालय गई तो विज्ञान में अपने अंक देख कर कुछ इसी प्रकार चिल्लाई थी। अन्य सभी विषयों में 90 से अधिक अंक प्राप्त करने के पश्चात् भी मुझे विज्ञान में केवल 70 अंक ही प्राप्त हुए। मैं किसे दोष दूँ? स्वयं को या इस शिक्षा प्रणाली को।

आदरणीय अध्यक्ष महोदय, निर्णायक मंडल एवं अन्य उपस्थित जब। आज की वाद-विवाद प्रतियोगिता का विषय है। "वर्तमान शिक्षा शिक्षार्थियों के विकास में सहायक है" मैं इस विषय के विपक्ष में अपने विचार प्रस्तुत कर रही हूँ। शिक्षा का अर्थ है मानसिक दक्षता प्राप्त करना परन्तु एक छात्र शिक्षा प्राप्त करने के पश्चात् भी दक्ष नहीं होता, उसमें उत्तम गुणों का विकास नहीं होता। वह प्रतिस्पर्धा, ईर्ष्या एवं द्वेष की भावनाओं से परिपूर्ण होता है। अतः मानव वृत्तियों के विकास के लिए सही शिक्षा परमावश्यक है।

हमारी वर्तमान शिक्षा प्रणाली व्यावहारिक नहीं है। देखा गया है कि छात्र साल भर तो पढ़ते नहीं और अंत में कुछ सहायक पुस्तकें रट रटाकर बिना परिश्रम किए, बिना अर्थ समझे परीक्षा उत्तीर्ण कर लेते हैं। मात्र 3 घंटे की परीक्षा पर उनका भविष्य निर्भर करता है। अध्ययन पूर्ण करने के पश्चात् उसके पास केवल एक डिग्री होती है जो उसे नौकरी तक नहीं दिला पाती और फिर वही छात्र अनुचित मार्ग पर अग्रसर होते है। संजीव नंदा और मनु शर्मा इसी पीढ़ी के पथ विचलित और संस्कारहीन युवकों के उदाहरण हैं।

जब बात आती है पाठ्यक्रम की तो विषय अंतहीन हैं। मैं अपनी विपक्षी महोदय से पूछती हूँ कि क्या एक विषय के लिए चार-चार पुस्तकें पढ़ना और उन्हें याद रखना क्या हर छात्र के लिए संभव है? सवाल यह है कि क्या भारी-भरकम पाठयक्रमों के बोझ से लदे छोटे-छोटे नन्हें बालकों के बस्तों को और भी भारी बनाया जाए? जो शिक्षा देश की विभिन्न समस्याओं को हल न कर सके, मानवीय व नैतिक मूल्यों की रक्षा न कर सके, सामाजिक एकीकरण न कर सके—वह शिक्षा किस काम की? वास्तव में आज की शिक्षा प्रणाली ने शिक्षा को एक ऐसी मशीन बना दिया है,

जो अपनी जड़ यान्त्रिकता में बिना सोचे समझे योग्य-अयोग्य सभी प्रकार के छात्रों को निरंतर उत्पन्न करती जा रही है।

मेरी विपक्षी महोदया कहती हैं कि विद्यार्थियों को विदेशी भाषा से अवगत कराया जाता है। कितनी हास्यास्यपद बात है कि सभी भाषाओं की जननी संस्कृत एवं राष्ट्रभाषा हिन्दी की उपेक्षा, अंग्रेजी भाषा का समर्थन। क्या इससे हमारी शिक्षा प्रणाली की विषमता का आभास नहीं होता? आखिर क्यों छत्र शिक्षा प्राप्ति के पश्चात् विदेश जाने की होड़ में लगे रहते हैं। इसका उत्तर यह है—क्योंकि उन्हें अपने देश के प्रति प्रेम एवं भक्ति का पाठ नहीं पढ़ाया जाता और इसका भुगतान देश को करना पड़ता है।

**आधार शिलायें मौन हुई**
**भ्रान्ति ने चूम लिए कदम**
**शिक्षा का बीज बोया स्वदेश ने**
**फिर क्यों विदेश ने फल पाया असीम।**

जिस प्रकार पहले अंग्रेजी भाषा ने अंग्रेजी बाबू पैदा किए उसी प्रकार आज कम्प्यूटरी शिक्षा, कम्प्यूटर बाबू पैदा किए जा रही है।

अंत में मैं यही कहूँगी कि आज के विद्यार्थी के इस असतोष को यदि रचनात्मक दिशा न दी गई तो अराजकता बढ़ेगी और देश का भविष्य अस्थिर हो जाएगा।

# 9
# सफलता के पहुंच आवश्यक है, प्रतिभा नहीं

## (पक्ष)

मेरे बड़े भाई को बंगलोर के इंजीनियरिंग कॉलेज में प्रवेश केवल मेरे पिताजी की पहुंच के कारण ही मिला था जो कि वहां के प्रिंसिपल के अच्छे मित्र हैं।

आज मेरा भाई फिलिप्स की कम्पनी में इंजीनियर के पद पर कार्यरत है। खूब नाम है। प्रतिष्ठा है और कम्पनी वालों ने रहने को घर भी दे रखा है।

वाह। क्या ठाठ है ऐसे पहुंच वाले लोगों के। सिक्कों की खनखनाहट और पहुँच के रूतबे से जीवन में आज क्या नहीं हासिल किया जा सकता है?

आदरणीय अध्यक्ष महोदय, निर्णायक मंडल एव प्रिय सभाजन! भौतिकवाद के इस युग में समाजवाद के खोखले नारे लगाते हम और आप पहुंच को ही सफलता का पर्याय व मापदंड मानते हैं। जनसंख्या वृद्धि के कारण योग्यता होते हुए भी लोगों को कार्य करने का, आगे बढ़ने का अवसर प्राप्त नहीं होता। पिता उच्च पद पर कार्य कर रहा हो तो बेटे के लिये सफलता प्राप्त करना आसान हो जाता है।

टाटा, बिड़ला, मोदी ग्रुप, बजाज, गोदरेज आदि नामों में क्या खासियत है? खासियत है उनके द्वारा अर्जित धन में व प्रतिष्ठा में। आज उनकी संतानें जो कुछ भी कमा-खा रही हैं वो उनके माता-पिता की पहुंच द्वारा ही संभव हो पाया है। धीरू भाई अम्बानी के पुत्र मुकेश अम्बानी अपने पिता द्वारा अर्जित पहुंच के बलबूते पर ही अम्बानी ग्रुप का सफल संचालन करने में सक्षम हो पाए हैं।

क्या इस बात से आप इंकार कर सकते हैं कि हमारे इस लोकतांत्रिक देश पर शासन करने वाले नेता भी इस सर्वोच्च शिखर तक पहुंच की सीढ़ी लगाए सरलता से चढ़ जाते हैं। तभी तो माधवराव सिधिंया, जयपुर के राजा हैदराबाद निजाम को नेतापद मिलने में कोई परिश्रम नहीं करना पड़ा और हां गाधी परिवार का जिक्र तो

मैं अवश्य ही करना चाहूंगी। राजीव गांधी को प्रधानमंत्री पद गांधी परिवार की प्रतिष्ठा के कारण ही मिला। श्रीमती सोनिया गांधी राजनीति के क्षेत्र में अभी तक कोई विशेष पहचान ही नहीं बना पाई हैं। अगर आज वे कांग्रेस की अध्यक्ष हैं तो मात्र गांधी परिवार की पहुंच के कारण ही है?

एक और नाम भी इसी समय मेरे मस्तिष्क में कौधा हैं। जी हाँ, मैं बात कर रहा हूं भूतपूर्व वजीर-ए-कश्मीर जनाब फारूख अब्दुल्लाह की। उनके पिता शेख अब्दुल्लाह को काश्मीर की आवाम खुदा की तरह ही पूजती थो तो जाहिर है पिता द्वारा कमाई गयी प्रतिष्ठा व मान का भरपूर लाभ उठाया फारूखजी ने और ये सिलसिला अभी समाप्त नहीं हुआ।

तब तो पहुंच-तेरी ही जय जयकार।

नंदिता दास को फायर फिल्म के पीछे उनके पिता जतिन दास की पहुंच ही थी। क्या आप नहीं जानते कि अमज़द अली खां के बेटे अमान व अयाव अली को सरोद वादन के क्षेत्र में सफलता अपने पिता की पहुंच के कारण ही मिली है।

अब खेल के क्षेत्र को ही लीजिये। लाला अमरनाथ के पुत्र महेन्द्र अमरनाथ को भारतीय क्रिकेट टीम में प्रवेश केवल पिता की पंहुच के कारण ही मिला। सच है पैसा व पहुंच मनुष्य के समस्त गुंणों व योग्यताओं से बढ़ कर है। तभी तो कहते है "सर्वेः गुणाः काञ्चनं आश्रयति।"

कलाकार व डाक्टर जैसे प्रतिष्ठित वर्ग की सफलता भी अब पहुंच के आधार पर ही बनती है। अधिकतर गैर सरकारी व सरकारी कॉलेज में Paid Seats होती हैं।

जिस प्रकार सूरज को चिराग दिखाना संभव नहीं उसी प्रकार पहुंच वाले के आचरण पर भी संदेह करना असंभव है। वो तो स्वयं ही एक आदर्शावली है। जहां तक भी दृष्टि जाती है वहां तक यही देखने-सुनने को मिलता है कि पहुंच ही सफलता का मूल आधार है। शायद ही कभी ऐसा दिन आये जब व्यक्ति का मूल्यांकन उसकी प्रतिभा के आधार पर हो और उसे उचित अबसर को प्राप्ति हो। आशा पर ही संसार टिका है। कभी-कभी कल्पनाएँ भी साकार हो जाती हैं। शायद आने वाला कल इसी सच्चाई को मूर्त रूप दे दे। इसी उम्मीद के सहारे मैं रंग मंच को छोड़ कर जा रही हूँ।

## विपक्ष

गरीबी में पैदा हुआ अभावों में पला, प्रत्येक व्यक्ति से उपेक्षित, मित्रों से रहित, एक व्यक्ति था। उसे शिक्षा प्राप्त करने का कोई अवसर नहीं मिल सका। उसकी उन्नति के मार्ग में बाधाएँ थीं परन्तु उसका निश्चय दृढ़ था, संकल्प अटूट था। अदम्य प्रतिभा के धनी उस महापुरुष ने यह सिद्ध कर दिया कि कार्य की सफलता व्यक्ति के अन्तःकरण में होती है। उपकारों अथवा पहुंच में नहीं।

आदरणीय अध्ययक्ष, महोदय निर्णायक मण्डल एवं अन्य उपस्थित सभाजन मैं बात कर रही हूँ अमेरिका के भूतपूर्व राष्ट्रपति अब्राहम लिंकन की, जिनकी कामयाबी इस तथ्य का जीवन्त प्रमाण है कि सफलता के लिए प्रतिभा चाहिए पहुँच नहीं।

पहुँच तो उन लोगों को चाहिए जिनमें कर्मठता नहीं होती जो आत्म निर्भर नहीं होते। जब इच्छा रूपी महाशक्ति किसी व्यक्ति के जीवन पर सर्वोच्च शासन करने लगती है, तब कौन सा ऐसा उद्देश्य है जिसे वह प्राप्त नहीं कर सकता।

क्या मानसिक व शारीरिक रूप से कमजोर हेलेन कैलर ने स्वयं अंधे हुए भी अंधों की शिक्षा में योगदान नहीं दिया?

गाँधी परिवार की दुहाई देते हुए मैं अपने विपक्षी मित्र से यह पूछती हूँ कि क्या श्रीमती इन्दिरा गाँधी में प्रधानमंत्री बनने की योग्यता नहीं था? क्या हम यह कह सकते हैं कि उन को राजनीति में प्रवेश अपने पिता के कारण मिला था? मेरे विचार से यह उनकी की प्रतिभा का तिरस्कार होगा। उनके पिता ने तो केवल उनका मार्गदर्शन किया था। वरन क्या 80 करोड़ की आबादी वाला यह भारत देश उन्हें इतना मान देता?

पहुँच के बल पर व्यक्ति को ऐश्वर्य की प्राप्ति अवश्य हो सकती है, किन्तु कीर्ति तथा विजय की आशा करना व्यर्थ है। पहुँच के बल पर मौका अवश्य मिल सकता है किन्तु सफलता नहीं।

सुरेन्द्र व अमरनाथ इस तथ्य का जीवन्त उदाहरण हैं क्योंकि उन्हें खेल के क्षेत्र में प्रवेश का मौका तो पहुँच के कारण मिला था लेकिन उन्हें निकाला गया प्रतिभा न होने के कारण। और रही बात नंदिता दास की यदि उनमें प्रतिभा न होती

तो उन्हें 1947 The Earth जैसी फिल्म में प्रवेश कभी न मिल पाता।

जो व्यक्ति सफलता न मिलने का कारण एक अच्छी पहुंच की कमी बताते हैं वह वास्तव में अपनी अकुशलता का ढिंढोरा पीटते हैं।

अरे, रुड़की यूनिवर्सिटी जैसे इंजीनियरिंग कालेज में कौन पहुँच लगा सकता है? वहाँ काम आ सकती है तो केवल एक चीज़ और वे है आपकी प्रतिभा।

यशस्वी व्यक्ति तो सूर्य की भाँति दैदीप्यमान रहकर प्रकाश विर्कीण करते हैं तथा सफलता उनकी अंकशायिनी बनी रहती है। के.आर. नारायण, टी.एन. शेषन, लता मंगेशकर, ज्योतिर्मयी सिकालो और खिलाड़ी सचिन तेंदुलकर जैसे सफल व्यक्तियों को सफलता अपनी प्रतिभा के आधार पर मिली थी किसी पहुँच के आधार पर नहीं। आपकी सफलता, आपके गुणों पर आधारित है। वह आपकी दिव्य शक्ति में ठीक उसी प्रकार संस्थापित है, जिस प्रकार वट का विशाल वृक्ष उसके लघु बीज में छिपा रहता है। अपने ऊपर भरोसा करके और निरन्तर कार्यरत रहकर आप अपनी सफलता की गगनचुंबी, अट्टालिकाओं को छू सकते हैं, पा सकते हैं। आवश्यकता है अपनी सृजनात्मक शक्ति व प्रतिभा के उचित समन्वय की। आशा, विश्वास, हौंसला व कर्मठता का सम्मिश्रण—यही मूल मंत्र है कामयाबी का। आप एक बार शुरूआत तो कीजिए, एक क्या हज़ार सफलताएँ आपके कदम चूमेंगी।

# 10

# स्वतंत्रता प्राप्ति का साधन क्रान्ति थी शान्ति नहीं

## (पक्ष)

आदरणीय निर्णायक मण्डल उपस्थित अन्य गुरुजन एवं प्यारे साथियों आज की हमारी वाद-विवाद प्रतियोगिता का विषय है ''स्वतंत्रता प्राप्ति का साधन क्रान्ति थी शान्ति नहीं''। मैं स्वतंत्रता प्राप्ति का समर्थन करते हुए अपने विचार प्रस्तुत करने जा रहा हूँ।

आज हम स्वाधीन भारत के गौरवशाली नागरिक हैं। हमारा अपना संविधान है अपनी ध्वजा पताका है जो मुक्त गगन में फहराती है और हमें मुदित बना रही है। अब हम मोद से भरे हुए तनिक पलट कर देखें तो नेपथ्य में हुए महान् संघर्ष की ओर हमारा ध्यान अवश्य जाएगा और उभर आएँगे वे चेहरे जिन्होंने स्वतंत्रता की बलिवेदी पर अपने प्राणों का उत्सर्ग किया। घुसपैठिए व्यापारी बन कर आए। अंग्रेजों ने धीरे-धीरे हमारी इस पावन स्थली को भयाक्रान्त कर दिया तभी बौखलाई थी लक्ष्मीबाई, नाना साहब, ताँत्या टोपे और सन् सत्तावन के इस विद्रोह के बाद से तो जन-जन स्पन्दित हो उठा था। भारत के बालक-बालक के बीच यह स्पन्दन स्फुरित हो उद्यम का रूप धारण कर रहा था। यही तो वह क्रान्ति थी जिसकी नींव पर हमें स्वतंत्रता हस्तगत हुई।

तभी भारतेन्दु की वाणी में जैसे साक्षात भारत ही बोल उठा था–

**" रावेहू सब मिलकर भारत भाई**
**हा! हा! भारत दुर्दशा न देखी जाई।"**

बहुत कुछ सहा था हमारे पूर्वजों ने, बहुत कुचला था आर्यों की इस संतान

को उन गोरी चमड़ी वालों ने। तब हिमालय की तराई से स्वतंत्रता पुकार उठा था आर्यावर्त–

**'हिमाद्रि तुंग शृंग से**<br>**प्रबुद्ध शुद्ध भारती**<br>**स्वयं प्रभा समुज्ज्वला**<br>**स्वतंत्रता पुकारती–'**

लालालाजपतराय, बालगंगाधर तिलक, विपिनचन्द्र जैसे वीर बांकुरों ने बाल, लाल, पाल से जो गरम दल बनाया उससे झाँसी में भड़की चिंगारी शनैः-शनैः सुलगने लगी और ऐसे में हमारे हृदयों को भीतर तक विदीर्ण कर देने वाले काण्ड हुए। पहले हुआ बंग-भंग और फिर जलियाँवाला बाग हत्याकाण्ड; सिहर उठी भारतीय जनता इस क्रूर काल ताण्डव से।

ऐसे में भारतीय क्षितिज पर एक महान् विभूति उभरी मोहनदास कर्मचन्द गाँधी। जो था तो शांति का पुजारी किन्तु भारतीय जनमानस में एक क्रान्ति का शंख फूँका था इस महात्मा ने। यहाँ क्रान्ति से मेरा अभिप्राय जन-जन में होने वाले परिवर्तन से है न कि रक्त क्रान्ति से। सविनय अवज्ञा आन्दोलन व रोलेक्ट एक्ट का विरोध यह सब भी तो क्रान्ति के ही प्रतिरूप थे और अब उभरे वे सच्चे क्रान्तिकारी युवा–जिन्होंने अंग्रेजों के तलवे उखाड़ने में महत्त्वपूर्ण भूमिका निभाई। बीसवीं शती के तीसरे दशक में तहलका मचा देने वाले छबीले अमर शहीद भगत सिंह जिसने कचहरी में बम फेंक अपने शौर्य का परिचय दिया और इसका साथ दिया राजगुरु और सुखदेव ने। इसी ही काल में राम प्रसाद बिस्मिल ने सरकारी खजाने को लूट अपनी सरफरोशी की तमन्ना को ही सत्य कर देखाया और कह गए–

**" सर फरोशी की तमन्ना**<br>**अब हमारे दिल में है।**<br>**सोचना है ज़ोर कितना**<br>**बाजुए क़ातिल में है।"**

अब तो जैसे समूचा भारत ही उद्यत हो उठा था अंग्रेजों को बाहर करने में। गाँधी जो अपने अहिंसा और सत्य के अस्त्रों को लेकर स्वतंत्रता को पुकार रहे थे उनका साथ दे रहे थे वीर जवाहर जो शान्ति से अपने पथ पर अग्रसर थे किन्तु भारतीय वीर युवा स्वतंत्रता का अभिप्राय अब पूर्णतया समझ चुके थे। वे किसी रूप में अपना योगदान दे भारत माँ को बंधन मुक्त देखना चाहते थे और ऐसे न जाने कितने वीर सपूत थे जिन्होंने स्वतंत्रता की बलिवेदी पर अपने प्राण न्यौछावर किए,

जिन्होंने जवानी के गरम जोश को स्वतंत्रता की अग्नि में होम दिया।

**फाँसी पे जो चढ़े थे वे भारत के लाल थे,**
**आजादी के लिये मिटे वे नौनिहाल थे!**
**कि देश हो आज़ाद बस यही खयाल था**
**अंग्रेज देश छोड़े कैसे यह सवाल था!**
**और टोडी बच्चा हाय का नारा कमाल था!**

आदरणीय गुरुजनों अन्ततः मैं यही कहना चाहूँगी कि आज हम जिस स्वतंत्र भारत में श्वास ले रहे हैं उसके मूल में क्रान्ति की भूमिका महत्त्वपूर्ण है न कि शान्ति की। हम ने आजादी असंख्य वीरों के बलिदान से प्राप्त की है उनमें शान्ति दूतों की भूमिका भी यद्यपि नगण्य नहीं तथापि स्वतंत्रता का श्रेय क्रान्ति को ही जाएगा शान्ति को नहीं।

## विपक्ष

आदरणीय निर्णायक मण्डल गुरुजनों और प्यारे साथियें, हनारी आज की वाद-विवाद प्रतियोगिता का विषय है "स्वतंत्रता प्राप्ति का साधन क्रान्ति थी शान्ति नहीं" मैं विषय के विपक्ष में अपने विचार प्रस्तुत करने जा रहा हूँ। मेरे साथी वक्ता ने विषय का समर्थन करते हुए बड़े ही बुलंद स्वर में अपनी बात कही किन्तु में उसे सर्वथा सत्य नहीं स्वीकारता। आज हम स्वतंत्र भारत के नागरिक हैं ये हमारे लिए बड़े ही गर्व का विषय है। आर्यों की यह पवित्र भूमि बंधन मुक्त हो पुनः आज सफलता के सोपान चढ़ती हमें दृष्टिगत होती है।

यह स्वतंत्रता, जो हमें गौरवान्वित किए हुए है उसके पीछे एक लम्बा इतिहास है जो संजोए हुए है अपने भीतर उन तपःपूत वीरों की गाथा जिन्होंने त्याग के तप से अंग्रेजों को बाहर निकलने पर मज़बूर किया। इन वीरों में बहुत से ऐसे थे जिन्होंने अपने बाहु-बल से अंग्रेजों को ललकारा और अपने प्राणों की आहुते दी। इसके अतिरिक्त ऐसे वीर सपूत भी थे जिन्होंने अपने आत्मिक बल से परतंत्रता की बेड़ियों को छिन्न-भिन्न कर दिया। इन में अग्रणी थे राष्ट्र पिता महात्मा गाँधी। अहिंसा के इस पुजारी ने अनेकानेक आघात सहकर भी हाथ नहीं उठाया। अहिंसा और सत्य ही मानो इसके अमोघ अस्त्र थे। गाँधी जी के साथ उनके सिद्धन्तों का अनुकरण करने वाले अनेक त्यागी अपरिग्रही युवक नेता थे जो केवल अपनी बुलन्द वाणी द्वारा सत्याग्रह से अपनी बात मनवाना चाहते थे। इनका एकमात्र लक्ष्य अंग्रेजों को चुपचाप देश से निकालना था। महात्मा गाँधी जैसे महान चिन्तकों का यह विचार निश्चय ही सराहनीय था कि अंग्रेजों को सविनय अवज्ञा आन्दोलनों द्वारा ही बाहर खदेड़ा जाए क्योंकि शस्त्र पराक्रम तो वे सन् सत्तावन के विद्रोह से ही देख रहे थे, उन्होंने समझ लिया था कि अंग्रेज तलवार के ज़ोर से बाज आने वाले नहीं इसीलिए शान्ति का मार्ग उन द्वारा अपनाया गया जो कि सर्वथा उचित था।

हमारे ही देश में हमें ही बन्दी की भाँति अंग्रेजों ने रखा हुआ था। ये सहन तो हम सभी भारतवासियों से नहीं हो पा रहा था किन्तु उनसे लोहा लेने की हिम्मत हममें से कुछ ही में थी। ये सभी जोशीले नवयुवक अपने निजी स्वार्थों को छोड़कर अपनी रुचि अनुसार नरम दल व गरम दलों में विभाजित हुए। जहाँ जलियाँवाला बाग हत्याकाण्ड से क्रान्तिकारी बौखलाए थे वहीं शान्तिप्रिय नेताओं ने असहयोग

आंदोलनों द्वारा अंग्रेजों के पाँव उखाड़ दिए। क्रान्तिकारी तो अपने कारनामों से अंग्रेजों को निरंतर उत्तेजित कर ही रहे थे किन्तु बापू और उनके अनुयायियों ने अपनी तपस्या से हृदय को झकझोर दिया। चाहे सिर पर कितने ही आघात क्यों न किए जाएँ, शरीर लहुलूहान हो जाए, पर इन्होंने उफ् तक न की। लाला लाजपतराय गोरों की ही लाठियाँ खाकर जख्मी हुए और अन्ततः देश की ही खातिर मर मिटे।

उधर गाँधी जी ने कानून तोड़ते हुए दांडी यात्रा की जिससे अंग्रेज बौखला उठे। नरम दल के शान्ति प्रिय नेता गाँधी और नेहरू थे। इन्होंने स्थान-स्थान पर अपने ओजपूर्ण भाषण देकर देशवासियों में स्वतंत्रता की ज्योति जगाई।

लक्ष्मी और सरस्वती के धनी वीर जवाहर भी गाँधी और गोखले जैसे नेताओं से प्रभावित होकर ही स्वतंत्रता की इस आँधी में कूद पड़े थे और सक्रिय भूमिका निभाई।

खादी धारण किए तिरंगा उठाए ये नेता गली-गली जागृति के स्वर गुंजाते घूमते और जन-जन में स्वातन्त्र्य प्रेम का भाव भरते। अंग्रेजों द्वारा किए किसी भी अन्याय पूर्ण कार्य का विरोध करते हुए इन्होंने अंग्रेजों के हृदय में यह भाव भर ही दिया कि चाहे कुछ भी हो किन्तु अब यहाँ उनकी एक चलने वाली नहीं। इस बीच प्रारंभ हुआ द्वितीय विश्व युद्ध का। जिसमें कुटिल अंग्रेजों ने भारतीय सहायता चाही और हमारी ओर से यह सहायता उन्हें मिली भी किन्तु इसके बाद भी अपनी क्षूद्रता का परिचय देते हुए वे साफ मुकर गए परन्तु हमारे ये अहिंसा प्रेमी नेता अपनी बात मनवाने का निश्चय कर चुके थे। अतः परिणामस्वरूप सन् बयालीस में गाँधी, नेहरू आदि नेताओं ने 'भारत छोड़ो आन्दोलन' का आह्वान किया। परिणामस्वरूप ये नेता बन्दी बना लिए गए किन्तु इन्होंने अपने टेक नहीं छोड़ी और अब तो पुरुष ही नहीं स्त्रियाँ भी इस आन्दोलन में कूद पड़ी थीं। देश भर में अंग्रेजों को भारत छोड़ने हेतु अनेक आन्दोलन किए जा रहे थे। आखिर वह शुभ दिन आया। 15 अगस्त सन् सैंतालीस जिस दिन हमने पूर्ण स्वतंत्रता को पाया परन्तु हमें इसकी भारी कीमत चुकानी पड़ी। देश के दो टुकड़े हो गए और राष्ट्रपिता को अपने प्राण स्वतंत्रता के इस महायज्ञ में होमने पड़े।

मेरे गुरुजनों और अन्य साथी वृन्द! अब तो आप ये समझ ही गए होंगे कि स्वतंत्रता प्राप्ति में महत्त्वपूर्ण भूमिका शान्ति की रही है क्रान्ति की नहीं। मेरे साथी वक्ता का यह कहना सर्वथा दोषपूर्ण है कि 'स्वतंत्रता प्राप्ति का मुख्य साधन क्रान्ति था शान्ति नहीं। भले ही वीर बलिदानी हमारे लिए श्रद्धा के पात्र हैं तो भी यही कहना उचित होगा कि स्वतंत्रता प्राप्ति का मुख्य साधन शान्ति थी क्रान्ति नहीं।

# 11

# परमाणु परीक्षण भारत की प्रगति का द्योतक है

## पक्ष

**एटम बमों के जोर पर ऐंठी है ये दुनिया**
**तुम गाड़ दो गगन में तिरंगा उछाल के**
**इस देश को रखना मेरे बच्चों संभाल के।।**

कवि की इस कल्पना को भारत ने कुछ वर्ष पूर्व 11 एवम् 13 मई को राजस्थान के पोखरन क्षेत्र में लगातार 5 बम विस्फोट करके सार्थक कर दिया और विश्व के गगन पर अपनी सफलता के झंडे गाड़ दिये। अपनी सुरक्षा व्यवस्था को नया आयाम दे दिया। भारत द्वारा किये गए इस परमाणु बम से सारे विश्व में हलचल मच गई। इस हलचल का मुख्य कारण था कि इस परीक्षण के बाद भारत विश्व की शक्तिशाली महान् शक्तियों में से एक बन गया। अतः इस घटना से विश्व में खलबली मच जाना स्वाभाविक था। परमाणु परीक्षण हमारे देश के गौरवमय इतिहास का एक महत्त्वपूर्ण अध्याय बन गया।

साथियों! दुनिया में मान-सम्मान से जीने के लिए शक्ति सम्पन्न होना बहुत जरूरी है। किसी ने सच ही कहा है 'जियो तो सर उठाकर जियो, जैसे जग तुम्हारा है।' हमने वर्षों गुलामी का जहर पिया है। हम भली प्रकार जान गए हैं कि सुख शान्ति के लिए धन सम्पदा तो होनी ही चाहिए किन्तु सुरक्षा के साधनों को नजर अन्दाज नहीं किया जा सकता। यद्यपि भारत एक शान्ति प्रिय देश रहा है किन्तु शान्तिप्रिय होना कायरता का पर्याय नहीं हो सकता। आज के युग में शक्ति सम्पन्न होकर ही शान्ति से रहा जा सकता है। वस्तुतः 'क्षमा सोहती उस भुजंग को जिसके पास गरल है।'

आज की राजनैतिक परिस्थितियों में भारत के लिए अपनी शक्ति का लोहा

विश्वस्तर पर मनवाना आवश्यक था। भारत के कुछ पड़ोसी देश जिनसे भारत के संबध तनावपूर्ण रहे हैं, परमाणु बम बनाने की क्षमता प्राप्त कर चुके थे। चीन 1962 में भारत पर आक्रमण कर चुका था। आज ऊपरी तौर पर सम्बन्धों में सुधार की बात की जाती है किन्तु सीमा पर विवाद अभी भी बरकरार है। कश्मीर तथा पंजाब में आतंकवादियों को भारत में प्रवेश कराया जा रहा है। ऐसी स्थिति में पाकिस्तान को नजरअंदाज नहीं किया जा सकता। उसके अतिरिक्त अमेरिका से भी पाकिस्तान को हथियार प्राप्त होते रहे हैं। चीन और अमेरिका परमाणु अस्त्रों से सज्जित देश हैं। अतः उस समय परमाणु परीक्षण भारत के लिए समय की पुकार थी। यह कदम सुरक्षा की दृष्टि से बहुत आवश्यक था।

परमाणु बम परीक्षण के द्वारा भारत ने अपनी तकनीकी क्षमताओं को प्रदर्शित किया तथा सारे विश्व को यह स्पष्ट संकेत दिया कि भारत अपनी रक्षा तकनीक में आत्मनिर्भर है तथा परमाणु अस्त्रों के उत्पादन के लिए उसके पास विकसित देशों के समान ही तकनीक उपलब्ध है। मेरे विपक्ष के कुछ साथी परमाणु परीक्षण पर आने वाले खर्च को लेकर चिन्तित हैं और इस आधार पर परमाणु बम परीक्षण की आवश्यकता को नकारना चाहते हैं लेकिन ये साथी ये भूल जाते हैं कि जब पड़ोसी देश पाकिस्तान, जिसकी अर्थव्यवस्था हमसे भी ज्यादा कमजोर है, वह परमाणु बम बनाकर, उसका परीक्षण करके हमें धमकाने का इरादा रखता है तो क्या हम भारतवासी मात्र इसलिए कि इसमें अधिक खर्च है अपनी सुरक्षा के प्रति लापरवाही दिखायेंगे? देश की सुरक्षा को व्यापारिक अंदाज से नहीं देखा जा सकता। ऐसा करना देश के प्रति गद्दारी होगी। पाकिस्तान के द्वारा किये गये परमाणु परीक्षण भी एक दिन की तैयारी का परिणाम नहीं थे। अतः भारत के द्वारा कुछ वर्ष पूर्व 11 व 13 मई को किया गया परमाणु बम परीक्षण भारत की जागरुकता तथा दूरदर्शिता को ही प्रकट करता है।

यह आशंका निराधार है कि इन भूमिगत परमाणु परीक्षणों से भारत के पर्यावरण पर कोई प्रभाव पड़ेगा। भारत आज तकनीकी रूप से, इससे होने वाले प्रदूषण को रोकने में सक्षम है। आप यह भी जानते हैं कि अमेरिका, फ्रांस चीन तथा रूस ने अब तक सैंकड़ों भूमिगत परमाणु परीक्षण किये हैं और यह तथ्य भी स्पष्ट है कि आज इन देशों का पर्यावरण भारत से कहीं बेहतर है। परमाणु विस्फोट के द्वारा एक और अच्छा परिणाम सामने यह आया कि राजस्थान जैसे क्षेत्र में भूमि के फटने पर अनेक जगह भूगर्भ शास्त्रियों को मीठे पानी के स्रोतों का पता चला है जिसके लिए न जाने कितने समय से वे प्रयास कर रहे थे।

अतः अन्त में मैं यही कहूँगी कि परमाणु बम परीक्षण को लेकर की गई सभी आशंकाएँ निराधार हैं। कमजोर भारत किसी भारतवासी का सपना तो नहीं हो सकता। ऐसा कमजोर राष्ट्र किसी की मित्रता के लायक नहीं होता। शान्ति, शक्ति से ही पोषित होती है किसी ने सच ही कहा है—

**सच पूछो तो शर में ही**
**बसती है दीप्ति विनय की**
**सन्धि वचन संपूज्य उसी का**
**जिसमें शक्ति विजय की।**

## विपक्ष

आप सभी जानते हैं कि 11 एवम् 13 मई को भारत ने एकसाथ 5 परमाणु बमों का परीक्षण किया और सारे विश्व की टेढ़ी निगाहें भारत की ओर उठ गईं। इसके विरोध में अनेक प्रतिक्रियाएं व्यक्त की गईं। वस्तुतः विश्वबन्धुत्व के विचार के पोषक भारत के द्वारा किये गये इस परमाणु परीक्षण को शक्ति के मिथ्या प्रदर्शन के अतिरिक्त और कोई नाम दिया जा सकता। किसी कवि का कथन उपयुक्त ही है :

**विश्व शान्ति के अग्रदूत तुझ पर हमको था नाज**
**प्रथम सभ्यता उद्‌गाता ये क्या किया तूने आज**

भारत वर्ष ने अपना प्रथम परमाणु परीक्षण सन् 1974 में किया था। द्वितीय परमाणु परीक्षण इसके 24 वर्ष के अन्तराल बाद 1998 में किया। सच पूछो तो वर्ष 1974 और 1998 के बीच वर्षों का यह अन्तराल ही अपने आप में एक प्रमाण है कि परमाणु बम विस्फोट की आवश्यकता भारत को नहीं थी। कुछ राजनीतिक मुद्दे भी इस बम विस्फोट के साथ जुड़े थे। कुछ अति उत्साहवादी तथा विकृत देशभक्ति का प्रदर्शन करने वालों ने ही केवल इसका समर्थन किया वस्तुतः तो भारत के द्वारा किये गये परमाणु परीक्षण को सुरक्षा के पहलुओं से जोड़कर अनावश्यक रूप से बढ़ा चढ़ा कर देखने की कोशिश भी इन्हीं चन्द लोगों के द्वारा अन्य सत्यों को झुठलाकर एक भ्रमजाल रचने की कोशिश मात्र थी। वर्तमान परमाणु परीक्षण की यदि समीक्षा ही करनी है तो इसके साथ जुड़े सभी मुद्‌दों की समीक्षा की जानी चाहिए।

निर्णायक मंडल, जहाँ तक सुरक्षा का प्रश्न है, हम 1974 में ही प्रथम परमाणु परीक्षण करके अपनी शक्ति का प्रदर्शन कर चुके थे। अतः 1998 के विस्फोट द्वारा हमने किस चीज का प्रदर्शन किया? चीन और पाकिस्तान को जो भय दिखाया जा रहा था वह पहले भी था और आज भी है। अतः परिस्थितियों में ऐसा क्या आमूल परिवर्तन आया है कि हमें परमाणु परीक्षण के लिए बाध्य होना पड़ा। साथियों, यह केवल उग्रराष्ट्रवाद का ही परिणाम है कि जहाँ पहले केवल चीन व पाकिस्तान हमारे विरोधी थे आज पूरा विश्व हमारा विरोधी है। कुल मिलाकर इस विस्फोट ने हमें मित्रों से विहीन तथा अधिक असुरक्षित ही किया है।

परमाणु परीक्षण के द्वारा भारत ने अपनी तकनीकी क्षमता का व्यर्थ प्रदर्शन किया है। खुशी होती है अपनी क्षमताएँ जानकर पर क्या यह अच्छा नहीं होता कि यदि हमने अपनी उच्च तकनीकी क्षमताओं का प्रदर्शन जीवन के उन क्षेत्रों में किया होता जिनसे मानव जीवन के स्तर को ऊँचा किया जा सकता है ताकि चन्द लोग ही नहीं अपितु पूरा भारत चैन की साँस लेता। मेरी नज़र में तो यह कहना गलत न होगा कि परमाणु बम परीक्षण के द्वारा हमने अपनी वैज्ञानिक क्षमता का दुरुपयोग किया है। मानव जीवन को अधिक असुरक्षित बनाया है।

परमाणु विस्फोट को आर्थिक पहलू से भी जोड़ कर देखा। यह हम सभी जानते हैं कि परमाणु तकनीक का विकास तथा उसका रख-रखाव अत्यन्त खर्चीला कार्य है। अरबों रूपये हमने इसमें खर्च कर डाले। उस देश में जहाँ आजादी के 50 वर्ष बाद भी नागरिकों को पीने का पानी, रहने के लिए मकान, रोजगार के लिए साधन जैसी सामान्य नागरिक सुविधाएँ उपलब्ध नहीं हो पाई हो वहाँ इस प्रकार का खर्च किसी भी तरह से न तो तर्क संगत है और न ही नीतिसंगत।

निर्णायक मंडल अब जरा परमाणु परीक्षण के कुछ और दुष्परिणामों पर भी नज़र डालें। धन तथा जनशक्ति की बर्बादी के अतिरिक्त परमाणु बम का परीक्षण तथा उपयोग पर्यावरण के लिए भी एक गंभीर खतरा है। परमाणु विस्फोट से उत्पन्न रेडियोधर्मी धूल के दुष्पारिणामों से हम सभी परिचित हैं। अभी शायद विज्ञान ने इतनी तरक्की नहीं की है कि परीक्षण तो हम भारत में करें और उससे उत्पन्न रेडियो धर्मी धूल पाकिस्तान में जाकर गिरे। यह तो हमारी ही धरती पर अपने सभी दुष्परिणामों के साथ गिरेगी और उसके दुष्परिणामों को हमें ही झेलना होगा। पाकिस्तानी परमाणु बम तो हमें बाद में मारेगा, पहले तो हमें अपने ही बम परीक्षण के परिणामों को झेलना पड़ेगा।

इसके अतिरिक्त यदि हम इस गलतफहमी में हैं कि इस परमाणु परीक्षण से विश्व में भारत की छवि उभरेगी तो ऐसा भी नहीं है। आज इन परीक्षणों के बाद हम विश्व में अकेले पड़ गये हैं। सम्पन्न एवं विकसित राष्ट्र, हमारी इस निरंकुशता के लिए हमें विभिन्न प्रकार से प्रताड़ित एवं दण्डित करने को तत्पर हैं। परिणामस्वरूप अनेक प्रकार की निषेधाज्ञाएँ हम पर लागू कर दी गई हैं। हमारे साथ किये हुए अनेक तकनीकी आर्थिक तथा व्यापारिक समझौते को तोड़ दिया गया है। परिणामस्वरूप हमारे विकास की गति जो पहले ही धीमी थी अब और धीमी हो गई है। एशिया के अन्य छोटे राष्ट्र जो कभी हमें अपना बड़ा भाई मानते थे वे आज हमसे भयभीत हैं। शान्तिदूत तथा पंचशील के सिद्धान्तों के जनक भारत की प्रतिष्ठा को इससे धक्का ही लगा है। अतः मेरा अपने पक्ष के साथियों से अनुरोध है कि वे एक बार

विचार करके देखें कि इस विस्फोट से हमने क्या पाया है? यदि लाभ हानि की तुला पर इसे तोलें तो हानि का पलड़ा भारी रहेगा। लाभ की तो इसमें कोई बात ही नहीं हैं।

भारत के द्वारा किये गए इस परमाणु परीक्षण का विश्व के राजनैतिक तथा व्यापारिक घटनाक्रमों पर तथा विश्व के सामरिक समीकरणों पर निश्चित रूप से प्रभाव पड़ने वाला है। कोई भी देश जब परमाणु परीक्षण जैसा कार्य करता है तो निश्चित रूप से इसके राजनैतिक, सामाजिक, व्यापारिक पहलुओं पर भी विचार करता है। मेरी इस विवेचना से स्पष्ट हैं कि भारत को इस दृष्टि से भी कोई लाभ नहीं हुआ है बल्कि इसके विपरीत एक राष्ट्र के रूप में भारत के सामने विपत्तियों का पहाड़ खड़ा हो गया है। भारतवासी पर्यावरण, प्रदूषण, अनेक बीमारियों, बेकारी तथा आर्थिक संकट अदि के दुष्परिणामों को भोगने के लिए विवश तथा लाचार हैं। सच तो–

**न खुदा ही मिला, न विसाले सनम**
**भारत तेरी छवि को भी खो बैठे हम**
**आर्थिक संकट के बादल अब गहराएँगे**
**पता नहीं भारत कब तक हम उभर पायेंगे?**

# 12
# नारी का कार्यक्षेत्र घर है

## पक्ष

आदरणीय निर्णायक मंडल एवं उपस्थित जन आज की वाद-विवाद प्रतियोगिता का विषय है " नारी का कार्यक्षेत्र घर है" मैं इस विषय के पक्ष में अपने विचार प्रस्तुत कर रही हूँ। किसी विद्वान ने कहा है कि "गृहिणी गृहमित्याहुः न गृह गृहमुच्यते" अर्थात् गृहिणी से ही घर बनता है। गृहिणी गृहस्थ जीवन रूपी नौका की तलवार है जो अपने बुद्धि बल, चरित्र बल एवं त्यागमय जीवन से इस नौका को थपेड़े और भंवरों से बचाती हुई किनारे तक पहुँचाने का प्रयास करती है। पुरुष को भी शक्ति स्त्री से प्राप्त होती है। आज नारी को पुरुष के समान ही स्वतंन्त्रता प्राप्त है। वह घर से बाहर निकल कर पुरुष के समान प्रत्येक क्षेत्र में कार्य कर रही है। नारी की उन्मुक्ति और स्वतंत्रता ने अब कई प्रश्न मानव समाज के सामने खड़े कर दिए हैं। उनमें से महत्त्वपूर्ण प्रश्न यह है कि स्वतंत्रता के इस युग में क्या नारी घर और बाहर में संतुलन बनाए रख सकती है? मेरे विचारानुसार जो स्त्री घर से बाहर कार्य करती है वह अपने दायित्वों के कारण पूर्ण रूप से तनाव रहित नहीं रह पाती। नौकरी पर जाने के लिए उसे सुबह ही उठकर अपने कार्य की तैयारी प्रारम्भ कर देनी पड़ती है क्योंकि उसे और उसके पति दोनों को ही अपने-कार्य पर समय पर पहुँचने की तत्परता है। ऐसी स्थिति में पति-पत्नी दोनों ही एक-दूसरे की आवश्यकता और मनःस्थितियों का ध्यान न रख पाएँ तो आश्चर्य नहीं। अध्यक्ष महोदय! क्या ऐसी स्थिति घर-परिवार को स्वाभाविक गति से चलने दे सकती है? पति-पत्नी के अतिरिक्त यदि घर में परिवार के अन्य असहाय सदस्य हों तथा निनान्त अबोध बच्चे हों तो यह समस्या और भी विषम हो जाती है। इस प्रकार की स्थितियों से उत्पन्न समस्याओं के समाधान के लिए कोई स्पष्ट उत्तर उन लोगों के पास नहीं है जो नारी का कार्यक्षेत्र घर से बाहर स्वीकार करते हैं। आज पारिवारिक जीवन के अस्त-व्यस्त होने का मूल कारण यही है। इस प्रकार की परिस्थितियों के कारण ही आज की युवा

पीढ़ी शारीरिक, मानसिक, बौद्धिक सभी दृष्टियों से अधूरे व्यक्तित्व लेकर समाज के समक्ष आ रही है। मां की ममता के बिना सन्तान का व्यक्तित्व कुंठित हो जाता है। कृत्रिम साधनों पर पलने वाला बच्चा अपने अभिभावकों के प्रति आवश्यक उत्तरदायित्व का पालन नहीं कर पाता। एक अनिवार्य उपेक्षा का भाव उसके सभी भावों में बना रहता है। यूरोप की हिप्पी संस्कृति और वहाँ के युवा वर्गों में छा रही अराजकता, अनैतिकता इसका प्रत्यक्ष, निकृष्टतम परिणाम कहा जा सकता है। इस समस्या के अतिरिक्त नारी के साथ उसके कुछ व्यक्तित्व और चारित्रिक नैतिकताओं के प्रश्न भी जुड़े हैं उसकी सुरक्षा और असुरक्षा की मान्यताएँ हैं तथा शारीरिक तथा मानसिक कोमलताओं की समस्या भी है। आज का वातावरण जिस रूप में और जिस सीमा तक विलास, वासना, लालसा और गिद्ध- दृष्टियों का शिकार बन गया है उस दृष्टि से नारी का कौमार्य, लावण्य और यौवन कहीं भी सुरक्षित नहीं समझा जा सकता। इसमें नारी की कोमलता एवं शारीरिक दुर्बलता ही मुख्य कारण नहीं है अपितु उसकी अपनी लालसाओं की वृद्धि और अनावश्यक शृंगार प्रियता के साथ मुक्त विचरण करने की भावना भी एक मुख्य कारण है। अध्यक्ष महोदय! एक प्रश्न उठता है कि नारी घर से बाहर क्यों कार्य करने जाती है? इसका स्वाभाविक उत्तर यह है कि पति, बच्चे तथा परिवार के अन्य सदस्यों को आर्थिक सुविधा प्रदान करने तथा उनके जीवन को सुखमय बनाने के लिए लेकिन केवल अर्थ से ही तो जीवन सुखी नहीं हो पाता। जीवन के लिए आवश्यकता है एक दूसरे की मनःस्थितियों को समझकर उन्हें मानसिक शान्ति एवं सन्तुष्टि प्रदान करने की। घर से बाहर अत्यधिक सम्मान पाकर भी यदि वह अपने परिवार के प्रति दायित्व का पालन पूर्ण रूप से नहीं करती तो निश्चय ही परिवार की आर्थिक स्थिति को सुधारने का उसके द्वारा किया गया यह प्रयास निरर्थक सिद्ध हो जाता है।

विज्ञापनों और चलचित्रों में अपनी देह का प्रदर्शन करता इस बात का प्रमाण है आज वह स्वतन्त्रता के नाम पर अधिक भोग्य बनकर रह गई है। अपने कार्य क्षेत्र को घर से बाहर स्वीकार करने के कारण वह सम्मान की अधिकारिणी कम और प्रदर्शन की वस्तु अधिक बन गई है। नारी जीवन की अन्तिम सार्थकता एवं सफलता उसके मातृत्व के भाव तथा सफल गृहिणितत्व में ही है। यही उसका जीवन है और साहस भी है। यदि वह परिवार के प्रति अपने दायित्वों का पालन पूर्ण निष्ठा से नहीं कर पाती तो फिर अपने या अपने परिवार की आर्थिक स्थिति को सुधारना या उसके स्वतन्त्र व्यक्तित्व, निर्माण आदि का कोई भी अर्थ नहीं रह जाता।

## विपक्ष

आदरणीय अध्यक्ष महोदय तथा उपस्थित जन, नारी सृष्टि के आरम्भ से ही अनन्त गुणों की अगार रही है। पृथ्वी की सी क्षमा, सूर्य जैसा तेज, चन्द्रमा की सी शीतलता, पर्वतों की सी मानसिक उच्चता हमें एक साथ नारी के हृदय में दृष्टिगोचर होती है। आज उसी नारी के कार्यक्षेत्र को लेकर विवाद उत्पन्न हुआ है कि क्या उसका कार्यक्षेत्र घर है। मैं इसके विपक्ष में अपने विचार प्रस्तुत कर रही हूँ। आज नारी को पुरुष के समान ही समाज में समान अधिकार प्राप्त हैं इसी कारण वह पुरुष के समान जीवन के प्रत्येक क्षेत्र में अपनी प्रतिभा और कार्यक्षमत का सुदृढ़ परिचय दे रही है। वह हिमालय की उन्नत चोटियों पर चढ़ रही है और उपग्रहों के माध्यम से अन्तरिक्ष की यात्रा कर मानव विकास के लिए विविध प्रकार के अनुसन्धानों में दत्तचित्त है। भारत ही नहीं विश्व स्तर का ऐसा कोई क्षेत्र नहीं है जहाँ उसके सुदृढ़ कदम न पड़े हों। वह सब कुछ कर के भी बड़े गर्व और गौरव के साथ गृहिणी के पद पर प्रतिष्ठित है क्योंकि उसमें इतना विवेक है, बुद्धि है, योग्यता है, क्षमता है कि वह अपने प्रत्येक कार्य को पूर्ण निष्ठा के साथ निभा सके। मेरी विपक्षी महोदया ने एक प्रश्न उठाया है कि स्वतन्त्रता के इस युग में क्या नारी घर और बाहर में संतुलन बनाए रख सकती है? इसके उत्तर में मैं ऐसी अनेक नारियों के उदाहरण दे सकती हूँ जिन्होंने घर तथा घर से बाहर अपनी अदभुत क्षमताओं के आधार पर अपने पारिवारिक जीवन को सुखद बनाए रखा। पुरातन काल से ही अगर देखा जाए तो ज्ञात होता है नारी का कार्य क्षेत्र केवल घर तक ही सीमित नहीं था। वह केवल संतान की जन्मदात्री एवं भोजन की प्रबन्धकारिणी के रूप में ही प्रतिष्ठित ही नहीं थी अपितु पुरुषों के समान ही सामाजिक, राजनीतिक, धार्मिक कृत्यों में अपनी योग्यता, विद्वता एवं विवेक के बल से भाग लेती थी। केवल नारी होने के कारण उसका कार्यक्षेत्र घर के अन्दर स्वीकार नहीं किया जा सकता आज वह केवल गृहस्थी की डोर ही नहीं संभाल रही अपितु अपने योग्यता के बल पर देश का शासन भी संभाल रही है। पुलिस, सेना, विमानचालक आदि सभी क्षेत्रो में वह बड़े उत्साह के साथ अग्रसर हो रही है और सफलता भी प्राप्त कर रही है। भारतीय महिलाओं में अग्रगण्य श्रीमती सरोजिनी नायडू ने उत्तरप्रदेश के गवर्नर के पद पर, श्रीमती

विजय लक्ष्मी पंडित ने विदेश राजदूत के पद पर आसीन होकर तथा श्रीमती इन्दिरा गाँधी ने प्रधानमंत्री पद को सुशोभित कर स्त्री जगत को जहाँ पर्याप्त सम्मान दिलाया वहाँ गृहस्थी का कार्यभार भी पूरी तरह से सम्भाला। आज मंहगाई के युद्ध में अगर नारी घर से बाहर कार्य कर आर्थिक वैषम्यों की दृष्टि से घर-परिवार की स्थिति को सुधारती है तो यह उसके व्यक्तित्व की विशेषता है। ऐसी नारियों की निश्चय ही कमी नहीं जो अनेक विषम परिस्थितियों में भी घर परिवार और नौकरी दोनों प्रकार के दायित्वों को पूर्ण कुशलता एवं क्षमता के साथ निभा रही हैं। मेरी विपक्षी महोदया का यह कहना कि घर से बाहर कार्य करने के कारण बच्चों का व्यक्तित्व कुंठित हो जाता है। मैं उनके विचार से सहमत नहीं हूँ। मेरे विचारानुसार ऐसे माँ-बाप की संतान अपने दायित्वों का वहन करना शीघ्र सीख जाती है। एक ओर प्रश्न जो उसकी सुरक्षा और असुरक्षा तथा चारित्रिक दृष्टि से भ्रष्ट होने का लगाया है वह तो उसके द्वारा विद्यालय और महाविद्यालयों में शिक्षा प्राप्त होते हुए भी हो सकता है। फिर घर से बाहर रहकर चारित्रिक, नैतिक, सद्भावना और सशक्ताओं का परिचय देने वाली नारियों के उदाहरणों की कमी भी नहीं है। इस आशंका से नारी को घर से बाहर कार्य करने के कार्य पर अंकुश लगाने का प्रश्न ही नहीं उठता। अच्छाई-बुराई तो साथ-साथ चला करती हैं। आज नारी ने जिस प्रकार अपने को स्वतन्त्र बनाए रखने के लिए स्वयं प्रयत्न और संघर्ष किया है, अपनी ही जागरुक चेतनाओं के बल पर अपने स्वत्व अधिकारों को प्राप्त किया है, उसी प्रकार वह अपनी शक्ति, साहस, बुद्धि और कुशलता के बल पर घर परिवार और अपने कार्य में संतुलन भी बना रही है। अतः अंत में मैं यही कहूँगी कि किसी भी दृष्टि से नारी का कार्यक्षेत्र घर के अंदर स्वीकार नहीं किया जा सकता।

**"कर पदाघात अब मिथ्या के मस्तक पर**
**सत्य अन्वेषण के पथ पर निकलो नारी,**
**तुम बहुत दिनों तक दीप बनी कुटिया का**
**अब बनों क्रान्ति की ज्वाला चिंगारी"।**

आज की नारी मैथिलीशरण की गुप्त की इन पंक्तियों को चुनौती देती हुई कहती है—कि आँचल में दूध में अवश्य है लेकिन आँखो में पानी नहीं।

**नारी है वरदान सृष्टि का**
**नव माथे का चन्दन गहना है।**
**तू आदि शक्ति है, शुद्ध भक्ति है**
**श्रद्धा की अमिट निशानी है**

तू अबला नहीं सबल इतनी,
दिन में तारे दिखला सकती है,
अंतर में इतनी आग लिए,
पत्थर को पिघला सकती है,
हो काम असम्भव कितना हो,
उसको सम्भव बना सकती है।

# 13

# भौतिक उन्नति महानता की प्रतीक है

## पक्ष

निर्णायक मण्डल व अन्य श्रोतागण, मैं आपके सामने यह सिद्ध करने के लिए खड़ा हुआ है कि संसार में भौतिक उन्नति ही महानता की प्रतीक है। इसका जीता जागता उदाहरण भारतीय जनता का पाश्चात्य सभ्यता की ओर दौड़ना है। हम प्रत्यक्ष देखते हैं कि अमेरिका भौतिक उन्नति मैं विश्वास रखता है इसलिए उसकी धाक विश्व में सब देशों पर है। जनसंख्या के आधार पर आप सभी जानते हैं कि चीन और भारत उससे बड़े देश हैं किन्तु फिर भी मानव तो भौतिकवादी है इसीलिए भौतिक उन्नति में जो आगे है उसी की पूजा करता है। हमारे देश में ऋषि, मुनि, महात्मा सांधु, संन्यासी कहाँ घूमते फिरते हैं कोई नहीं जानता किन्तु जिनके पास भौतिक साधन भरपूर हैं उन्हीं के गुण इस देश में गाए जाते हैं। भौतिक उन्नति महानता का प्रतीक है इसमें कोई सन्देह नहीं। इसके लिए अनेक उदाहरण दिये जा सकते हैं।

हमारे देश में अध्यात्म शिक्षा के केन्द्र गुरुकुलों की स्थिति देख लीजिए और भौतिक साधनों से भरपूर जरा पब्लिक स्कूलों की ओर भी निहारिए तो आपको इस सत्यता का सही अनुमान लग जायेगा कि एक धोती पहने हुए विद्वान को देखकर दूसरी ओर भौतिक साधनों से युक्त अनपढ़ को देख आपका माथा किसके सामने झुकता है? भौतिक साधनों के सामने सिद्धान्त रखे रहे जाते हैं। भौतिक साधन समाज में ही नही मानव के मन में भी महानता का प्रतीक बन गए हैं। अच्छे विद्वान भौतिक साधनों से विहीन अपने को अभागा समझते हैं। यह वास्तविक सत्य है। संसार में भौतिक उन्नति की दौड़ इतनी तीव्र हो गई है कि उसके बराबर होने का दावा करना ही कठिन हो गया है। भारतवासी भी अब आध्यात्मिक उन्नति को अपनी उन्नति समझने में सन्देह करने लगे हैं इसलिए वे उसके साथ भौतिक उन्नति को

जोड़ रहे हैं जैसे—गुरुकुलों में विज्ञान की शिक्षा दी जानी चाहिए। इसके लिए अंग्रेजी भाषा का ज्ञान होना आवश्यक है क्योंकि हिन्दी बेचारी के पास भौतिक ज्ञान कहाँ से आयेगा? हमारे योग में वह शक्ति नहीं जो विदेशी योगा में है। हमारे ध्यान में मन एकाग्र नहीं हो सकता किन्तु मैडीटेशन में आँख खोलकर भी ध्यान लग सकता है। इस प्रकार योग की शिक्षा भी भौतिक उन्नति के माध्यम से सम्भव है। यदि भौतिक उन्नति महानता की प्रतीक न होती तो पाश्चात्य देशवासी भारत की ओर दौड़ते किन्तु किसी ने ठीक ही कहा है कि "सच्चाई छिप नहीं सकती बनावट के उसूलों से, खुशबू आ नहीं सकती कभी कागज के फूल से" आप कहेंगे यह बात आपने सही नहीं कही। सच्चाई तो भौतिक महानता को नहीं मनती किन्तु मैं पूछता हूँ कि आपकी सच्चाई की परिभाषा क्या है? क्या कभी भौतिक उन्नति को आप ने ठुकराया है? यह त्रिकाल सत्य है। जिसके पास भौतिक साधन रहे वही महान कहलाया।

राजा सदा बड़ा माना गया है। विद्वान को भी उसकी शरण में आना पड़ता है। इसी कारण भौतिक साधनों को प्राप्त करने की अभिलाषा प्रत्येक को रहती है। मैं आपसे पूछना चाहता हूँ कि आप गरीब किसे कहते हैं? क्या जिसके पास खूब रुपये पैसे हों और वह दुःखी हो तो क्या आप उसे गरीब मानेंगे? जो सुन्दर घर बनाये हुए हो सभी सुख साधन उसमें विद्यमान हो जैसे दूरदर्शन, टेलीफोन, सोफा, कूलर आदि से भरपूर घर हो और वह व्यक्ति निःसन्तान हो या मूर्ख हो तो क्या आप उसे गरीब कहेंगे या मानेंगे? मैं समझता हूँ कभी नहीं, तो फिर कैसे कहें कि भौतिक उन्नति महानता की प्रतीक नहीं है?

## विपक्ष

आदरणीय अध्यक्ष महोदय, अध्यापकगण एवं मेरे साथियों! आज एक प्रश्न हमारे सम्मुख रखा गया है कि भौतिक उन्नति महानता की प्रतीक है या नहीं? आज का युग विज्ञान का युग है। विज्ञान ने जीवन के प्रत्येक क्षेत्र में आशातीत सफलता प्राप्त की है। विज्ञान के कारण हमारी भौतिक उन्नति संभव हुई है लेकिन भौतिक उन्नति को महानता का प्रतीक नहीं माना जा सकता। निःसन्देह भौतिक विज्ञान के साधनों ने विश्व को एक दूसरे को अत्यधिक निकट ला दिया है और मानव-जीवन सुखद एवं वैभवयुक्त हो गया है लेकिन जैसे-जैसे भौतिक उन्नति का विकास होता जा रहा है वैसे-वैसे समाज में सन्तुलन और सह-अस्तित्व की भावनाएँ लुप्त होती जा रही हैं। करुणा, दया, ममता, ईमानदारी जैसे नैतिक मूल्य लुप्त हो गये हैं। दिन-प्रतिदिन आवश्यकताएँ इतनी बढ़ती जा रही हैं कि आज का मानव लोभी, स्वार्थी तथा पाशिवक मनोवृत्ति की ओर द्रुतगति से अग्रसर होता जा रहा है। मानव-दानव बन गया है। एक राष्ट्र दूसरे राष्ट्र को नष्ट-भ्रष्ट करने में अपना कल्याण समझ बैठा है। सैनिक गुटबन्दी, परमाणु अस्त्रों के परीक्षण 'हिरोशिमा' की भाँति विश्व को विध्वंस करने के लिए तत्पर हैं। इन्हीं भौतिक प्रवृत्तियों के कारण विगत चालीस वर्षों में दो भयंकर महायुद्धों का सृजन हो चुका है तथा तृतीय महायुद्ध के काले बादल व्योम में मंडराते दिखायी पड़ते हैं। न जाने कब और कहाँ बरस पड़े। इन्हीं जटिल और गम्भीर समस्याओं के समाधान के लिए 'लीगऑफनेशन्स' नामक संस्था की स्थापना की गयी थी किन्तु वह द्वितीय महायुद्ध के कारण पूर्णरूपेण, असफल रही। पुनः उसी के स्थान पर संयुक्त राष्ट्र संघ संस्था निर्मित हुई। वह भी बड़े राष्ट्रों के हाथों में कठपुतली की भाँति नाच रही है। आखिर ऐसा क्यों? इसलिए कि जीवन के आध्यात्मिक पक्ष की अवहेलना की गयी है। मानव अनेक सुख-सुविधाओं से पूर्ण जीवन बिताते हुए भी मानसिक शांति की खोज में भटक रहा है। 'हिप्पी पीढ़ी' इस तथ्य की ज्वलन्त प्रमाण है। अमेरिका जैसे देश के निवासी जो भौतिक सम्पूर्णता से पूर्ण हैं—मानसिक शांति की तालाश में भटक रहे हैं परिभाषास्वरूप नशीले पदार्थों का सेवन करने लगे हैं। भौतिक उन्नति में केवल शरीर को स्थान प्राप्त

है मन एवं आत्मा को नहीं। यही कारण है आज का संसार विनाश की ओर द्रुतगति से बढ़ रहा है।

भौतिक उन्नति को महानता का प्रतीक मानने वाले सम्भवतः इस बात को भूल गये हैं कि इसी उन्नति के कारण ही समाज में विषमता की गहरी खाई उत्पन्न हो गयी है। समाज अर्थ के भयंकर रोगों से पीड़ित हो गया है। ज्यों-ज्यों भौतिक उन्नति बढ़ती जा रही है वैसे-वैसे समाज में नैतिकता, शान्ति और समन्वय की भावना समाप्त होती जा रही है। नरसंहारक भयंकर तथा प्रलयकारी शस्त्रों के आविष्कार से समाज भय तथा त्रास की भीषण ज्वाला से भस्मीभूत होता जा रहा है।

यदि आज से पूर्व के युग के मानव समाज पर दृष्टि डाली जाए तो स्पष्ट ज्ञात होता है कि वह युग कितना शान्तिमय तथा समन्वय की भावनाओं से ओत-प्रोत था। उसका एक मात्र कारण यही है कि उस समय देश में अध्यात्मवाद की भावना की प्रधानता थी। आज भौतिक उन्नति के कारण भौतिक प्रवृत्तियों का विकास अधिक हुआ है। उसमें धर्म, नैतिकता आध्यात्मिकता को कहीं स्थान प्राप्त नहीं। जो लोग भौतिक उन्नति को महानता का प्रतीक मानते हैं उनकी धारणा पंगु, एकाकी विनाशकारी एवं मृगतृष्णा के सदृश है।

अन्त में मैं यही कहूँगा कि केवल आध्यात्मिकता, नैतिकताविहीन भौतिक उन्नति महानता की प्रतीक नहीं हो सकती।

# 14

# राष्ट्र को संतों की नहीं, संतरियों की आवश्यकता है

## पक्ष

"मुझको फाँसी का फन्दा दिखलाकर तुम मोड़ नहीं सकते
मुझ पर तलवारें अज़माकर मुझको मोड़ नहीं. सकते,
बेड़ी हथकड़ियों से मेरी मिट्टी ही बस बंध सकती है
मेरी विद्रोही गानों पर तुम गांठे जोड़ नहीं सकते।"

आदरणीय अध्यक्ष महोदय, निर्णायक मंडल तथा अन्य उपस्थित जन, यह भारत भूमि आर्यों की पवित्र लीला स्थली रही है। अनेक महान-आत्माएँ जिनमें संत महात्मा, विचारक और योद्धा सभी ने अपने चारित्रिक औदात्य से जननी जन्मभूमि को धन्य किया है किन्तु विडंबना की बात है कि गौतम और गाँधी की यह भूमि आज जहाँ तहाँ रक्त-स्नात दृष्टि गोचर हो रही है। देश में आज बाहरी और भीतरी शक्तियों ने शिव के प्रलंयकारी ताण्डव का रौद्र रूप धारण किया हुआ है। अपनी सांस्कृतिक मर्यादा के लिए जानी जाने वाली भारत भूमि आज इतस्ततः आततायियों के भय से थर्रा रही है। आज तक हम अतिथि पूजक बने रहे। हमारे सौहार्द्र का लाभ उठा विदेशी शक्तियों ने हमारा शोषण किया, तब गाँधी और नेहरू के सत्य और अहिंसा रूपी खड्ग एक लम्बी अवधि के पश्चात् हमें स्वतन्त्रता दिला सके किन्तु आज उस स्वतन्त्रता की रक्षा हेतु उसे शोभा सम्पन्न बनाने के लिए हमें बाहुबल के धनी सैनिकों की आवश्यकता है।

अहिंसा, अस्तेय, दया, क्षमा आदि गुण आज भी भारत के आभूषण हैं किंतु फिर भी विश्व का जटिल एवं संघर्ष मय वातावरण सम्भवतः उसे शांत न रहने दे। यदि हम समय के विपरीत शाँत रहे तो सम्भव है कि हमारी स्वतन्त्रता जो हमें अनन्त साधना, तपस्या तथा बलिदानों के पश्चात् प्राप्त हुई है वह सदैव-सदैव के लिए

इतिहास के पृष्ठों पर समाप्त हो जाए। 'वीरभोग्या वसुन्धराः' का सिद्धान्त सभी युगों में, सभी कालों में सत्य रहा है और सत्य रहेगा।

देश की सुरक्षा, समृद्धि, सुख-शान्ति के लिए कार्य करना सैनिकों का ही लक्षण है। यदि प्राचीन काल की ओर दृष्टि-पात करें तो स्पष्ट हो जाता है कि राम को रावण से युद्ध करने के लिए सैनिकों की आवश्यकता रही। यहाँ तक कि लंका पार करने के लिए राम को सागर देवता को धनुष-बाण दिखाना पड़ा था।

**"विनय न मानत जलधि जड़**
**गए तीन दिन बीत।**
**बोले राम सकोप तब**
**भय बिनु होइ न प्रीति।**

गीता में भी श्री कृष्ण ने अर्जुन को कर्म की ओर प्रवृत करते हुए युद्ध करने के लिए कहा– हे अर्जुन। "हतो वा प्राप्स्यसि स्वर्ग नित्वाते भोक्ष्यसे महिम।"

कृष्ण ने स्वयं महाभारत के युद्ध में सारथि के रूप में अपना सैनिक-कर्तव्य निभाया। यदि वे ऐसा न करते तो क्या युधिष्ठिर को न्याय प्राप्त हो पाता? क्या द्रौपदी की अपमान रूपी अग्नि शांत हो सकती थी? क्या लाक्षागृह की दधकती अग्नि को बुझाया जा सकता था? नहीं, अतः द्वापर युग में भी कृष्ण को अस्त्रों-शस्त्रों का ही प्रयोग करना पड़ा था। शिवाजी आजन्म मुगलों से युद्ध करते रहे। महाराणा प्रताप जँगलों की खाक छानते रहे। रानी झाँसी युद्ध करते हुए वीरगति को प्राप्त हुईं। मुगलों के अत्याचारों और अंग्रेजों की कूट-नीतियों से बचने के लिए भी सैन्य शक्ति की आवश्यकता हो गई थी।

आज का युग परमाणु युग है। चारों हाहाकार और युद्ध की विभीषिकाएँ ही दृष्टि-गोचर हो रही हैं। एक राष्ट्र दूसरे राष्ट्र को बलात् अपने आधिपत्य में करना चाहता है। बड़े-बड़े कूटनीतिज्ञ दिन-रात इसी बात के चिंतन में रहते हैं कि किस प्रकार अन्य राष्ट्रों को नीचा दिखाया जाए। खाड़ी युद्ध में रोमांचकारी, विध्वंसात्मक दृश्यों ने विश्व की शिराओं में एक बार फिर प्रकम्पन की लहर उत्पन्न कर दी है। प्रत्येक राष्ट्र अपनी-अपनी रक्षा के लिए प्रयत्नशील है। इस सच्चाई को झुठलाया नहीं जा सकता कि शक्तिशाली राष्ट्र सदैव अशक्तों को अपना ग्रास बनाते हैं। उनसे रक्षा-हेतु प्रत्येक राष्ट्र को अपनी सैन्य शक्ति सुदृढ़ करनी होगी। सैन्य शक्ति सुदृढ़ तभी हो सकती है जब कि राष्ट्र का प्रत्येक नागरिक सैन्य-शिक्षा प्राप्त कर चुका हो और आवश्यकता पढ़ने पर देश की आन्तरिक तथा बाह्य सुरक्षा के लिए सदैव कटिबद्ध रहे। अतः आज भारत को अनिवार्य सैनिक-शिक्षा की नितान्त आवश्यकता है क्योंकि आज भले ही प्रत्यक्ष रूप से कोई रावण, कोई कंस न सही किन्तु मुखौटे

पहने अनेक दानव भारत-भू का भार द्विगुणित किए हुए हैं। आज हमारा देश आन्तरिक और बाह्य दोनों ओर से ही असुरक्षित है। देश के कुछ असामाजिक तत्व धर्म, राजनीति, भाषा, सम्प्रदाय के नाम पर भारत को विभक्त कर रहे हैं। उधर देश की बाहरी सीमाएँ भी सुरक्षित नहीं। अपने पड़ौसी राष्ट्रों से ही निरन्तर खतरा बना हुआ है। आज भयाक्रांत भारत किसी भी सम्भावित युद्ध की विभीषिका से त्रस्त है। आज आवश्यकता इस बात की है कि एक बार पुनः धर्म की स्थापना-हेतु सज्जनों के परित्राण के लिए कोई अश्व पर सवार, शस्त्रधारी अवतरित हो।

**"परित्राणाय साधुनाम विनाशाय च दुष्कृताम्।**
**धर्मसंस्थापनार्थय सम्भवामि युगे-युगे।।"**

तभी हमारे देवताओं की लीला-स्थली यह स्वर्गादपि गरीयसी भारतभूमि सुरक्षित रह सकती है। कुछ लोगों का यह विचार है कि सैनिक-शिक्षा युद्ध की स्थिति को उत्पन्न करती है। यह सत्य है कि युद्ध एक भयानक कृत्य है किन्तु यदि कोई असामाजिक तत्व देश की अखण्डता, एकता, सार्वभौमिकता को समाप्त करने का प्रयास करता है तो युद्ध अनिवार्य होता है अर्थात् आत्म-रक्षा हेतु देश को साहस, धैर्य, बलवान, चरित्र-सम्पन्न अनुशासनप्रिय सैनिकों की आवश्यकता पड़ती है। केवल आध्यात्मिकता के बल पर आत्मरक्षा नहीं की जा सकती। भारत की सैन्य शक्ति एवं सैनिक-शिक्षा का ही परिणाम है कि उसने अपने पड़ोसी हमलावर देश पाकिस्तान के 3 दिसम्बर, 1971 से 16 दिसम्बर 1971 की अवधि में दाँत खट्टे कर दिए और पाकिस्तान को पराजय का मुँह देखना पड़ा। जैसा कि सन् 47 और 65 के पिछले 2 युद्धों मे भी वह देख चुका था। सन् 1962 में भारतीय सैनिकों ने चीन से अपनी रक्षा की थी। विदेशी आक्रमणों के समय सैनिक ही तड़पते हुए लोगों, भूख से अकुलाते बच्चों के पेट की आग को शान्त कर पाए थे। आखिर क्यों 31 दिसम्बर 1990 को साधवी उमा भारती को अयोध्या के निर्दोषवासियों की हत्या को रोकने के लिए सैन्य शक्ति की आवश्यकता पड़ी? जी हाँ। यह सैन्य शक्ति ही थी जो जून 1984 को पंजाब के प्रमुख तीर्थ स्थल अमृतसर के स्वर्ण मंदिर में आतंकवादियों का पर्दा-फाश करने में सफल हुई। आप ही बताइए कि क्या कभी पंजाब की किसी माँ अथवा विधवा को सैन्य-शिक्षा के अभाव में सुरक्षा प्राप्त हो सकती है? नहीं, कदापि नहीं। आज समय किसी गाँधी की नहीं अपितु किसी शौर्य-सम्पन्न सुभाष चन्द्र बोस की प्रतीक्षा में है। आज विनय द्वारा कार्य होना अति दुष्कर है। अतः मेरी यह धारणा है कि वर्तमान परिस्थितियों को देखते हुए भारत के स्त्री-पुरुष दोनों को ही सैन्य शिक्षा दी जानी चाहिए ताकि वे विपत्ति-काल में देश की रक्षा कर सकें। यद्यपि सरकार ने एन.सी.सी. व ए.सी.सी. के रूप में इस क्षेत्र

में कुछ प्रयास किए हैं लेकिन उन्हें इतनी सफलता नहीं प्राप्त हुई जितनी कि होनी चाहिए। अंत में सैनिक शिक्षा की अनिवार्यता का समर्थन करते हुए मैं यही कहूँगी–

**"कश्मीरी केसर क्यारी, अब कुम्हलाए नहीं।**
**हिमगिरि के हिम में आग कहीं लग जाए नही।**
**अब लक्ष-लक्ष भुज कोटि-कोटि भुज होने दें।**
**लो उठो वितस्ता पर कुर्बानी बोने दो।"**

## विपक्ष

आदरणीय निर्णायक मण्डल, गुरुजनों व मेरे साथियों आज की वाद-विवाद प्रतियोगिता का विषय है–"राष्ट्र को संतों की नहीं, संतरियों की आवश्यकता है"। मैं इस विषय के विपक्ष का समर्थन करती हुई अपने विचार आपके सम्मुख प्रस्तुत करने जा रही हूँ। अभी मेरे साथी वक्ता ने संतरी की आवश्यकता को महनीय बताया है, किन्तु मेरे विचार से यह उचित नहीं।

आज सर्वत्र सामाजिक मूल्यों का विघटन हो रहा है। हिंसा व मारकाट का बाज़ार गर्म है। आज आवश्यकता इस बात की है कि समाज में किसी ऐसी शक्ति का उद्भव हो जो आततायियों से आतंकित जनता को मानसिक तोष प्रदान करे। समाज में शांति का साम्राज्य स्थापित करे।

मित्रों, सृष्टि निरन्तर परिवर्तनशील है। जब-जब धर्म का ह्रास होता है, पृथ्वी पर अत्याचार बढ़ जाते हैं तब-तब ईश्वर के अवतरित होने की बात हमने गीता में पढ़ी हैं–

**"यदा-यदा ही धर्मस्य, ग्लानिर्भवति भारतः,**
**अभ्युत्थानम् अधर्मस्य तदात्मानं सृजाभ्यहम्।**
**परित्राणाय साधूनां, विनाशाय च दुष्कृताम्,**
**धर्म-संस्थापनाय संभवामि युगे-युगे।।"**

आज हमें एक ऐसी शक्ति की आवश्यकता है, जो समाज में व्याप्त आसुरी शक्तियों का दमन करे। शारीरिक व मानसिक पीड़ा से ग्रस्त मनुष्यों को राहत का अनुभव कराए।

जब ग्यारहवीं-बारहवीं शताब्दी में रण-भरी नाद गूंज रहा था, तब युद्ध से खिन्न जनता को नामदेव, कबीर आदि संतों की वाणी सुनकर शांति की सांस मिली थी। महात्मा बुद्ध के शब्दों में–

**मूढ़ो का रस है प्रभुता में, प्रतिभाशाली झुक जाते हैं**
**जीवन की ऊर्जा को सज्जन, यूं ही लड़कर न गंवाते हैं।**
**मत व्यर्थ कलह को जीवन दो, नम्रता संत का लक्षण है**
**अकलहं शरणं गच्छामि, नम्रत्व शरणं गच्छामि।**

इसके पश्चात् सूर, तुलसी, मीरा आदि संतों ने दीर्घकाल तक जनमानस को भक्ति के सूत्र में बाँधे रखा और युद्ध की भयावह विभीषिका शनैःशनैः समाप्त होती चली गई।

हमें आज उन्नति की ओर अग्रसर होने के लिए युद्ध तथा अशांति को काबू में लाना पड़ेगा। आज समाज युद्ध के कगार पर खड़ा है। संतों की आवश्यकता पर बल देने वाले मेरे साथी वक्ता ने संभवतः यह विचार नहीं किया कि यह परिश्रम व लगन से बनाया गया सुन्दर चमन व इसको स्वर्ग बनाने के स्वप्न सब चूर-चूर हो जाएँगे। आज के हिंसा भरे वातावरण में कहीं धर्म के नाम पर भी युद्ध छिड़ रहे हैं। भाई-भाई का दुश्मन बन गया है। आज हमें सैन्य बल की नहीं अपितु एक ऐसे संत की आवश्यकता है जो हिंसा को समाप्त कर इस सुंदर विश्व को नष्ट होने से बचा सके।

**"कैंची से काँटों तक की तो क्रान्ति कुतर डाली,**
**यह फूलों का विद्रोह कौन बल रोकेगा?**
**आ रही शान्ति सुरभि की आँधी जो हर उपवन में**
**पतझर कौन-सा है जो इसको टोकेगा।"**

इतिहास भी इस बात का साक्षी है कि हिटलर और मुसोलिनी जैसे व्यक्तियों ने अपनी सैन्य शक्ति के अहंकार में ही विश्व को द्वितीय विश्व युद्ध की भट्टी में झोंक दिया था। सैन्य शक्ति सदैव से ही विनाश व बर्बादी का कारण बनती रही है। वहाँ युद्ध हुआ और युद्ध के पश्चात् छाई है सर्वदा भयंकर विभीषिका। कहीं रोग, कही भुखमरी तो कहीं बेकारी, भय और त्रास का वातावरण।

जब अंगुलिमाल जैसे आततायी ने जनता को आतंकित कर रखा था तब महात्मा बुद्ध ने अपनी शिक्षाओं से न केवल उसे अपितु संपूर्ण राष्ट्र को भी संभावित युद्धों की विभीषिका से बचाया। उन्नीसवीं शती में जब अंग्रेजों का आतंक चारों ओर व्याप्त था तब महर्षि दयानन्द ने आर्य-धर्म की विजय-पताका फहराई। सबसे बड़ा प्रमाण है हमारे स्वतन्त्रता आन्दोलन का इतिहास। अंग्रेजों ने हम पर जो प्रभुत्व जमा रखा था, हमारे ही देश में हमें ही गुलाम बनाए हुए थे, उससे छुटकारा दिलाया एक महान विभूति ने, जिसका नाम था—महात्मागांधी, उन्होंने अपने सत्य और अहिंसा के शस्त्रों द्वारा हमें परतन्त्रता की बंधनों से मुक्ति दिलाई। समस्त विश्व चमत्कृत था, इस संत की सज्जनता से। आज हमें आवश्यकता है एक संत की वाणी की जो हमारे हृदयों में आपसी सद्व्यवहार व भाईचारे के भाव भर दे।

**प्रतिशोध अग्नि का शमन करो**
**अब क्षमाशीलता वरण करो**
**अथ मैत्री शरणं गच्छामि**
**अथ क्षमहि शरणं गच्छामि**

इन प्रज्ञा सूत्रों को हम अपने जीवन अपना कर एक सूत्र में बंधकर दैहिक, दैविक उन्नति कर सकते हैं।

अन्त में मैं यही कहना चाहूँगी कि आज हमारे देश में चहुँ ओर अशान्ति व्याप्त है। सामान्य जन लिप्सु हो गया है। सभी की टकटकी टके की ओर है। मनुष्य की दृष्टि मात्र धनोपार्जन में लगी है, भले ही वह धन किसी भी विधि से उपार्जित हो। मनुष्य धन-लोलुप बन गया है। आज आवश्यकता इस बात की है कि किसी ऐसी शक्ति का प्रादुर्भाव हो जो एक बार मानस में नव जागरण का शंख फूँक सके। आज हमें बुद्ध, गांधी, लिंकन व मार्टिन लूथर किंग के आदर्शों को अपनाने की आवश्यकता है न कि हिटलर, मुसोलिनी की। आज राष्ट्र को संतों की आवश्यकता है न कि शस्त्रों की झनझनाहट की।

# 15

# मजहब नहीं सिखाता आपस में बैर रखना

## पक्ष

आदरणीय निर्णायक मंडल अन्य उपस्थित जन, मैं विषय के पक्ष में अपने विचार प्रस्तुत कर रही हूँ। मज़हब, धर्म आदि इस अर्थ और भाव के बोधक सभी शब्द अपनी मूल अवधारणाओं में अत्यन्त पवित्र शब्द हैं। किस भी मज़हब या धर्म के वास्तविक स्वरूप, आदर्श, आदेशों को सच्चे अर्थों में मानकर चलनेवाला व्यक्ति अपनी अन्तःआत्मा में बड़ा ही पवित्र, उदार और उच्च भावनाओं से अनुप्राणित हुआ करता है। वास्तव में अपने कर्त्तव्यों को पवित्रता के साथ निःस्वार्थ भाव से पालन करना किसी के विश्वास को ठेस न पहुँचाना, अपनी भावनाओं एवं कार्यों को ईश्वर या अदृश्य सत्ता की ओर अभिमुख करना और प्राणी मात्र का भला चाहना ही धर्म हैं। मज़हब या धर्म सद्‌गुणमूलक हैं, जीवन हैं, प्रकाश हैं, विरट हैं। इसे इसके दस लक्षणों से पहचाना जा सकता है “धृति, क्षमा दमो स्तेय शोचमिन्द्र निग्रह श्री विद्या सत्य कोधे दशा धर्म”। धर्म तो मानवता है। मज़हब का वास्तव में बाह्य चारों से, स्थूल भौतिकताओं या रीति रिवाजों, नीतियों के साथ कोई सम्बन्ध नहीं होता। निर्णायक मंडल! धर्म का सम्बन्ध केवल अतः विश्वासों व मन धारणाओं के साथ होता है। मेरे साथियों! वह तो सब प्रकार के अन्याय, अत्याचारों, अंधाविश्वासों आदि से ऊपर उठकर आत्मतत्व के साथ आत्मसाक्षात्कार करने की एक अत्यन्त सूक्ष्म धारणात्मक प्रविधा है। वह स्थूल भौतिक उपलब्धियों के लिए ईर्ष्या-द्वेष, झगड़ा करना नहीं सिखाता। वह सिखाता है इन सब बातों से दूर रहकर आत्मसंस्कार के द्वारा प्राणी मात्र का हित करना। इसी में उसकी सार्थकता, सफलता, उत्कर्ष एवं वास्तविक महत्व है। मेरे मित्रों! विश्व का कोई मज़हब मानव-मानव में भेद करना नहीं सिखाता। क्या इस बात को भुलाया जा सकता है कि ईसाई धर्म के प्रवर्त्तक प्रभु ईसा ने अपने को कष्ट देने वालों के लिए भी शुभकामनाएँ प्रकट करते हुए कहा था- “प्रभो! इनको सदबुद्धि, सुख व शांति दो। ये लोग नहीं जानते कि ये क्या कर रहे

हैं"। कर्बला के मैदान में प्राणों की आहुति देने वाले मुहम्मद साहब ने आखिरी सांस तक मानवता के कल्याण के लिए ही दुआएँ दीं। महात्मा बुद्ध और जैन तीर्थङ्करों ने अपने अपने विश्वासों का प्रचार करते हुए भी किसी के प्रति घृणा ईर्ष्या-द्वेष आदि का कभी प्रदर्शन नहीं किया। श्रीराम, श्रीकृष्ण, स्वामी विवेकानंद, स्वामीराम तीर्थ, गांधी जी, विनोबा भावे जैसे किसी भी महापुरुष ने किसी भी दूसरे मज़हब के प्रति भूलकर एक भी अपशब्द नहीं कहा।

निर्णायक मंडल! मध्यकाल में जो भी भक्ति आंदोलन चला उसने न जाने कितने हिन्दू भक्त और मुस्लिम सूफी संत इस देश को दिए जिनके कलाम आज भी आदर के साथ सुने जाते हैं। सूफी संत अमीर खुसरो, हजरत निजामुद्दीन औलिया, अजमेर वाले ख्वाजा, मलिक मुहम्मद जायसी, कबीर, गुरुनानकदेव, संत तुकाराम, नामदेव आदि कितने ही नाम गिनाए जा सकते हैं जिन्होंने सर्वधर्म समन्वय या मजहबी एकता बनाए रखने के लिए अपना सर्वस्व न्यौछावर कर दिया। तभी तो धर्मों, मज़हबों को तथाकथित सीमाओं से ऊपर उठ कर सारी मानवता उनका सम्मान करती है। उन्होंने सारी मानवता में प्रभु का नाम समान रूप से बांटा, सारी मानवता के दर्द को महसूस कर उसे दूर करने का प्रयास किया। यदि ये सब न हुए होते तो आज जिस रूप में हमारा अस्तित्व हुआ है क्या ऐसा संभव हो पाता?

मेरे साथियों क्या ऐसा एक भी धार्मिक ग्रंथ है जिसमें मानव से विरोध करने की बात लिखी हो? किसी भी महान धर्म के धार्मिक ग्रंथ को उठाकर देख लीजिए। निर्णायक मंडल! कहीं भी मज़हब के कारण घृणा या वैर-विरोध करने की बात नहीं मिलेगी। सभी धर्मो में एक दूसरे के साथ मिल जुल कर रहने की प्रेरणा दी गई है। सच्चे मनुष्य का लक्षण ही यही है कि वह अपने विश्वासों के अनुसार चलते हुए भी दूसरे की आस्थाओं को किसी भी तरह से ठेस न पहुँचाए। हम दूसरों का सम्मान करेंगे तो निश्चय ही दूसरे भी हमें सम्मान देंगे। सच्चा मज़हब तो दूसरों के झुकने से पहले ही खुद झुक जाने की प्रेरणा देता है।

निर्णायक मंडल! कभी किसी भी धर्म के दो पुरुषों को परस्पर मिलते देखिए, इस बात का पता भी नहीं चल पाएगा कि कौन कब नतमस्तक हो गया। नम्रता, सहिष्णुता, सभी के प्रति अपने से भी पहले मान सम्मान का भाव, सत्य, प्रेम, अहिंसा, अपरिग्रह सभी सच्चे धर्म इसी उदार मानवीय आवरण व व्यवहार की शिक्षा देते हैं। सभी धर्मों का लक्ष्य है–

**सर्वे भवन्तु सुखिनः सर्वेसन्तु निरामयः**
**सर्वे भद्राणि पश्यन्तु मा कश्चिददुःख भाग भवेत।**

आज पंजाब, काश्मीर, असम की जो समस्या हमारे खड़ी है उसका कारण

मज़हब नहीं अपितु दूषित राजनीति तथा कुछ लोगों का व्यक्तिगत स्वार्थ है। राजनीतिज्ञ अपनी स्वार्थ पूति के लिए धर्म की आड़ में जनता को जानबूझ कर भ्रष्ट और दिशाभ्रमित करने की चेष्टा कर रहे हैं। इसके अतिरिक्त कुछ लोगों ने अज्ञानवश संकुचित मनोवृत्तियों के कारण धर्म का क्षेत्र संकुचित कर दिया है। उसे वास्तविक पवित्रता से मोड़ कर मन्दिर, मस्जिद और गुरुद्वारों की परिधियों में सीमित कर दिया है। ऐसे लोग भारत की समन्वयवादी मानव चेतना का अर्थ नहीं समझते अतः मज़हबी जुनून के कारण विषय परिस्थितियाँ उत्पन कर देते हैं। कुछ कट्टर पंथी लोग मज़हब के उन्माद में कुछ ऐसा कर दिया करते हैं जो सारे वातावरण को अभिशप्त और विषैला बना देता है। सन् 1947 का विभाजन इसी दिवानगी का परिणाम था। उस समय और आज हो रहा नरसंहार भी इस कट्टरपंथी दिवानगी का परिणाम है।

निर्णायक मंडल! आज भी मज़हबी चिंगारियां भड़क कर मानवता का गिरेबान जला रही हैं। अंत में मैं यही कहूँगी कि कोई भी मज़हब ईर्ष्या-द्वेष को बढ़ावा देना नहीं सिखाता यही कारण है कि धर्म निरपेक्ष भारत में अनेक धर्म पनप रहे हैं। यहां की विशाल फुलवारी में अनेक मज़हब सभ्यता, संस्कृतियों के फूल एक साथ खिल कर विश्व की भटकी मानवता के सामने प्रेम भाईचारा तथा धार्मिक व सांस्कृतिक सहिष्णुता की सुगन्ध विकीर्ण कर रहे हैं। यही वह देश है जहाँ का निवासी शायर इकबाल के शब्दों में यह घोषणा तो कर ही सकता हैं "मज़हब नहीं सिखाता आपस में बैर रखना हिन्दी हैं हम वतन हैं हिन्दोस्ता हमारा"।

## विपक्ष

आदरणीय निर्णायक-मण्डल तथा मेरे साथियों, आज की वाद-विवाद प्रतियोगिता का विषय है–" मज़हब नहीं सिखाता आपस में बैर करना" मैं इस विषय के विपक्ष में अपने विचार प्रस्तुत कर रहीं हूँ। अभी मेरी विपक्षी महोदया ने मज़हब का स्वरूप स्पष्ट करते हुए कि मज़हब आत्मतत्व अर्थात् ईश्वर के साथ साक्षात्कर करने की एक अत्यन्त सूक्ष्म धाराणांत्मक प्रविधा है। प्रत्येक मज़हब में इस आत्मतत्व की व्याख्या विभिन्न रूप से की है। एक धर्म मूर्ति पूजा का समर्थक है तो दूसरा धर्म उसका विरोध करता है। कोई सगुण ईश्वर को स्वीकार करता है और कोई ईश्वर को निर्गुण, निराकार, अजन्मा मानता है। कोई धर्म एकेश्वरवाद का समर्थक है और कोई अनेकेश्वर वाद का, अर्थात् परमात्मा को विभिन्न रूपों में स्वीकार किया गया है। सभी धर्मों के पूजा-स्थल भी अलग हैं, और पूजा करने की विधि में भी अन्तर है। ईश्वर को प्राप्त करने के मार्ग भी अलग-अलग बताए गए हैं। इन सब विभिन्नताओं के कारण ही विभिन्न मज़हबों के समर्थकों में संघर्ष होता है। एडलर के अनुसार– मानव की यह स्वाभाविक प्रवृत्ति है कि वह अपने आप को श्रेष्ठ प्रदर्शित करना चाहता है। यह प्रवृत्ति धर्म के नाम पर उजागर होती है। हर धर्म को मानने वाला समुदाय यह सोचता है कि उसका धर्म सर्वोच्च है। जब अन्य किसी धर्म के लोग इस बात को स्वीकार नहीं करते तो विभिन्न धर्मों के समुदाय में विवाद होता है। सभी धर्मों की मानसिकता यह है कि वे अपने को उच्च कोटि का प्रदर्शित करना चाहते हैं और अपने धर्म के सिद्धातों को दूसरों पर लादने का प्रयास करते हैं। यदि हम अतीत पर दृष्टिपात करें तो ज्ञात होता है कि अनेक बार मज़हब के कारण ही ईर्ष्या, द्वेष, हिंसा आदि भावनाएँ व्यक्तियों के हृदय में पनपी, जिसका परिणाम युद्ध के रूप में सामने आया। सन् 1947 में अग्रेंजों ने कूटनीति का सहारा लेकर धर्म के नाम पर भारत को विभाजित कर दिया, जिसका परिणाम पाकिस्तान और हिन्दुस्तान के रूप में हमारे सामने आया। बौद्ध धर्म ने ब्राह्मणवाद का विरोध किया तथा उनकी पूजा विधि, हवन, यज्ञ आदि का खण्डन किया और सादा जीवन व्यतीत करने को कहा।जैन धर्म समर्थकों ने अहिंसा का प्रचार कर धर्म को नए ढंग से प्रस्तुत किया। मध्यकालीन समय में हिन्दू-मन्दिरों को तोड़ा जाना और उसके स्थान पर

मस्जिदों का निर्माण करना इस बात का द्योतक है कि मज़हब के नाम पर संघर्ष होता है। कुतुबमीनार के पास जैन मन्दिर को तोड़कर कुतुबल इस्लाम नाम की मस्जिद बनाई गई। अज़मेर में हिन्दू मन्दिर को तोड़कर "अढ़ाई दिन का झोंपड़ा" नामक मस्ज़िद का निर्माण किया गया। महमूद गज़नवी और मोहम्मद गोरी ने धर्म के नाम पर राजनीति की स्थापना की। महमूद गज़नबी ने धर्म के नाम पर जनता को भड़का कर भारत में अधिक लूटमार की। अलाऊदीन खिल्जी ने गैर मुस्लिमों पर अत्याचार किए। 'जजिया कर' लगाया जाना इसी बात का स्पष्ट उदाहरण है। औरंगज़ेब ने अकबर द्वारा समाप्त किए गए कर को पुनः आरम्भ कर दिया। फिरोज़शाह तुगलक जो कि कट्टर सुन्नी मुसलमान था उसने उलेमाओं को जागृत किया। सिक्खों के दसवें गुरु गुरु गोविन्द सिंह के दोनों पुत्रों को धार्मिक वैमनस्य के कारण ही जिन्दा दीवारों में चिनवा दिया गया। राजपूतों, जाटों और सत्नामियों ने भी धर्म के क्षेत्र में अपने-2 कदम बढ़ाने शुरू कर दिए। ईसाई मिशनरियों ने अपने-2 धर्म के प्रचार के लिए विद्यालय और चिकित्सालय खुलवाए। विद्यालयों में पाश्चात्य सभ्यता और संस्कृति का प्रचार करने का प्रयास किया और भारत की मूलभूत संस्कृति को पिछड़ा हुआ बनाया। धर्म के आधार पर मसीहा का सहारा लेकर ईसाईयों ने साम्राज्यवाद और उपनिवेशवाद को जन्म दिया। हिन्दू धर्म के प्रचारकों ने हिन्दुओं का उद्धार करने के लिए और दूसरे धर्म को हिन्दू धर्म में लाने के लिए शुद्धि आन्दोलन चलाया। उपरोक्त सभी उदाहरण यह मानसिकता प्रकट करते हैं कि सभी धर्म के समर्थकों और प्रचारकों ने अपने धर्म तथा अपने धर्म ग्रंथों को—हिन्दुओं ने रामायण, भगवद्गीता, महाभारत, मुसलमानों ने कुरान-ए-शरीफ, इसाईयों ने बाइबल, सिखों नें गुरु ग्रन्थ साहिब और पारसियों ने जैन अवेस्ता आदि को सर्वोपरि मानकर दूसरे धर्म को समाप्त करने का प्रयास किया और अपने धर्म का प्रचार किया।

अब हम अन्तर्राष्ट्रीय स्तर पर बात करते हैं। पुरातन काल से ईसाईयों और अरब के बीच कई दशकों तक युद्ध चलता रहा, जो धार्मिक युद्ध के नाम से जाना जाता है। कौन नहीं जानता कि धर्म की भावना आज भी किसी न किसी रूप में पनप रही है? यही कारण है कि कुछ वर्ष पूर्व हुए खाड़ी युद्ध में सभी पश्चिमी राष्ट्रों ने, जो ईसाई धर्म के अनुयायी हैं उन्होंने अमेरिका का साथ दिया। अमेरिका ने ईरान के धार्मिक नेता अयातुल्लाह खुमैनी का विराध हर स्तर पर किया। उनके विरोध का मूल कारण यह था कि अमेरिका को यह भय था कि कहीं अयातुल्लाह खुमैनी इस्लाम धर्म के प्रचार में सफल न हो जाएँ। इस प्रकार दो बड़े राष्ट्रों में असहमति का मूल कारण धर्म ही था। येरूशलम स्थान तीन धर्मों का पवित्र स्थान है। सभी धर्मों के

समर्थकों को इस स्थान से भावनात्मक लगाव है। परिणामस्वरूप संघर्ष हुआ तथा होने की संभावना बनी रहती है।

आज मज़हब की उठी हुई लपटें पंजाब को झुलसाती हुई काश्मीर और असम तक पहुँच गई हैं। धर्म की इस आग ने न केवल इन राज्यों में ही तबाही मचाई है अपितु देश की सुरक्षा और अखण्डता को भी खतरा उत्पन हो गया है। धार्मिक उन्माद के कारण तीनों राज्य जख्मी हैं और उनसे उठ रही हैं–जहरीली हवाएँ। यहाँ हर धर्म दूसरे के खिलाफ खड़ा है और चरम प्रतिद्वन्द्विता से बेहिसाब बर्बरता उत्पन्न हो गई है। यह बर्बरता सामाजिकता को तो रौंद ही रही है, साथ में मानवता का गला भी घोंट रही है। इस अग्नि कुण्ड में क्यों कैद हुए हैं हम? इसका एक ही उत्तर है–"मज़हब"।

अन्त में मैं यही कहूँगी कि बीते समय में भी मज़हब के कारण संघर्ष हुए थे और आज भी मज़हब के नाम पर ही ईर्ष्या द्वेष की भावनाएँ लोगों के हृदय में पनप रही हैं। अब देखते हैं कि आने वाले समय में रामजन्म भूमि और बाबरी मस्जिद की समस्या तथा काश्मीर, असम, पंजाब की समस्याएँ हमारे समक्ष क्या रूप धारण करती हैं।

**"अब तो मज़हब कोई ऐसा भी चलाया जाए**
**जिसमें इन्सान को इन्सान बनाया जाए**
**जिसकी खुशबू से महक जाए पड़ोसी का घर**
**फूल दूर किस्म का हर दिशा में खिलाया जाए।"**

# 16

# आतकंवाद को शान्ति से समाप्त किया जा सकता है।

## पक्ष

आज के मुख्य समाचार–

11 सितम्बर–विश्व व्यापार संगठन की दोनों इमारतें नष्ट, हजारों की मौत, सैकड़ों घायल

2 अक्टूबर–काश्मीर की विधानसभा पर हमला।

13 दिसम्बर–देश की सांसद पर आतंकवादियों द्वारा प्रहार।

आदरणीय निर्णायक मंडल व अन्य उपस्थित जन, ऐसी घ्टनाएँ प्रतिदिन के समाचारों का एक अभिन्न अंग बन चुकी हैं। आतंकवाद का दीमक सम्पूर्ण विश्व को खोखला करता जा रहा है, समय आ गया है कि अब हम इस समस्या का समाधन शीघ्र ढूँढ लें। प्रश्न उठता है कि वास्तव में आतंकवाद है क्या?

"क्या दो मज़हबो की लड़ाई है" या "ये किसी भी राष्ट्र की अखण्डता को नष्ट करने का जरिया हैं"।

आतकंवाद सही मायनों में कुछ सिर फिरे लोगों द्वारा राष्ट्रीयता तथा मानवता के विरूद्ध एक षड्यंत्र या मात्र एक जुनून है।

आतंकवाद धीमे विष की भांति समस्त मानव जाति को समाप्त करने की दिशा में अग्रसर है। पल-पल मृत्यु के साए में स्वयं को बचाता हर व्यक्ति आज आतंकवाद का समाधान चाहता है।

मेरे विपक्षी सथियों का कहना है कि यदि हमें आतंकवाद से मुक्ति प्राप्त करनी है तो हमें आतंक फैलाने वालों को जड़ सहित नष्ट करने के लिए उन पर आक्रमण कर देना चाहिए। निर्णायक मंडल! युद्ध तो आतंक का समाधान हो ही नहीं सकता। युद्ध द्वारा आतंक रूपी वृक्ष उखाड़ा अवश्य जा सकना है परन्तु उसकी

जड़ों तक पहुँच उसे नष्ट करना असंभव है। ऐसा महत्वपूर्ण कार्य तो शांतिपूर्ण प्रयासों को अपना कर ही किया जा सकता हैं। आतंकवादियों की मानसिकता को समझकर उसी के परिप्रक्ष्य में हमें समाधान खोजना होगा। इतिहास गवाह है कि युद्ध के माध्यम से किसी भी समस्या को पूर्ण रूप से हल नहीं किया जा सकता। महाभारत युद्ध से पूर्व श्रीकृष्ण शांतिदूत बनं कौरवों के पास गए और इसे रोकने का यथासंभव प्रयास किया। सम्राट अशोक अपनी महत्त्वाकांक्षाओं की पूर्ति हेतु जीवन भर युद्ध के पथ पर अग्रसर होते रहे लेकिन अंत में युद्ध में हुई हिंसा को देख कर उन्हें वितृष्णा हो गई और उन्होंने शान्ति का पथ अपना लिया। महात्मा बुद्ध, महावीर स्वामी जीवन्त पर्यन्त शान्ति द्वारा जीवन की समस्याओं को सुलझाने का प्रयास करते रहे और सफल भी हुए। महात्मा गांधी ने अहिंसा का रास्ता अपना भारत देश को अंग्रेजी दासता से मुक्ति दिलाई। पंडित नेहरू ने पंचशील का सिद्धान्त दिया। क्या इस सत्य को झुठलाया जा सकता है कि सन् 1984 में श्रीमती इन्दिरा गांधी द्वारा स्वर्ण मन्दिर में की गई कार्यवाही ही उनकी मृत्यु का कारण बनी।

"हिंसा का आदि भी अधर्म है, मध्य भी अधर्म है और अंत भी अधर्म है"।

निर्णायक मंडल! युद्ध के भय से उत्पन्न शांति कभी भी स्थायी नहीं होती। इसी सच्चाई को स्वीकार कर विश्व शांति के लिए संयुक्तराष्ट्र संघ की स्थापना की गई है।

क्या इस सत्य से इंकार किया जा सकता है कि कंधार में शान्तिपूर्ण प्रयासों द्वारा ही यात्रियों की जीवन रक्षा की गई थी।

दो वर्ष पूर्व ओसामा बिन लादेन ने क्रूरतापूर्ण ढंग से विश्व व्यापार संगठन की दोनों इमारतें नष्ट कर हजारों की मौत का सामान तैयार कर दिया। हादसा वास्तव में भयावह व क्रूर था, मानवता के नाम पर धब्बा था परन्तु इस क्रूरता अध्याय के समाप्त करने के लिए प्रतिशोध स्वरूप अमेरिका ने अफगानिस्तान पर आक्रमण कर दिया। परिणामस्वरूप लादेन व बुश प्रशासन के मध्य चूहे बिल्ली का खेल प्रारम्भ हो गया। लाखों निर्दोष अफगानी मारे गए। बच्चे अनाथ हो गए किन्तु प्रमुख अपराधी आज भी उनकी पकड़ से कोसों दूर है। मैं आप सबसे पूछती हूँ कि एक अपराधी को पकड़ने के लिए हजारों को युद्ध की आग में झोंकना कहाँ तक न्यायसंगत है?

युद्ध से मानव सभ्यता, संस्कृति, कला, साहित्य, ज्ञान-विज्ञान की सभी उपलब्धियों का विनाश हो जाता है। इससे प्रतिहिंसा की भावना जागृत होती है। पराजित देश सदैव प्रतिशोध लेने के लिए अवसर की तालाश में रहता है। इस तरह

एक युद्ध दूसरे युद्ध का कारण बनता है, दूसरा तीसरे का और यह क्रम कभी ना समाप्त होने वाले दौर का रूप बन विनाश का ताण्डव नृत्य प्रस्तुत कर मानवता का संहार करता है।

**"यह नफरत की बारूद न बिखराओ साथी।**
**यह युद्धों का जहरीला नारा बन्द करो,**
**जो प्यार तिजोरी सेफ़ों में तड़प रहा**
**उसके बन्धन खोलो उसको स्वच्छन्द करो।"**

अन्त में मैं यही कहूँगी कि आतंकवाद की समाप्ति निश्चित रूप से शांति पूर्ण प्रयासों द्वारा ही की जा सकती है।

## विपक्ष

**"अथ चेतवामिमं धर्म्य संग्राम न करिष्यसि**
**ततः स्वधर्मम् कीति च हित्वा पापमवाप्स्यसि**

आदरणीय निर्णायक मंडल तथा अन्य उपस्थित जन 'महाभारत' युद्ध के समय जब अर्जुन अपने सम्बन्धियों को देखकर विचलित हो गए तब श्री कृष्ण ने उन्हें धर्म की रक्षा और अधर्म के नाश के लिए युद्ध करने के लिए प्रेरित किया। त्रेतायुग में मर्यादा पुरुषोत्तम श्री राम ने ऋषि विश्वामित्र के कहने पर असुरों का संहार किया। मां शक्ति ने ऋषियों की रक्षा हेतु राक्षसों का वध किया तो आज जब आतंकी भस्मासुर संसार के अनेक निर्दोष लोगों के प्राणों की आहुति ले रहे हैं तो उनका संहार करने के लिए युद्ध अनिवार्य है।

मेरी विपक्षी महोदया ने अभी अभी यह कहा कि सितम्बर की घटना के प्रतिशोध में अमेरिका ने तालिबान को अपना निशाना बनाया लेकिन तालिबान के नष्ट होने के बाद भी अमेरिका लादेन को ढूंढ नहीं पाया। मुझे लगता है कि मेरी विपक्षी वक्ता शायद इस युद्ध के सकारात्मक पक्ष को समझ नहीं पाई हैं। इस युद्ध से न केवल पूरे विश्व का कल्याण हुआ अपितु तालिबान का नामोनिशान मिटा देने से वहाँ ऐसी सरकार की स्थापना हो पाई जिससे अफगानिस्तान का विकास हो पाया और विश्व में वह सम्मान का पात्र बन सका।

श्रीमद् भगवतगीता में भी कहा गया है–

**भयाद्रुणादुपरतं मंस्यन्ते त्वां महारथा**
**येषां चत्व बहुमर्ता भूत्वा यास्यसि लाघवम्।**

(श्रीकृष्ण ने अर्जुन को युद्ध के लिए प्रेरित करते हुए कहा-जो लोग आज तुझे सम्मान की दृष्टि से देखते हैं वे ही महारथी तुझे युद्ध का विरोध करते देख कायर की संज्ञा देंगे।)

सत्य को उजागर करती हैं ये पंक्तियाँ। इतिहास साक्षी है दुनिया विजेता के पीछे हो लेती है और कायर को हिकारत की नजर से देखती है। अपने अधिकारों के प्राप्त करने के लिए 'शठे शाठ्यम समाचरेत' की नीति को अपनाते हुए युद्ध का उत्तर युद्ध से देना चाहिए वरन् लोग शान्तिपूर्ण व्यवहार को दूसरों की कमजोरी समझ

कर और अधिक अत्याचार करते हैं। मेरी विपक्षी वक्ता ने 20वीं सदी के अन्त में आतंकवादियों द्वारा विमान अपहरण के यात्रियों को छोड़ने के लिए शांतिपूर्ण समझौते की प्रशंसा की लेकिन उसका परिणाम आप सभी जानते हैं। भारत ने कंधार में मात्र कुछ व्यक्तियों की रक्षा के बदले में खूंखार दैत्यों को छोड़कर अदूरदर्शिता का परिचय दिया है। यदि उसी समय दूरदर्शिता से इन आतंकवादियों का विरोध किया जाता तो जम्मू-कश्मीर विधान सभा परिसर में व दिल्ली के संसद भवन में आतंकवादी हमले न होते। आतंकवादी वर्षों से कश्मीरी पण्डितों और सिक्खों को अपने हमले का शिकार बना रहे हैं और हम खामोश बैठे हैं क्योंकि हम तो अहिंसा के पुजारी हैं भाई, कोई हमें कितना ही हानि पहुँचाए तो लेकिन हमें तो शान्ति का पथ अपनाना है। अरे मैं तो कहती हूँ मौलाना मसूद अजहर जैसे आतंकवादी को तो पकड़ते ही गोली मार देनी चाहिए। 'जेहाद' के नाम पर इंसानों के आत्मघाती दल बनाने वाले उन्हें कठपुतलियों की तरह इस्तेमाल कर मानवता पर प्रहार करने वाले अमानुष शांति की भाषा क्या समझेंगे? अरे धैर्य की भी एक सीमा होती है।

मेरी विपक्षी महोदय ने सन् 1984 में श्रीमती इन्दिरा गांधी द्वारा अमृतसर में स्वर्ण मन्दिर के विरूद्ध किये गए अभियान की आलोचना की लेकिन वह इस बात तो भूल गई हैं कि उनके इस सफलता पूर्ण अभियान के कारण ही आज पंजाब में लोग चैन की नींद सो रहे हैं।

अब समय आ गया है कि आतंकवादी शिविरों पर आक्रमण कर ईंट का जवाब पत्थर से दिया जाए। यह बात दर्पण की तरह साफ है कि युद्ध से ही आतंकवाद को जड़ से समाप्त किया जा सकता है। युद्ध की नियति जग जाहिर है। मैदान में दो सभ्यताएँ हैं, दो कोम हैं लेकिन निशाने पर तालिबान या अफगानिस्तान नहीं अपितु आतंकवादियों को मिटाने की सोच होनी चाहिए व अगर यह सोच निशाने पर आ गई तो कोई लादेन पैदा नहीं होगा।

युद्ध का समर्थन करते हुए मैं यही कहूँगा—

**"मैं अँगारे ही गाऊँगा जब तक दिनमान न निकलेगा,**
**आँखें खुद ही बन जाऊँगा जब तक तूफान न निकलेगा,**
**मेरा है प्रण जब तक यह काली निशा नहीं उजियाली हो**
**जब तक रोशनी सकल जग के मेरे लहू की लाली हो**
**मैं स्वर का नया शहीद साज हर गान बदलकर छोड़ूँगा**
**खुद मिट जाऊँगा या यह सिद्धांत बदल कर छोड़ूँगा।"**

# 17
# नैतिक मूल्यों का अनुकरण आधुनिकता की विवशता है

## पक्ष

दिनांक—14 फरवरी
समय—रात के करीब 12 बजे
स्थल—हमारा निवास स्थान

जी नहीं मैं आपको किसी समारोह का निमंत्रण पत्र नहीं दे रही हूँ। उस रात मेरे बड़े भईया शराब के नशे में चूर 12 बजे घर लौटे। मेरे पिता जी द्वारा घर देर से आने का कारण पूछने पर भईया ने कहा कि आज की इस तथा कथित Modern Society में So Colled Social Parties attend किए बिना Highty educated का Certificate नहीं मिलता। बहस इतनी बढ़ी की मर्यादा की सारी सीमाएँ टूट गईं। भाई ने गुस्से में पिता का हाथ पकड़ कर मोड़ दिया।

क्या आप 'मातृदेवो भव', 'पितृदेवो भव', 'आचार्य देवो भव' का पाठ पढ़ाने वाली नैतिक मूल्यों की धात्री इस पावन भारतीय संस्कृति का नैतिक ह्रास देखकर मर्माहत नहीं हुए। कहाँ गया वह नैतिक सम्बल? वह चारित्रिक सुदृढ़ता? वह सात्विक तेज? आखिर क्या कारण है कि आधुनिकरण की खोखली चमक दमक चकाचौंध पर हमारा समाज अनैतिकता के गहरे दलदल में धँसता चला जा रहा है और बुद्धिजीवी, दार्शनिक सभी मौन साधे हुए हैं? वे खामोश हैं तो क्यों?

निर्णायक मंडल! रोग सर्वव्यापी है। मूल को लूँ या शिखर को। यहाँ तो पत्ता-पत्ता विषाक्त हो रहा है। भारत सदैव से ही अपने आध्यात्मिक चिंतन और गौरवपूर्ण मूल्यों के लिए विश्वविख्यात रहा है लेकिन आज आधुनिकरण की इस निरंकुश भेड़चाल में हम अपनी नैतिक धरोहर के विध्वंस में लगे हैं। स्वतंत्रता प्राप्ति के पश्चात् भारत तेजी से औद्योगीकरण के पथ पर अग्रसर हुआ, नए कारखानें खोले

गए और कारखानों में रोज़गार के अधिक अवसर होने के कारण गाँव के लोग तेजी से शहरों की ओर जाने लगे जिससे शहरीकरण का विकास हुआ।

शहरीकरण जोकि आधुनिकता का पर्याय माना जाता है—उसका सीधा प्रभाव हमारी नैतिक विचारधारा पर पड़ रहा है। संयुक्त परिवार बिखर रहे हैं। संबंध औपचारिकता के धुएँ में सुलग रहे हैं। उनमें न तो अपनत्व की गंध है और न आंच।

भला बिखरे परिवारों में संस्कार के बीज कैसे बोए जा सकते हैं? यह तो सर्वविदित है कि जहाँ संस्कार नहीं वहाँ नैतिकता नहीं। शहरवासियों की आधुनिक जीवन शैली में हम भारतीय आचार संहिता और नैतिक दायित्वों का विरोधाभास पाते हैं। दिखावे की प्रवृत्ति बढ़ती जा रही है। स्वार्थ व धन लोलुपता ही हमारे उद्देश्य बन गए हैं। भौतिक सुखों की लालसा ने धर्म प्रधान समाज को अर्थ प्रधान बना दिया है। आज यह समाज आर्थिक चकाचौंध में इतना फंस चुका है कि इसके कारण उसमें बेईमानी, अराजकता, भ्रष्टाचार, हिंसा आदि भाव पनप रहे हैं दिल्ली व मुंबई में अमीर युवाओं के बवाल मचाने की सैंकड़ों घटनाएँ देखने व सुनने को मिलती हैं। खाओ-पियो और मौज उड़ाओ—यही उनके जीवन का लक्ष्य रह गया है। इन लोगों का तो यही गुरुमंत्र है—"बाप बड़ा न भैया सबसे बड़ा रुपैया'

आज आधुनिकता के जहरीले साँप ने बचपन और यौवन को ऐसा डसा कि विद्यालयों में चंचलता का स्थान उदण्डता ने ले लिया है। आर्थिक सुविधाओं में पले विद्यार्थियों द्वारा मोबाइल पर अश्लील वीसीडी बनाना—इस घटना ने एक करारा चाँटा मारा है हमारी मानवीय मूल्यों की गाथा पर। ये तो हुई युवा वर्ग की बात। अब बात करती हूँ प्रौढ़ों की। विद्यालय के प्राचार्य व उपप्राचार्य द्वारा छात्रा के साथ सामूहिक बलात्कार की घटना ने अन्तर्मन हिला कर रख दिया। जिस देश में गुरु को ब्रह्मा, विष्णु, महेश की संज्ञा दी है, उन्हीं के इस कृत्य पर सिर लज्जा से झुक जाता है। आधुनिकता के भंवर में फंसा समाज आज टूट रहा है, मूल्य नष्ट हो रहे हैं, नैतिकताएँ स्खलित हो गई हैं। साहित्य और संस्कृति को कौन पूछता है। भावनाओं से शून्य हम पाश्चात्य संस्कृति के अंधानुकरण में लगे हैं। जहाँ जीवन मूल्यों के लिए कोई स्थान नहीं।

फैशन लोगों के जीवन का एक अनिवार्य अंग बन गया है। अश्लीलता व अर्द्धनग्नता भी इसी फैशन की देन हैं। भारतीय संस्कृति तो नग्न चौराहे पर खड़ी नजर आ रही है। वैसे देखा जाए तो चारित्रिक पतन के इस दौर में केबल संस्कृति का अधिक योगदान है। नैतिक मूल्यों से रहित विभिन्न प्रसारित धारावाहिक सैक्स व हिंसा से पूर्ण रीमिक्स वी.सी.डी. ने समाज में काम भावना की आग लगा दी है। सैक्स की विभिन्न लहरें हमारे परिवारों में प्रवेश करती जा रही हैं जो उसका घृणित

रूप प्रस्तुत करती हैं। हर धारावाहिक, गाने, विज्ञापन में नारी पुरुष के देह का तथा अन्तरंग सम्बन्धों के पलों का मुक्तप्रदर्शन किया जाता है। मुझे तो समझ नहीं आता कि सरकार यह कोढ़ किस लालच में खरीद रही है।

इसी का परिणाम है कि आज हमारे अधिकांश युवक माइकल जैक्सन, मैडोना, हर्षद मेहता को अपना आदर्श मानने लगे हैं।

जरा सोचिए एक हर्षद मेहता ने तो देश की नींव हिला दी यदि ऐसे दो चार और हो गए तो हमारे देश का क्या होगा?

आज राजनैतिक क्षेत्र में हुए शर्मनाक घोटालों की चर्चा करने की मुझे आवश्यकता नहीं है।

यदि यही हाल रहा तो चरित्रहीनता और नैतिक पतन की बाढ़ में गांधी का स्वराज्य व लोकतंत्र भी बह जाएगा। अब भी समय है, उठो, जागो। यदि तुम अब भी भीष्म पितामह की तरह मानवीय मूल्यों का नैतिक ह्रास देखते रहे तो इतिहास अपने आपको एक बार फिर दोहराएगा और तब यह समाज तुम्हें क्षमा नहीं करेगा।

## विपक्ष

आदरणीय अध्यक्ष महोदय एवं उपस्थित सभ्य समाज, आधुनिकता के जिस रूप को मेरी विपक्षी प्रतियोगी ने जिन अर्थों में प्रस्तुत किया, उससे सदन में उत्पन्न हुई भ्रांति को मैं विनम्रतापूर्वक अपने तर्कों और वक्तव्य से दूर करना अपना अभीष्ट मानती हूँ।

निर्णायक मंडल! नैतिक मूल्यों का ह्रास भी आधुनिकता की विवशता नहीं रहा है। विवशता रही है तो केवल उन लोगों की जिन्होंने नैतिक नूल्यों को चौराहे पर बेच डाला और बहाना बनाया है आधुनिकता का।

आधुनिकता न कपड़ों में बसती है, न क्लबों में जिस्म थिरकाने नें व्याप्त होती है और न ही यह मदिरा सेवन में निहित होती है, बल्कि आधुनिकता होती है विचारों में, क्रांतिकारी विचारों में, समाज को श्रेष्ठतम मार्ग में ले जाने में, दूषित परम्पराओं और व्यवस्थाओं को सही मार्ग पर ले जाने का दूसरा नाम है आधुनिकता। जुआ खेलना, क्लबों में जाना, क्या दास बनाने वाले ये व्यस्न आधुनिक कहलाने के लायक हैं?

मेरी विपक्षी महोदया शहरीकरण को बुरा बता रही हैं पर वह शायद यह भूल गई हैं कि शहरीकरण कोई नई बात नहीं है। यह तो सिन्धु घाटी से चली आ रही सभ्यता है। शहर तो हमारी संस्कृति का संगम हैं। यदि हम नगरों में रहकर अपनी कार्यक्षमता और जीवन स्तर को ऊँचा उठा रहे हैं तो क्या इसका यह अर्थ हुआ कि हम अपने नैतिक मूल्यों का ह्रास कर रहे हैं?

जहाँ तक बात है औद्योगीकरण की तो उद्योग का तो उद्देश्य ही मानव कल्याण है। अगर उद्योग हमें नैतिक मूल्यों से दूर ले जाते तो क्या सारे औद्योगिक तत्व हमें जन कल्याण से दूर न ले जाते? उद्योगों का तो विकास ही मानव जीवन को सुखद बनाने के लिए हुआ है।

मेरी प्रतिपक्षी साथी वैज्ञानिक तत्वों की निंदा कर रही हैं। यदि हम आज भी अपने उपनिषदों को पढ़कर देखें तो हमें पता चलेगा कि उनमें भी हमें वैज्ञानिक दृष्टिकोण को विस्तृत करने की शिक्षा दी गई है।

अभी अभी मेरी विपक्षी महोदया ने बहुत ऊँचे स्वरों में जीवनोपयोगी संचार

माध्यमों को चारित्रिक पतन के लिए दोषी ठहराया है। सोच कर देखिए यदि एक मां अपने बच्चे को दूध पिला रही है तो आप इसे देह प्रदर्शन कहेंगे या अटूट प्रेम और ममता का सूचक। बुराई दृश्य में नहीं आप की आँखों में है। वास्तव में दोष तो आप की आँखों में है। आप बुराई की ओर आकर्षित हुए ही क्यों? आज जन संचार से सारी दुनिया सिमट गई है। कोई भी मनुष्य इसके द्वारा अपने आदर्श विश्व में फैला सकता है। इसलिए जन संचार नैतिक मूल्यों का भक्षक नहीं अपितु हमारी संस्कृति का आधार बन चुका है।

मेरी प्रतिपक्षी साथी ने फैशन की आलोचना की है। समय के साथ चलना कोई गलत नहीं है। परिवर्तन तो प्रकृति का नियम है। यदि हमारी सभ्यता एवं संस्कृति में परिवर्तन न हो तो यह उस ठहरे हुए पानी की तरह है जिस पर काई जम चुकी है। तो आप ही बताइए कि क्या परिवर्तन का अर्थ नैतिक मूल्यों में परिवर्तन होता है?

यदि राजाराम मोहनराय ने आधुनिकता को अपनाते हुए सती प्रथा जैसी कुप्रथा को बंद करवाया तो क्यों उन्होंने नैतिक मूल्यों का ह्रास किया या विकास किया?

अध्यक्ष महोदय, मैं पूछती हूँ कि सहस्रों वर्षों की गुलामी की जंजीरों में जकड़ी भारत मां को जिन सच्चे वीरों ने आधुनिक बन स्वतंत्र करवाया तो क्या नैतिक मूल्यों का ह्रास किया? महात्मा गांधी, सुभाष चन्द्र बोस, चन्द्रशेखर आजाद, भगत सिंह, लाला लाजपतराय—ये चंद नाम हैं अगणित वीर भारतवासियों के जिन्होंने अपने नैतिक मूल्यों का उच्च आदर्श प्रस्तुत किया और अपनी पावन धरती मां के लिए सर्वस्व न्यौछावर किया—ये होती है विचारों की, कर्म की प्रधानता।

अध्यक्ष महोदय, मेरे विचार से वित्त को अंतिम सत्य मान लेना हरगिज आधुनिकता नहीं है। धन प्राप्त कहने की अंधी दौड़ में कितने ही व्यक्ति अल्प समय में अपार धन बटोरने में अपने चरित्र से गिर रहे हैं और नैतिकता पतन कर रहे हैं। ये कोई आधुनिक बोध नहीं है। आधुनिकता हो सकती है ईमानदारी से उपार्जित धन को सद्प्रयत्नों से बढ़ाने में।

आधुनिक हैं हमारे साहित्यकार, विचारक, संत, ऋषि और महात्मा जो हमें सादगी का, श्रेष्ठता का, शुद्ध आचरण का पाठ पढ़ाते हैं।

बंगाल की भूमि पर स्त्री के शोषण को शरतचन्द्र जब अपनी लेखनी से पृष्ठों पर उतारते हैं, पाठकों की आँख खोलते हैं, उसे मैं आधुनिक मानती हूँ। उत्तर प्रदेश में किसान की दुर्दशा पर जब प्रेमचंद गोदान लिखते हैं और वैचारिक क्रान्ति करते हैं तो क्या वह नैतिकता को किसी भी स्तर पर हीन करते हैं?

नानक सिंह पंजाब की समस्याएँ जब अपने उपन्यासों में वर्णित करते हैं तो क्या नैतिकता कलुषित होती है? इसी प्रकार सुब्रह्मण्यम भारती, पन्ना लाल पटेल, निराला आदि साहित्यकार जब नई सोच को पुष्पित व पल्लवित करते हैं, तब नैतिकता आकाश की ऊँचाई का संस्पर्श करने लगती है।

जब भी समाज को कोई भी वैज्ञानिक, कोई भी अध्यापक, कोई भी विचारक, कोई भी नेता कुछ ऐसा देता है जो दिशा बदलता है, नई राहें खोजता है, जिस पर चलकर समाज का चरित्र ऊँचा उठता है—स्मरण रहे, कभी भी किसी भी विवशता से इस आधुनिकता से नैतिक मूल्यों का ह्रास नहीं होता। मैं आपसे पूछती है कि यह समाज कब आधुनिक नहीं रहा? किस युग के लोगों ने अपने आपको आधुनिक नहीं कहा?

निर्णायक मंडल भ्रांत आधुनिक दिखने का प्रयास करने वालों को ही यह लगता है कि आधुनिक होने में नैतिक मूल्य रुकावट हैं। मैं यह मानती हूँ कि वर्तमान में यदि नैतिक मूल्यों का ह्रास हो रहा है तो इसका सम्बन्ध आधुनिकता से न होकर हमारे अपने संस्कारों, स्वार्थ व धन लोलुपता से है। मेरा तो यह दृढ़ मत है कि नैतिक मूल्य आधुनिकता की राहें संवारते हैं, बिगाड़ते नहीं।

# 18

# भारत अमेरिका परमाणु समझौता–भारत के उज्ज्वल भविष्य का प्रतीक

## पक्ष

आदरणीय निर्णायक मंडल उपस्थित जन आज की वादविवाद प्रतियोगिता का विषय हैं "भारत-अमेरिका परमाणु समझौता–भारत के उज्ज्वल भविष्य का प्रतीक" मैं विषय के पक्ष में अपने विचार प्रस्तुत कर रही हूँ। इस बात को तो सभी जानते हैं कि भारत ने जब पहला परमाणु परीक्षण किया था तब उसके ऊपर अनेक पाबन्दियाँ लगी हुईं थीं लेकिन अब यह समझौता रिश्तों के बीच एक नया अध्याय खोलेगा जिससे ये लगी पाबंदियाँ समाप्त हो जाएँगी। भारत व अमेरिका परमाणु ऊर्जा के मामले में एक दूसरे के सहयोगी बन जाएँगे।

मेरे कुछ विपक्षी सहयोगियों के विचार हैं कि इससे परमाणु ऊर्जा परियोजनाओं की गोपनीयता समाप्त हो जाएगी। निर्णायक मंडल! अगर हमें इस क्षेत्र में आगे बढ़ना है तो अन्तर्राष्ट्रीय मानकों को तो हमें स्वीकार करना ही होगा। यदि अन्तःराष्ट्रीय परमाणु ऊर्जा संगठन के सदस्य नागरिकों के उपयोग के परमाणु ऊर्जा संयत्रों की निगरानी करते हैं तो इसमें कोई नई बात नहीं है। आप ही बताइए कि इससे भारत को क्या हानि हो सकती है? हानि तो तब होती अगर हम समझौता नहीं करते। भारत में अभी तक 19 न्यूक्लियर पावर स्टेशन है। इनमें से 37 तो अभी काम कर रहे हैं और 6 का अभी निर्माण कार्य चल रहा है लेकिन जो 37 पावर स्टेशन काम कर रहे हैं उनके लिए हमारे पास ईंधन नहीं है। हम उनकी जरूरतों को पूरी करने के लिए ईंधन आयात करते हैं। इस काम पर पाबंदियों की वजह से अमेरिका बाधा डालता है। अब यह बाधा समाप्त हो जाएगी और अब हम अधिक सरलता से न्यूक्लियर फ्यूल आयात कर सकेंगे। भारत में ऊर्जा की उत्पादन क्षमता को देखते हुए यह समझौता अधिक उपयोगी प्रमाणित हुआ है। इसके लिए भारत को मात्र

सैनिक और नागरिक उपयोग की परमाणु ऊर्जा में भेद अवश्य करना पड़ेगा लेकिन यह कोई नया प्रस्ताव नहीं है।

इस बात को तो झुठलाया नहीं जा सकता कि अपने देश की ऊर्जा जरूरतों को पूरा करने के लिए हमें दूसरे देशों की मदद चाहिए थी। दोनों कार्यों के लिए रिएक्टरों को अलग करने पर ही भारत को विदेशी मदद मिल सकती है। इसके बिना हमारा लक्ष्य पूरा नहीं हो सकता था। अब कम से कम हमें दोनों कार्यों के लिए विदेशी मदद तो मिल रही है। सामरिक कार्यक्रम पर कोई रोक नहीं लगाई गई। अपने संसाधनों से भारत अपनी सामरिक जरूरतें पूरी कर रहा है यदि मेरे विपक्षी वक्ता यह सोचती हैं कि इससे सामरिक परमाणु कार्यक्रम महंगा होगा तो इस सच्चाई को भी भुलाया नहीं जा सकता कि इससे भारत देश में परमाणु ऊर्जा का उत्पादन भी तो बढ़ेगा।

निर्णायक मंडल! यह गर्व की बात है कि भारत देश को अमेरिका ने प्रथम बार एक परमाणु शक्ति सम्पन्न देश के रूप में स्वीकार किया है।

अन्त में मैं यही कहूँगी कि इस समझौते ने देश को एक नई दिशा प्रदान की है। इससे सामरिक, आर्थिक तथा ऊर्जा के क्षेत्र में तो भारत एक सोपान और आगे बढ़ेगा ही इसके साथ-साथ तकनीकी क्षेत्र में सहयोग व पर्यावरण के संरक्षण के क्षेत्रों में भी भारत कुछ नए आयाम स्थापित करेगा। इस नये अध्याय में भारत की आत्मशक्ति झलकेगी। 12वीं शताब्दी भारत की होगी और भारत 15-20 वर्ष के पश्चात् विश्व की महाशक्ति के रूप में उभरेगा। डॉ. सिंह ने प्रेसीडेंट बुश से साफ शब्दों में कह दिया है कि अमेरिका लोकतंत्रीय देश है तो भारत विश्व का सबसे बड़ा लोकतंत्रीय देश है यह बात पं. नेहरू ने ट्रूमैन और चर्चिल से भी कही थी। अमेरिका कांग्रेस में प्रधानमंत्री ने स्पष्ट किया है कि आतंकवाद से लड़ने के दोहरे पैमाने नहीं हो सकते आज विश्व को परमाणु बम की जरूरत नहीं है जरूरत है ऊर्जा की।

## विपक्ष

आदरणीय अध्यक्ष महोदय तथा अन्य उपस्थित जन अभी-अभी विपक्षी महोदया ने इस समझौते से होने वाले लाभ की चर्चा बड़े जोरदार शब्दों में की किन्तु वह इस बुनियादी गहराई को नहीं समझ पा रहीं कि इससे भारत की संप्रभुता खतरे में पड़ जाएगी। इस समझौते से अमेरिका को यह अधिकार मिल जाएगा कि वह भारत पर नजर रखे। अमेरिका तो इस अवसर की तालाश में लम्बे समय से था कि दक्षिण एशिया में उसे हस्तक्षेप करने का अवसर मिले लेकिन यह तो भारत की सतर्कता व सावधानी थी कि उसने उसे हस्तक्षेप नहीं करने दिया।

निर्णायक मंडल! अब ऐसा महसूस हो रहा कि अमेरिका को इस समझौते की आड़ में भारत की सामरिक गतिविधियों पर नजर रखने का मौका मिल गया है, यह आपत्ति निराधार नहीं है। क्या अतीत के अनुभव आम हिन्दुस्तानी को आशंकित नहीं करते? क्या इस बात को सहज ही भुलाया जा सकता है कि अमेरिका विश्व का सबसे अधिक ताकतवार देश होने के नाते पहले अपने हितों को ध्यान में रखता है।

मेरी विपक्षी वक्ता शायद इस बात को समझकर भी स्वीकार नहीं करना चाहती कि अमेरिका की नीतियाँ भारत के प्रति सदैव संदेहशील रही हैं। अभी तो इस समझौते की सही शर्तों का ज्ञान भी हमें नहीं कि इसके अन्तर्गत भारत को क्या-क्या करना पड़ेगा। अभी तक तो भारत की परमाणु ऊर्जा अधिक सुरक्षित थी लेकिन अब अन्तर्राष्ट्रीय एजेंसियों को इस की पूरी जानकारी प्राप्त हो जाएगी। ढकी हुई एक-एक खुफिया परत उनके सामने खुल जाएगी।

निर्णायक मंडल, भारत आज न केवल एक स्वाधीन देश है बल्कि आर्थिक और राजनैतिक दृष्टि से एक महाशक्ति बनता जा रहा है। हमारी विदेश नीति स्वतंत्र रही है, लेकिन अब उसने अमेरिका के कहने पर अपनी परमाणु ऊर्जा संयंत्रों को दो भागों में बांट दिया तथा उसे इस बात की अनुमति भी दे दी कि वह नागरिक उपयोग करने वाले परमाणु ऊर्जा संयंत्र का निरीक्षण भी कराए। क्या इस बात से इनकार किया जा सकता है कि इस फैसले ने भारत सरकार की पूर्व परमाणु तकनीक को एक ही झटके में बदल दिया है? इस विभाजन की सबसे में बड़ी हानि ही यही

है कि इससे भारत का खर्चा बढ़ जाएगा तथा समय भी काफी लगेगा अगर इसी दौरान संयंत्रों को निरीक्षण का कार्य प्रारम्भ कर दिया तो आप ही अनुमान लगा लीजिए कि क्या परिणाम सामने आयेंगे?

निर्णायक मंडल! अभी तो इस समझौते पर अमेरिका कांग्रेस की मोहर भी नहीं लगी। आप तो जानते हैं कि इसके बिना तो सारे फैसले अधूरे हैं "समझौता" अभी मुकाम पर नहीं पहुँचा और अगर इसी दौरान अंतःराष्ट्रीय एजेंसियों ने निगरानी करनी शुरू कर दी तो देश की सुरक्षा खतरे में पड़ जाएगी। क्या इस बात को भुलाया जा सकता है कि अमेरिका ने रूस के साथ टक्कर लेने के लिए अफगानिस्तान का साथ अपनाया और फिर लादेन को ढूंढ़ने के लिए अफगानिस्तान पर ही हमला कर दिया। अब देखते है कि भारत की सुरक्षा का क्या होता है? सुरक्षा की दृष्टि से यह समझौता किसी भी लिहाज से उचित नहीं है।

मेरी विपक्षी महोदया ने अभी-अभी यह कहा कि यह बड़े गर्व की बात है कि भारत को अमेरिका ने परमाणु सम्पन्न देश के रूप में स्वीकार किया है लेकिन ऐसा नहीं है। अमेरिका ने लच्छेदार भाषा में बड़े घुमा फिरा कर कहा कि भारत एक जिम्मेदार देश है और उस ने यह भी कहा कि उसने कभी परमाणु प्रसार का कार्य नहीं किया है। ये तो हम स्वयं है जिन्होंने अमेरिका की बातों का यह अनुमान लगा लिया कि वह हमें परमाणु सम्पन्न मान रहा है जबकि यह मान्यता सच्चाई से कोसों दूर है। हम तो स्वयं मियां मिट्ठू बन रहे हैं।

अन्त में मैं यही कहूँगी कि यह समझौता भारत के उज्ज्वल भविष्य का प्रतीक कदापि नहीं है। कहीं ऐसा न हो कि हमारी आत्मनिर्भता ही समाप्त हो जाए और हम धीरे-धीरे अमेरिका पर आश्रित हो जाएँ और उसकी दादागिरी शुरू हो जाए जैसा कि वह अनेक देशों के साथ करता है। सुरक्षा के मामले में भी हमें अधिक सतर्क होने की आवश्यकता है।

# 19
# राजनैतिक एवं प्रशासनिक क्षेत्र में महिलाएँ पुरुषों से अधिक सफल हैं

## पक्ष

आदरणीय अध्यक्ष महोदय, निर्णायक मंडल तथा अन्य उपस्थितजन-मैं विषय के पक्ष में अपने विचार प्रस्तुत कर रही हूँ।

यद्यपि राजनीति का क्षेत्र आरम्भ से ही प्रायः पुरुष प्रधान रहा है किन्तु इतिहास साक्षी है कि समय-समय पर जागरुक महिलाओं ने राजनैतिक क्षेत्र में पदापर्ण किया और यह सिद्ध किया कि राजनैतिक क्षेत्र में महिलाएँ पुरुषों से अधिक सफल। कौन नहीं जानता कि शिवाजी की सफलताओं के पीछे उनकी माता सुलम्पी थी? अगर इतिहास के पन्नों को देखा जाए तो ज्ञान होता है जहाँगीर की शासन व्यवस्था की वास्तविक सूत्रधारिणी नूरजहाँ ही थी। रजिया सुल्तान भी कुशल राजनीतिज्ञ थी। सन् 1857 का स्वतन्त्रता संग्राम झाँसी की रानी लक्ष्मीबाई के प्रयासों का परिणाम है जिसने अपने प्राण न्यौछावर कर लोगों के मन में देश प्रेम की चिनगारी सुलगाई।

अध्यक्ष महोदय! क्या इस बात को सहज ही भुलाया जा सकता है कि स्वाधीनता आन्दोलन के एक अंग रूप में 'स्वदेशी का प्रचार विलायती कपड़ों की दुकानों पर धरना आदि कार्य गांधी जी ने स्त्रियों को सौंप दिए थे। उन्होंने इन्हें पूर्ण उत्साह से किया व प्रदर्शन, लाठी व गोली खाने में भी पीछे नहीं रही। कस्तूरबा गांधी, ललिता शास्त्री, सरोजिनी नायडू आदि स्त्रियों ने अकेले ही राजनैतिक कार्यों का इतनी कुशलता से संचालन किया जितना बहुत से पुरुष न कर पाए। स्वतंत्र भारत में सरोजिनी नायडू की उत्तरप्रदेश के प्रथम राज्यपाल के पद पर नियुक्ति व श्रीमती विजय लक्ष्मी पंडित की विदेश सचिव के पद पर नियुक्ति और दोनों का सफलतापूर्वक कार्यकाल पूरा करना उनकी राजनैतिक एवं प्रशासनिक कुशलता का परिचायक है।

निर्णायक मंडल! राजनैतिक गगन में चमकते नक्षत्र के रूप में श्रीमती इन्दिरा

गांधी के नाम को नहीं भुलाया जा सकता। ये अपने देश में राजनीति के सर्वोच्च पद पर बार-बार आसीन हुई। आप क्या समझते हैं कि उन्हें यह सफलता किसी मेहरबानी या भाग्य से मिली? अगर उनमें राजनैतिक व प्रशासनिक सूझ-बूझ व योग्यता न होती तो जनता बार-बार उन्हें राष्ट्र के शीर्षस्थ पद के लिए कभी न चुनती। अपने सुलझे हुए विचारों के कारण ही वह इस मिथक को तोड़ सकीं कि राजनीतिक क्षेत्र केवल पुरुषों का नहीं है। उन्होंने प्रमाणित कर दिया कि इस क्षेत्र में स्त्रियाँ पुरुषों से अधिक सफल हैं।

वर्तमान में जहाँ दिल्ली की मुख्यमंत्री श्रीमती शीला दीक्षित इसके विकास के लिए अग्रसर हैं वहाँ पर्यटन व सांस्कृतिक विकास मंत्री रेणुका चौधरी इसे पर्यटन स्थल के रूप में विकसित करने व बढ़ावा देने के लिए प्रयास कर रही हैं।

इधर समाज सुधारक मेघा पाटकर नर्मदा बांध के विरोध में इसलिए खड़ी हैं क्योंकि लाखों लोगों के बेघर होने की आशंका है। कौन नहीं जानता कि विजय राजे सिंधिया व श्रीमती जयललिता भी अधिक कुशलता से अपना कार्य भार संभाले हैं तथा श्रीमती सोनिया गांधी ने भी कांग्रेस की बागडोर बड़ी कुशलता से संभाल रखी है पर्यावरण का नाम लेते ही श्रीमती मेनका गांधी का स्मरण अनायास ही हो आता है।

प्रशासनिक क्षेत्र में भी पुरुषों से अधिक स्त्री की सफलता के वैसे तो कई उदाहरण हैं पर इस क्षेत्र में सर्वाधिक उल्लेखनीय नाम है—श्रीमती किरण बेदी का। एक उच्च पुलिस अधिकारी के रूप में उन्होने अपने कार्य क्षेत्र के अन्तर्गत आने वाले पुलिस थानों के अन्दर व बाहर दोनों क्षेत्रों की अनियमितताओं को दूर कर जिस तरह से शांति और व्यवस्था स्थापित की वह दूसरी स्त्रियों के लिए ही नहीं अपितु पुरुषों के लिए भी अनुकरणीय है।

निर्णायक मंडल प्रश्न यह उठता है कि यदि स्त्रियों राजनैतिक एवं प्रशासनिक क्षेत्र में पुरुषों से अधिक सफल है तो उनकी संख्या अपेक्षाकृत कम क्यों है? इस संदर्भ में मैं यही कहूँगी कि पुरुष वर्ग का अहम् और स्वार्थपरता प्रायः उन्हें इस बात की इजाजत नहीं देती कि वे एक स्त्री के नेतृत्व में कार्य करें। गतिवान को पंगु बनाकर रखना सबसे बड़ी क्रूरता है।

अन्त में मैं यही कहूँगी—

**"बाधाओं के दुर्गम गिरी बने खड़े हो बौध कतार**
**चुनी गई हो पथ में चाहे तीखी काँसे की दीवार**
**किन्तु न भारतीय बालाएँ पैर पीछे हटाएँगी**
**निश्चय ही अपने साहस से अरि को धूल में मिलायेंगी।"**

## विपक्ष

साथियों आज की वाद-विवाद प्रतियोगिता का विषय है कि क्या स्त्रियाँ राजनीति और प्रशासन के क्षेत्र में पुरुषों से अधिक सफल हैं? मैं इस विषय के विपक्ष में अपने विचार प्रस्तुत करने जा रही हूँ। इस बात से तो आप सब सहमत होंगे कि जो व्यक्ति एक क्षेत्र में सफल है आवश्यक नहीं कि दूसरे क्षेत्र में भी सफल हो और मेरे दृष्टिकोण से यह बात काफी हद तक राजनीति व प्रशासन के क्षेत्र में स्त्रियों की भागीदारी के सम्बंध में लागू होती है। मेरी विपक्षी साथियों ने राजनीतिक क्षेत्र में स्त्रियों की सफलता के उदाहरण दिये पर मैं आपको सिक्के के दूसरे पहलू से भी परिचित कराना चाहती हूँ अर्थात् मैं आपका ध्यान उन पक्षों की तरफ दिलाना चाहती हूँ जब एक स्त्री के गलत निर्णय का परिणाम पूरे इतिहास को भरना पड़ा।

सबसे पहले हम बात करते हैं नूरजहाँ की। कौन नहीं जानता जहाँगीर की शासन-व्यवस्था की असली सूत्रधारिणी थी—नूरजहां। राजनीति में अपना हस्तक्षेप कर शासन के उच्च पदों पर से योग्य व्यक्ति को हटा कर यदि उसने अपने सगे-सम्बन्धियों की नियुक्ति न की होती तो सम्भवतः वह जहाँगीर के शासनकाल में फैलने वाली अराजकता को बचा लेती, किन्तु उसने ऐसा नहीं किया और योग्य व्यक्तियों के अभाव में राज्य में अव्यवस्था व अराजकता व्याप्त हो गई।

झाँसी की रानी लक्ष्मीबाई एक महान वीरांगना थी। इसमें कोई दो राय नहीं लेकिन अगर वह राजनीति के क्षेत्र की भी उतनी मंजी हुई खिलाड़ी होतीं और राजनीतिक सूझ-बूझ से उभरते देश-व्यापी जन विद्रोह का सार्थक प्रतिनिधित्व करती तो इतनी जन-शक्ति के बाद भारत का प्रथम स्वतंत्रता-संग्राम शायद असफल न होता, किन्तु उन्होंने अपने को झाँसी और उसके आस-पास तक ही सीमित रखा, जिसे उनकी कूटनीतिज्ञता का पर्याय नहीं माना जा सकता।

रजिया सुल्ताना भी स्त्रीजनोचित भावुकता से उपर नहीं उठ पाई वह याकूब के प्रेम से अधिक महत्व अपने राजनीतिक जीवन को देती तो वह एक सफल राजनीतिज्ञ सिद्ध हो सकती थीं किन्तु निजी कार्यों के कारण अपना शासन-काल दो वर्ष से अधिक नहीं चला सकीं।

रणजीत सिंह से विरासत में मिले सुगठित राज्य के छोटे-छोटे टुकड़ो में बिखर

जाने का बहुत कुछ श्रेय उनकी पत्नी के निर्णयों को जाता है। उनकी पत्नी जिंदन अपने कृपा पात्र अफसरों की सहायता से राज-काज करती थी। उन कृपा पात्र अफसरों ने एक तरफ अंग्रेजों के साथ सांठ-गांठ की, तो दूसरी तरफ खालसा को अंग्रेजों पर आक्रमण करने के लिए उकसाया पर महारानी उनको चालें समझ, वक्त पर सही निर्णय न ले सकी। अब आप इसे महारानी जिन्दन का विश्वास कहिए या अविवेक पर उनकी अदूरदर्शिता का परिणाम जो खालसा को हार के रूप में भुगतना ही पड़ा।

भारत के अतिरिक्त भी यदि हम पूरे विश्व पर नज़र डालें तो क्या विश्व का इतिहास इस बात का साक्षी नहीं कि राजनीति का सफल इतिहास प्रायः पुरुषों द्वारा ही लिखा गया है, 16वीं शताब्दी में मेरी टयूडर का शासनकाल इंग्लैड को ही नहीं विश्व के इतिहास का कलंकित पृष्ठ है। उसने धर्म के नाम पर प्रौटेस्टेंट धर्म के अनुयायियों पर जो अत्याचार किए उसे क्या इंग्लैड की जनता कभी भूल पाएगी? उसकी राजनीति असफलता का सबसे बड़ा प्रमाण यह है कि जनता ने उसे 'खूनी मेरी' के नाम से विभूषित किया और उसकी मृत्यु पर खुशियाँ मनाई गईं।

18वीं शताब्दों में इंग्लैड की महारानी ऐन भी राजनीति प्रशासनिक दृष्टि से असफल सिद्ध हुईं और उसकी असफलता का प्रमुख कारण उसकी स्त्रीजनोचित दयालुता थी।

जहां राजनीति में स्त्रियों की सफलता के उदाहरण उंगलियों पर गिने जा सकते हैं वहां राजनीति और प्रशासन के क्षेत्र में पुरुषों की सफलता के सहस्रों उदाहरण भरे पड़े हैं।

कौन नहीं जानता कि इटली गणतंत्र की स्थापना मेज़िनी और गैरीबाल्डी के प्रयत्नों का ही सुपरिणाम है और जर्मनी का एकीकरण बिस्मार्क के प्रयत्नों का। रूस की क्रान्ति के द्वारा विश्व के सामने राजनीतिक सिद्धान्त साम्यवाद को व्यावहारिक रूप देने वाले भी मार्क्स और एजेंल्स नामक पुरुष थे और कालान्तर में इस व्यवस्था में पूंजीवाद को स्वीकृति देने का क्रान्तिकारी कदम उठाने शख्स भी एक पुरुष ही है।

चाणक्य की राजनीतिक सफलता उनकी कूटनीति आज भी जगप्रसिद्ध है। उनकी दूरदर्शी सूझ-बूझ ने ही तत्कालीन अव्यवस्था को दूर कर भारत को एक सशक्त संगठित राज्य का स्वरूप प्रदान किया था।

एक मुस्लिम शासक होते हुए भी अकबर ने जिस तरह हिन्दू जनता को अपना बना, राज्य में शांति व व्यवस्था स्थापित की वह उनकी राजनीतिक कुशलता और कूटनीतिज्ञता का बड़ा प्रमाण है।

यदि हम अधिक दूर न जाए तो भारत का स्वतंत्रता-संग्राम का इतिहास ही सिद्ध कर देता है कि प्रशासन के क्षेत्र में पुरुष जितने सफल हैं स्त्रियाँ उसका दशमात्र भी नहीं।

भारतीय स्वतंत्रता संग्राम को अपने कुशल नेतृत्व द्वारा एक नया एक मोड़ देने वाला व्यक्ति एक पुरुष ही था। आप समझ ही गए होंगे कि मेरा इशारा गांधी जी की तरफ है। उस युग पुरुष ने भारत के सांस्कृतिक गुणों को पहचान अहिंसा व प्रेम के माध्यम से भारत के साथ-साथ विश्व की राजनीति मे जिस तरह से एक नया अध्याय जोड़ा उसकी मिसाल राजनीति के क्षेत्र में आज तक कोई स्त्री न प्रस्तुत कर सकी।

श्रीमती ऐनीबेसेन्ट की होमरूल लीग की सफलता का श्रेय उनके साथ-साथ तिलक को भी था। सरदार पटेल ने जिस परिपक्व राजनीतिक समझ व अनुशासित कठोरता के साथ रियासतों का एकीकरण किया, वैसा सम्भवतः अपने स्त्रीजनोचित स्वभाव के कारण कोई स्त्री कभी न कर पाती। नेहरू हो या अम्बेडकर या अन्य महान राजनीति नेता सबकी सफलता इस बात का प्रमाण है कि राजनीति के क्षेत्र में स्त्री पुरुष से अधिक सफल नहीं।

अगर आप प्रशासनिक सेवाओं पर भी दृष्टिपात करें तो अधिकांशतः उच्च पदों पर पुरुषों को ही पाएँगे। बात ये नहीं कि इन पदों पर पुरुषों का वर्चस्व केवल पुरुष प्रधान मानसिकता का ही प्रमाण है अपितु वास्तविक कारण यह है कि पुरुषों ने अपनी योग्यता के द्वारा खुली प्रतियोगिता के आधार पर इन पदों को प्राप्त किया है और न केवल प्राप्त किया है अपितु वे अपने उत्तरदायित्वों को सफलतापूर्वक निभा रहे हैं।

मेरी विपक्षी वक्ता जी ने श्रीमती इन्दिरा गांधी को राजनैतिक गगन का चमकता सितारा बताया है लेकिन इस बात को सभी जानते हैं कि उनका राजनीति में प्रवेश अपने परिवार के कारण हुआ क्योंकि उन की पारिवारिक पृष्ठभूमि ही राजनीतिक थी।

मेरी विपक्षी महोदया ने श्रीमती किरण बेदी का उदाहरण देकर अपने मत को पुष्ट करने का प्रयास किया लेकिन उनका बार-बार स्थानांतरण क्या उनकी प्रशासनिक कमजोरी का प्रतीक नहीं है?

अन्त में मैं यही कहूँगी कि विश्व की राजनीति में जो महान परिवर्तन हुए उसका श्रेय पुरुष वर्ग को ही जाता है अतः इन दोनों क्षेत्रों में पुरुष ही स्त्रियों से अधिक सफल सिद्ध हुए हैं?

# 20.
# आज के युग में धन से ही व्यक्ति की प्रतिष्ठा है

## पक्ष

**हिन्दुस्तान टाइम्स**–आज के मुख्य समाचार, द्वारका में कर्ज से डूबे हुए व्यक्ति द्वारा अपनी संतान व पत्नी की हत्या व स्वयं आत्महत्या का प्रयास।

**टाइम्स ऑफ इण्डिया**–दहेज देने में असमर्थ तीन बहिनों द्वारा आत्महत्या।

**पंजाब केसरी**- धनाभाव के कारण वृद्धा दम्पत्ति द्वारा अपनी कन्याओं के पालन-पोषण में असमर्थ होने के कारण सम्पूर्ण परिवार की इच्छा मृत्यु की याचना देश के प्रधानमंत्री से।

**नवभारत टाइम्स**- ब्यूटी पार्लर की आड़ में काल गर्ल का धंधा जोर-शोर से–

निर्णायक मंडल! ऐसे कई समाचार मानव की किस चाह को प्रकट करते हैं? केवल धन लोलुपता को। धन चाहिए किसी भी कीमत पर। उचित-अनुचित साधनों कि किसे परवाह है। इसी धन के लिए मां-बाप, भाई-बहिन परिवार के सभी सदस्यों में टकराव की स्थिति आ गई है। "बाप बड़ा न भैया सबसे बड़ा रूपया" उक्ति सभी जगह चरितार्थ हो रही है। देश के बड़े पॉलिटिकल सेलिब्रेटी को सगे भाई ने गोलियों से छलनी कर दिया तो दूसरी तरफ एक फिल्मी सेलिब्रिटी की पत्नी ने दो भाइयों के बीच विवाद से आहत होकर अपनी जान दे दी। यही नहीं कुछ माह पूर्व एक प्रमुख औद्योगिक घराने के दो भाइयों के बीच सम्बन्धों में दरार आ गयी जानते हैं इसका कारण क्या था? जी हाँ, 'धन' केवल धन। है। धन के लिए मानवीय व नैतिक मूल्यों को ताक पर रख दिया गया है। इसी के कारण वालीवुड में भारतीय संस्कृति का हनन् हो रहा है। 'पैसा-पैसा-पैसा' उपभोक्तावादी युग में चारों ओर यही शोर सुनाई दे रहा है। रिश्ते कमजोर हो रहे हैं, दरक रहे हैं, टूट रहे हैं, बिखर रहे हैं। उनमें पवित्रता, आत्मीयता व मर्यादा नाम भर के लिए रह गई है। खून के रिश्तों पर पैसा, जायदाद, झूठा अहंकार हावी हो गया है। पारिवारिक स्वरूप विघटित होता जा रहा है। अनुचित

हथकंडों व हाथों की शृंखला बढ़ती ही जा रही है। धनी व्यक्ति पर तो कोई उंगुली भी नहीं उठा सकता "समरथ को दोष नहीं गुसाई"। मामला चाहे नवाब पटोदी का हो या सलमान का या माइकल जैकसन–ले देकर सब मामले वक्त के साथ-साथ धुंधले पड़ते जाएँगे। दण्ड मिलेगा निर्दोष गरीब को जिसका किसी अपराध से दूर-दूर तक का सम्बन्ध नहीं है। मुझे कवि दिनकर पंक्तियाँ याद आ रही हैं–

**श्वानों को मिलता दूध दही**
**भूखे बालक चिल्लाते हैं**
**मां की कोख से ठिठुर चिपक कर**
**जाड़ों की रात बिताते हैं**
**जब नारी के लज्जा वसन बेच**
**ब्याज चुकाए जाते हैं**
**तब धनी तेल फुलेलों पर**
**पानी सा द्रव्य बहाते हैं।**

जी हाँ- इस धन के लिए बहू-बेटियों का मजबूरी के कारण व्यापार होता है नन्हें-मुन्हें का अपहरण होता है।

**"धन ही सागर, धन ही गागर, धन ही है संसार,**
**धन ही जीवन, धन ही प्रतिष्ठा, धन ही जीवन सार।"**

भौतिकवाद के इस युग में समाजवाद के खोखले नारे लगाते हम और आप धन को ही प्रतिष्ठा का पर्याय मानते हैं। पैसा ही हर सफलता का मापदंड है। प्रगति की बुलंदियाँ बैंक-बैलेंस से जानी जाती हैं रिश्ते नातों की गरिमा तो पैसे की गरमी से होती है।

निर्णायक मंडल! यह एक प्रामाणित तथ्य है हमने हमेशा पैसे वाले की जय-जयकार की है। टाटा, बिड़ला, मोदी टायर, बजाज, गोदरेज, अम्बानी आदि के नाम में क्या खासियत है? खासियत है, जी हाँ खासियत है उनके द्वारा अर्जित धन में। महात्मा गांधी व विनाबा भावे की तरह आज कौन इन के नाम से परिचित नहीं है? लक्ष्मी जी की विशेष अनुकम्पा ने ही इन्हें इस विशाल आबादी वाले भारत की जनता से विशेष प्रतिष्ठा दिलाई है।

हमारे इसे लोकतांत्रिक देश पर शासन करने वाले सुप्रतिष्ठित राजनीतिज्ञ भी इस सर्वोच्च शिखर पर धन की सीढ़ी द्वारा ही सरलता व सुगमता से चढ़ पाते हैं।

औद्योगीकरण की इस होड़ में धन ही विजयश्री का माध्यम है। धन ही सब सुखों का मूल है। इसी के द्वारा व्यक्ति आज अपने प्रयासों को सिद्ध करता है। निर्णायक मंडल! एक व्यक्ति जिसके घर में दिन भर चूल्हा न जला हो, वह क्षुधित

भला किस प्रकार के कर्म में प्रवृत्त न होगा? "बुभुक्षितः किम् न करोति पापम्" के अनुसार धन का अभाव ही असामाजिक तत्वों को प्रश्रय देता है। एक व्यक्ति जब धन के अभाव में अपनी प्रतिभा को कुंठित होते देखता है तब वह आक्रोश के रूप में अपने क्षोभ को व्यक्त करता है, जिस व्यक्ति का मानस पूर्णरूप से तुष्ट है वह उच्च कर्म में प्रवृत हो सफलता अर्जित करता है।

निर्णायक मंडल! कलाकर व डाक्टर जैसे प्रतिष्ठित वर्ग की सफलता भी अब धन पर निर्भर है। जनाब आजकल तो मैडिकल व इंजीनियर की डिग्रियाँ भी खरीदी जाती हैं। चुनाव क्षेत्र हो या नौकरी का, कॉलेज व विद्यालय में प्रवेश हो, मेडिकल या इंजीनियर में प्रवेश-पैसा ही साधन है पैसा ही विजयश्री माध्यम है 'माया को माया मिले कर-कर लम्बे हाथ"।

सच्च में पैसा इंसान की सब योग्यताओं से बढ़कर है एक अच्छा किन्तु गरीब कलाकार भारत में भूखा व गुमनाम ही मर जाता है।

**"सिक्का मैं चंचल पंथी चांदी के पथ का**
**दुनिया प्यासी मेरे आलिंगन की**
**ठोकर भी कली खिला देती मन की**
**सह लेता मेरी मार तनिक भी जो**
**नस ही उसकी झुक जाती गर्दन की**
**कैसी भी हो जड़ बुद्धि मुझे पाकर**
**पा लेता है सब ज्ञान असत सत का"**

धनवान व्यक्ति को सर्दी या गर्मी का भय नहीं होता क्योंकि उसके पास रहने को स्थायी ठिकाना है, उन्हें रोटी के दो टुकड़ों के लिए तरसना नहीं पड़ता। समाज में धनी को मान-सम्मान मिलता है इस संतोष के कारण उनका आत्मविश्वास बढ़ जाता है। निर्धन व्यक्ति को पग-पग पर तिरस्कार सहना पड़ता है जिससे वह मानसिक रूप से कुंठित हो जाता है। इसी कुंठा के कारण वह हिंसात्मक दृष्टिकोण अपना लेता है कम समय व कम परिश्रम से अधिक धन प्राप्ति की चाह उसे अपराध की दुनिया में धकेल देती है। नैतिक व मानवीय मूल्यों का विघटन भी इसी कारण से हो रहा है। धन के बिना तो व्यक्ति व समाज के सारे क्रियाकलाप असंभव से जान पड़ते हैं। औद्योगीकरण की इस दौड़ में धन ही प्रतिष्ठा का मापदण्ड है जैसे कोई सूरज को चिराग नहीं दिखा सकता वैसे ही पैसे वाले के आचरण पर कोई सन्देह नहीं कर सकता क्योंकि वे तो स्वयं एक आदर्शावली हैं।

अन्त में मैं यही कहूँगी—

**मानव पैसा राखिए, बिन पैसे सबबेजान**
**पैसे के बिन न मिले, आदर, इज्जत, मान।**

## विपक्ष

बम्बई के मध्यमवर्गीय परिवार के अभिजीत सावंत ने अपनी प्रतिभा से इंडियन आयडल कार्यक्रम के अन्तर्गत संगीत के क्षेत्र में एक नया रिकार्ड कायम किया। अभावग्रस्त परिवार में जन्मे इस प्रतिभावान युवा ने अपने माता-पिता को समाज व देश में एक विशेष प्रतिष्ठा तो प्रदान की ही साथ ही यह भी सिद्ध कर दिया कि प्रतिभा धन की मोहताज नहीं होती। निर्धन होते हुए भी सफलता के सर्वोच्य शिखर पर दैदीप्यमान इस युवा ने समाज के उन ठेकेदारों के मुँह पर करारा चांटा मारा है जिनके अनुसार धन ही प्रतिष्ठा का प्रतीक है।

निर्णायक मंडल! यद्यपि आज भौतिकता की चकाचौंध से प्रभावित कुछ नगण्य मनोवृत्तियाँ हमारी भारतीय जनमानस को उद्वेलित कर रही हैं तथापि बुद्धिजीवी वर्ग ने सदैव ही प्रतिभाशाली व्यक्तियों को विशिष्ट महत्ता दी है। पारखियों ने हमेशा गुदड़ी में छिपे लालों को पहचान ही लिया है। क्या इस बात से इन्कार किया जा सकता है कि कुछ उपलब्धियाँ, आंतरिक शक्ति, मानसिक संतुलन व बौद्धिक स्तर ही सफलता का मापदण्ड है? मदरटेरेसा, किरण बेदी, पायलट अर्चना इस पारखी परम्परा की कुछ ज्वलन्त कड़िया हैं।

इतिहास साक्षी है कि हमेशा प्रतिभा व गुणों की जयजयकार होती है। साधारण परिवार की रानी लक्ष्मीबाई अपने राजघराने की वजह से प्रसिद्ध नहीं है अपितु वे तो आज भी अपनी वीरता, कुर्बानी व देश प्रेम की वजह से जानी जाती हैं

**"खूबलड़ी मर्दानी वो तो झाँसी वाली रानी थी"**

निर्णायक मंडल! मेरी विपक्षी वक्ता को उन राजनीतिज्ञों के नाम तो याद हैं जो धन के बल पर राजनीति में आए और उच्च पदों पर आसीन हुए लेकिन कदाचित वह भूतपूर्व प्रधानमंत्री स्वर्गीय श्री लाल बहादुर शास्त्री को भूल चुकी हैं जिन्होंने साधारण परिवार में जन्म लिया। यह बालक इस तथ्य का प्रमाण है कि अपनी योग्यता व कार्यकुशलता के बल पर ही इस 5 फुट के किसान पुत्र ने भारतीय जनमानस के दिलों पर शासन किया। 'जय जवान, जय किसान' का नारा आज भी हमारे दिलों में जोश व उमंग भर देता है।

चलिए अब जोश व उमंग की बात चल रही है तो बात करते हैं युवा पीढ़ी

की जिसके सम्बन्ध में मेरी विपक्षी वक्ता की यही धारणा है कि उन्हें सदैव पैसे की खनखनाहट कृत्रिम जगमगाहट आकर्षित करती है इसलिए वे अपना आदर्श दाऊद इब्राहिम व हर्षद मेहता में ढूंढते हैं। मेरी विपक्षी महोदया का दाऊद इब्राहिम व हर्षद मेहता को सुप्रसिद्ध कहना सरासर अनुचित है। वास्तव में वे कुप्रसिद्ध हैं। 'क्या एक अकेला इंसान जो हजारों लोगों का रूपया लूट चुका है, वह सुप्रसिद्ध कहलायेगा या लुटेरा?'

निर्णायक मंडल! यह सर्वविदित है आज भी भारतीय समाज ने जो मान्यता प्रतिभावान व शिक्षक, डाक्टर, इंजीनियर, वैज्ञानिकों को दी है वह किसी टाटा या बिड़ला को नहीं। मेरी विपक्षी वक्ता ने बहुत गर्व से टाटा, बिड़ला, हिन्दुजा, मोदी, अंबानी जैसे नाम गिनाए हैं, किन्तु जरा सोचिए ईश्वर न करे आज अगर इनके पास धन छिन जाए तो क्या इतिहास उन्हें वैसे याद करेगा जैसे आज हम श्री लाल बहादुर शास्त्री और रानी लक्ष्मीबाई को याद करते हैं? ज्ञान के प्रकांड पंडित दर्शनशास्त्र के प्रख्यात ज्ञाता सर्वपल्ली डा0 राधा कृष्णन का जन्म दिन आज भी शिक्षक दिवस के रूप में मनाया जाता है। रेडियम की खोज करने वाली मैडम क्यूरी, महान गणितज्ञ रामानुजन व बल्व के आविष्कारक एडीसन—इन वैज्ञानिकों को आज भारत का बच्चा-बच्चा जानता है।

निर्णायक मंडल! भारत जैसे देश को अगर कोई ताकत संगठित कर पाई है तो वह है मानसिक ताकत। महात्मा गांधी की एक पुकार पर सारी भारतीय जनता स्वतंत्रता संग्राम पर कूद पड़ी। यद्यपि उनके पास भौतिक धन सम्पदा नहीं थी परन्तु उनके सुदृढ़ विचारों का प्रभाव हर भारतीय के हृदय पर पड़ा। जय प्रकाश नारायण, विनोबा भावे जैसी प्रतिभाएँ जो निर्धनता की गोद में पलीं उन्हें हमने अपना सिरमौर माना। अब्राहम लिंकन, नेपोलियन जैसे व्यक्ति सफलता की हर सीढ़ी को बगैर पैसे की बैसाखी के पार करते हुए इतिहास के स्वर्ण अक्षरों में समा गए। क्या वे राजघराने के स्वामी थे? मैं अपने विपक्षी वक्ताओं को बताना चाहती हूँ कि ये सब उन्होंने अपनी विलक्षण प्रतिभा से प्राप्त किया, धन सम्पदा से नहीं।

अभी-अभी मुझे स्मरण हो आया है मैगास के ॲवार्ड से सम्मानित डा0 वी. शान्ता का, जो अपने प्रयासों से कैंसर के रोगियों को स्वस्थ करने में संघर्षरत हैं ये शोहरत उन्हें अपनी प्रतिभा से प्राप्त हो रही है।

निर्णायक मंडल! यद्यपि मैं मानती हूँ कि जीवन के कुछ क्षेत्र में कुछ लोग धन के आधार पर सफलता प्राप्त कर रहे हैं। इंजीनियर मैडिकल कॉलेज में भी कुछ सीटें धन के आधार पर प्राप्त होती हैं लेकिन सफलता केवल उन्हीं के कदम चूमती है जो प्रतिभाशाली होते हैं अन्य तो कुछ समय के पश्चात् गुमनामी के अंधेरों में खो जाते हैं।

कलाकारों को हमेशा सरस्वती का वरदान मानकर समाज ने उन्हें विशेष गरिमा प्रदान की है। स्वर सम्राज्ञी लता मंगेश्कर ने धन का अभाव होने के कारण ही फिल्मी जगत में पदापर्ण किया था और आज तक वे अपनी योग्यता के बल पर सम्मानित होती आ रही हैं। आज भी कलाकार की तूलिका के हस्ताक्षर बड़े-बड़े चैक को मात देते हैं। निर्णायक मंडल! साहित्यकारों ने हमेशा राष्ट्र को अपनी लेखनी से प्रबुद्ध व प्रभावित किया है। मुंशी प्रेमचन्द, सूर्यकान्त त्रिपाठी, निराला ने धनाभाव में जीवन व्यतीत किया लेकिन वे आज भी हिन्दी साहित्य के महत्त्वपूर्ण स्तम्भ हैं फिर यह कैसे कहा जा सकता है कि धन से ही व्यक्ति की प्रतिष्ठा है?

अन्त में मैं यही कहूँगी धन से व्यक्ति की प्रतिष्ठा कदापि नहीं है। प्रतिष्ठा प्राप्त होती है मात्र सद्‌गुणों से।

**"ईशावास्यम् दूदम् सर्वम् यतः किञ्च जगत्याम् जगत**
**तेन त्सक्तेन भुञ्जीया मा गृध कस्य चिद्धनम्"**

(व्यक्ति के चारित्रिक औदात्य को कुन्दन की खनक कभी भी मद्धिम नहीं कर पाई क्योंकि जो पुरुषार्थी हैं वे कर्म में सच्चा आनन्द प्राप्त करते हैं। धनाभाव के कारण उन की उन्नति का मार्ग कभी अवरूद्ध नही होता)

# 21

# राजनीति व अपराधीकरण अन्योन्याश्रित है।

## पक्ष

नवभारत टाइम्स 27 सितम्बर 1995 मुख्य समाचार "युवा कांग्रेस के प्रमुख नेता सुशील शर्मा द्वारा सक्रिय कार्यकर्ता नैना साहनी की निर्मम हत्या व शव को तंदूर में जलाने का प्रयास।"

राजनीतिक संरक्षण में पनप व पल रहे ऐसे अमर्यादित अपराधी राजनीतिज्ञों ने देश के अन्तर्मन को खोखला कर दिया है। अध्यक्ष महोदय, निर्णायक मंडल व अन्य उपस्थित जन! ऐसी घटनाएँ भारतीय राजनीति में बढ़ते हुए अपराधीकरण का एक प्रत्यक्ष उदाहरण हैं। एक अंधी सुरंग है जो राजनीति को अपराध और अपराध को राजनीति से जोड़ती है। रिश्तों का एक ऐसा घातक समीकरण है जहाँ सब कुछ उलझा हुआ है। कहीं कोई राजनेता माफिया सरगनाओं का सरपरस्त नजर आता है तो कभी किसी सरगना के सम्पर्क सूत्र सियासत के आसपास जुड़े दिखते हैं। चुनावी राजनीति में ये रिश्ते अपनी पूरी भयावहता के साथ उजागर होते हैं। राजनीति के अपराधीकरण का अर्थ हैं देश की राजनीति में अपराधों की घुसपैठ और उनका बोलबाला। राजनीति में अपराधीकरण कैसे और कहाँ शुरू हुआ यह कहना तो कठिन है पर शुरूआत हमेशा छोटी है। यह प्रक्रिया पैसे के लेन-देन और पारस्परिक सहायता के तालमेल से छोटे बड़े पैमाने पर छिपकर शुरू होती है और धीरे-धीरे बढ़ती जाती है। मान लीजिए कोई अपराधी पकड़ा गया और राजनीति की दखलंदाजी से जमानत पर रिहा कर दिया गया। बस इतने मात्र से अपराध राजनीति में सेंध लगा बैठता हैं। किसी राजनेता को चुनाव के लिए पैसा चाहिए और किसी कुख्यात धनी अपराधी ने उसकी मदद कर दी बस इतने से ही राजनीति का फौलादी घेरा टूट जाता है और अपराध अंदर घुस आता है।

निर्णायक मंडल! राजनीति का अपराधीकरण एक राष्ट्रीय मसला ही नहीं अपितु एक अन्तर्राष्ट्रीय समस्या बन गई है। दुनिया की बड़ी-बड़ी ताकतें—रूस, फ्रांस, अमेरिका, इटली व ब्रिटेन इस समस्या से जूझ रहे हैं। कई देशों में राजनीति पर माफिया हावी है तो कहीं हत्यारे राजनैतिक हस्तियों को गोलियों से भूनकर सत्ता पलटने का खेल रहे हैं।

मैं यह महसूस कर रही हूँ कि पिछले दिनों भारत में राजनैतिक अपराधीकरण की बेल काफी परवान चढ़ी है। इन दिनों जो भी अपराध हुए उनमें राजनेताओं ने मुख्य भूमिका न निभाई हो, यह तो असंभव है। वर्तमान में राजनीति और अपराधीकरण के बीच विभाजक रेखा समाप्त हो गई है और वे एक दूसरे के पर्याय बन गए हैं। वोहरा कमेटी की रिपोर्ट भारत में बढ़ते हुए अपराधीकरण का एक सशक्त प्रमाण है।

निर्णायक मंडल! राजनीति का अपराधीकरण किस राज्य में नहीं? ऐसी कौन सी पार्टी हैं, जिसमें अपराधी राजनेता नहीं? क्या इस बात से इन्कार किया जा सकता है कि अपराधिक इतिहास वाले स्वयं राजनीति में आने को बेताव बैठे हैं।

कुछ नेताओं के विषय में कहा जाता हैं कि उनका अपराध व तस्करी दुनिया से सम्बन्ध है। देश के भविष्य को उज्ज्वल बनाने का आश्वासन देने वाले राजनेता ही जब अपराधियों से मिले हों तो राष्ट्र निर्माण का क्या होगा? हमारा राजनैतिक ढांचा लोकतंत्र, स्वतत्रंता, सभ्यता और संस्कृति को नष्ट करने वाले तत्वों से जुड़ा है और परिणामस्वरूप अपराधीकरण के गहरे दलदल में धंसता चला जा रहा है। अपने समाज देश से, अपने जातीय अभियान से इन नेताओं को कोई वास्ता नहीं रह गया हैं। निजी स्वार्थ लोलुपता ने इनके अतःकरण पर झूठ, बेईमानी, अराजकता व अपराधीकरण का मुलम्मा चढ़ा दिया है। अब ताजातरीन मामला हरियाणा के पूर्व मुख्यमंत्री जी का है जिनके पास अरबों की सम्पत्ति पाई गई। ये हैं हमारे देश के भविष्य को बनाने वाले नेता यही मामला किसी गरीब से जुड़ा होता तो उसकी आंत तक बाहर आ जाती।

पशुओं का चारा हो, इंसानों की शक्कर, रंगीन दूरदर्शन का घोटाला हो या संचार माध्यमों का, सबका परिणाम नेताओं का बढ़ता बैंक बेलैंस हैं। आज इस देश का ताम-झाम सड़ा हुआ है। "तुम भी खाओ, हम भी खाएँ" के मूलमंत्र ने सत्यमेव के आदर्श को, लोकतंत्र के गौरव को, संविधान को कंलकित कर दिया है। आज कर्त्तव्य व अधिकारों की जगह शक्तियों ने ले ली है। भविष्य में भी रोज ऐसे शर्मनाक घोटाले आयेंगे और जायेंगे लेकिन होगा क्या? केवल औपचारिकता निभाई जाएगी। फैसला तो राजनेताओं के पक्ष में ही होगा क्योंकि वे हर दृष्टि से ताकतवर हैं। कानून तो उनके हाथ की कठपुतली है।

सावधान कहीं राजनीति में उठा अपराधों का वलवला सम्पूर्ण देश को न निगल ले। त्राहि-त्राहि का दौर आ रहा हैं—धीरे-धीरे, आहिस्ता-आहिस्ता होले-होले, दबे पांव नहीं अपितु डंके की चोट पर।

**"था सुना हमने कि जिनके खाँसने भर से कभी**
**जागती थीं किस्मतें सोए जमानों की**
**और जिनके क्रोध की चिनगारियाँ छूकर**
**टूट जाती थीं सलाखें जेलखानों की**
**आज वे ही लोग पद के लोभ लालच में**
**राज्य के निर्मम लुटेरों का समर्थन करते हैं।"**

## विपक्ष

आदरणीय अध्यक्ष महोदय, एवं उपस्थित सभ्य समाज,

विधाता ने मनुष्य रचे थे देवता बनने के लिए लेकिन भ्रष्ट इरादों ने उन्हें शैतान बना दिया। ईश्वर ने गाँव बनाए सादा जीवन उच्च विचार के प्रसार के लिए परन्तु भ्रष्ट तंत्र ने उन्हें शहरी स्वरूप देना आरम्भ कर दिया।

संतों ने नीति बनाई उच्च आचरण के लिए परन्तु भ्रष्टों ने उसका अनैतिक पतन कर दिया।

राजनीति और अपराधीकरण अन्योन्याश्रित नहीं हैं। दोनों दो धूरियाँ हैं। समाज के ओर-छोर है। राजनीति का एक वृहत् उददेश्य अपराध को नष्ट करना है। जिसे नष्ट करने के लिए जो कृत संकल्प हो वह उस पर आश्रित कैसे रह सकता है?

रथ के पहिए होते हैं अन्योन्याश्रित, कैंची की दोनों धाराएँ होती हैं एक दूसरे पर आश्रित। गृहस्थी में पति-पत्नी होते हैं एक दूसरे पर आश्रित।

यानि अन्योन्याश्रित प्रायः वही होते हैं जो समानधर्मा, समानकर्मा हों। राजनीति और अपराधीकरण तो समान धर्मा नहीं हैं। दोनों को अन्योन्याश्रित कहना वैसे ही हैं जैसे कि छुरी और गर्दन को अन्योन्याश्रित मानना। क्या छुरी का धर्म गर्दन काटना ही है? क्या गर्दन का धर्म छुरी के लिए केवल कटना है?

राजनीति अपराध करने का नाम नहीं हैं। राजनीति सब स्वार्थों से ऊपर होती है जब कि अपराध स्वार्थ से प्रेरित होते हैं। राजनीति में त्याग की भावना होती है। जब की अपराध में लालच की भावना। राजनीति दिशा प्रदान करती है जब कि अपराध दिशा भ्रम के कारण होते हैं। राजनीति सबके लिए होती है जबकी अपराध सबकी स्वार्थ भरी भावना से होते हैं।

महात्मा विदुर अपनी राजनीति के लिए जाने जाते हैं। चाणक्य की राजनीति तो विश्व प्रसिद्ध है। मेरी प्रतिपक्षी साथी भ्रष्ट नेताओं का नाम बहुत ही ऊँचे स्वर में बोल रही हैं पर वह शायद यह भूल गई कि नेहरू जी, गाँधी जी भी राजनीति से ही सम्बन्धित थे। मैं आपसे पूछती हूँ कि इन्होंने किस स्तर पर राजनीति को अपराध से जोड़ा है?

यह बात और है कि आजकल कुछ यथा कथित अपराधी अपने बचाव के लिए अपनी चालाकी और धोखे से कुछ राजनीतिज्ञों की शरण ले लेते हैं इसमें दोष

न राजनीतिज्ञों का होता है और न ही सम्पूर्ण राजनीति का। धोखा देना अपराध है धोखा खाना नहीं।

आज हमारे देश में कोई भी सामान्य आदमी किसी भी बड़ी हस्ती की शिकायत कर सकता है और उसकी शिकायत के प्रति तुरन्त कदम भी उठाया जाता है। आजकल 100 नम्बर मिलाते ही पाँच मिनट के अन्दर पुलिस पहुँच जाती है। और पुलिस अपराध को रोकने के लिए होती है। यह सारी नीतियाँ सरकार यानि राजनीतिज्ञों द्वारा ही चलाई जाती हैं। किसी भी जाँच के लिए भी ऊपर से ही आदेश दिए जाते हैं। तो इसमें यह कहाँ से सिद्ध हुआ कि राजनीति और अपराध अन्योन्याश्रित हैं?

मेरी विपक्षी महोदया जितने भी अपराधों के नाम प्रकाश में ला रही हैं उन सबके बारे इन्हें ज्ञात कैसे हुआ यह तो इन्होंने सोचा ही नहीं। जी हाँ केवल कुशल राजनीति और राजनेताओं के द्वारा। भारत के पूर्वी हिस्से में आतंकवाद इतना अधिक हो गया था कि कहाँ केवल डिफैन्स के लोग ही रह सकते थे परन्तु अब वहाँ पर स्थितियाँ सामान्य हैं और इसके जिम्मेदार केवल राजनेता ही हैं। काश्मीर और पंजाब की स्थितियाँ भी सामान्य राजनेताओं ने ही करवाई हैं।

हमारे देश में चुनावों में करोड़ों खर्च किए जाते हैं लेकिन टी.एन शेषण जैसे ईमानदार राजनेता ने चुनाव के खर्च पर रोक लगवा दी। यदि राजनीति और अपराधीकरण एक दूसरे पर आश्रित होते तो कभी भी अपराधों के बारे में प्रेस प्रकाशित ही न करती क्योंकि आज भी सबसे ऊँची ताकत राजनेताओं के हाथ में है अगर वह चाहे तो ताकत और अपराध का सहारा लेकर प्रेस से केवल अपनी प्रशंसा ही प्रकाशित करवाएँ लेकिन ऐसा नहीं है। इसीलिए एक आम आदमी को भी अपने विचारों को समस्त देश में फैलाने की स्वतंत्रता है।

केवल राष्ट्रीय स्तर पर ही नहीं अपितु अंतर्राष्ट्रीय स्तर पर भी राजनीति सर्वदा अपराध को रोकने के लिए ही है। जैसे 'संयुक्त राष्ट्र संघ' संस्था विश्व भर में शांति का संदेश फैलाती है। सभी देश मिलकर निःशस्त्रीकरण, गोरे-काले के भेद को मिटाना चाहते हैं। यह सब राजनीति का ही अंग हैं और इसमें मुझे तो कहीं भी अपराधीकरण का 'अ' तक नज़र नहीं आ रहा है। इससे यही तात्पर्य हुआ कि राजनीति और अपराधीकरण अन्योन्याश्रित नहीं है।

कितना ही कहीं का प्रदूषित जल अगर गंगा में आकर मिल जाए तब क्या गंगा पवित्र नदी नहीं है?

कितना ही मलवा, कूड़ा, कचरा हिमालय पर फैला दिया जाए तो भी क्या उससे उसके प्रति मूल चेतना में कोई अंतर आता है?

आवश्कता है गंगा के जल से प्रदूषण हटाने की, आवश्यकता है हिमालय से मलवा हटाने की, आवश्यकता है अध्यक्ष महोदय राजनीति से अपराध हटाने की। जिसे हटाना होता है वह जिस पर से हटाया जाए आश्रित क्यों कर हो सकता है? अतः मैं सदन में अपनी विनम्र संस्तुति करती हूँ कि 'राजनीति' और 'अपराधीकरण' अन्योन्याश्रित नहीं हैं।

## 22

# आज हमारे राष्ट्र को युवा नेता की आवश्यकता है अथवा वयोवृद्ध नेता की

### पक्ष

एक प्रमुख पत्रिका के कार्यालय पर अचानक एक देन छापा मार कर कार्यालय को बंद कर दिया गया व संपादक को निलम्बित कर दिया। पत्रकार का दोष केवल इतना था कि उसने सच्चाई का पर्दाफाश किया था, बिना किसी भय के।

आदरणीय अध्यक्ष महोदय, निर्णायक मंडल वह व्यक्ति कोई और नहीं युवा पत्रकार अरुणशौरी था जिसने भ्रष्ट राजनीति का पर्दाफाश किया। जी हाँ, इस सत्य को समाज के सामने लानेवाला एक युवा पत्रकार ही था, कोई वयोवृद्ध अनुभवी नेता नहीं। अनुभवी नेता तो इस सच्चाई को सुनकर हाथ मलते ही रह गए। युवा राष्ट्र एक ऐसा शब्द है जिसके जिह्वा पर आने मात्र से ही रोम रोम फड़क उठता है। इस अवस्था में खून गर्म होता है, उसमें रवानगी होती है, शक्ति का संचार होता है, कुछ करने की भावना जागृत हो उठती है। देश की युवा शक्ति ऐसी शक्ति है जो पत्थर में से पानी, सागर में मोती तथा आकाश से तारे लाने की क्षमता रखती है। युवा शक्ति जागृत हो तो पूरा समाज जागृत है। यदि युवा शक्ति सुप्त हो तो सम्पूर्ण देश सुप्त है। इस युवा शक्ति को जगाने का कार्य एक युवा नेता ही कर सकता है।

निर्णायक मंडल! आज हमारे सामने विचारणीय प्रश्न ये है कि हमें युवा नेता की आवश्यकता है अथवा नहीं। पर्याप्त विचार करने के पश्चात मैं इस निष्कर्ष पर पहुँची हूँ कि भारतीय समाज को अब तक अनुभवी नेताओं से कोई विशेष लाभ नहीं हुआ। अतः मेरे विचार से युवा नेतृत्व ही समाज में परिवर्तन ला सकता है। अनुभवी नेता तो देश को कुछ सीमा तक दिशा ही दिखा सकता है, यदि उसमें कार्यक्षमता ही नहीं तो वह जनशक्ति में जागृति और कार्यशीलता की ललक कहाँ से लायेगा?

निर्णायक मंडल! युवा नेता नई-नई योजनाओं को न केवल अपने हृदय में संजोकर रखता है वरन् उनको कार्यान्वित भी कर देता है। उसके अन्दर तुरन्त निर्णय लेने की शक्ति विराजमान होती है। अनुभवी नेता भूत भविष्य के असंमजस में पड़कर तनिक कदम उठाने में हिचकिचाता है। यही नकारात्मक दृष्टिकोण उसको मंजिल तक पहुंचने नहीं देता। जबकि युवा नेता का सकारात्मक दृष्टिकोण उसे उन्नति में अग्रसर करता है, जिससे देश प्रगतिशील बनता है।

क्या इस बात को भुलाया जा सकता है कि सन् 1857 की क्रांति के संचालक युवा ही थे। इतिहास साक्षी है कि युवा नेताओं ने ही सदा हमारा नेतृत्व करके हमें प्रगतिशील बनाया है। गांधी, नेहरू, पटेल, तिलक, आज़ाद, भगतसिह, राजगुरु—जैसे अनेक नेताओं ने देश को गुलामी की कठोर शृंखलाओं से मुक्ति दिलाकर हमें आज़ाद भारत का स्वरूप प्रदान किया। गांधी जी की अवस्था की ही आप कल्पना करें। अफ्रीका में गोरों के अत्याचारों के विरूद्ध जब उन्होंने आवाज़ उठाई जो वह अपने यौवन के प्रथम चरण में थे और यही जागृत अवस्था उनको देश की जंजीरें तोड़ने के लिए आगे बढ़ाती रही और वे विश्व वंद्य बन गए। अगर हम अनुभवी नेता के पक्षधर रहे होते तो क्या हम जिस आज़ादी में सांस ले रहे हैं वह सम्भव थी? अनुभव भी कुछ करने से ही आता है और कार्यशीलता युवा शक्ति में ही होती है। महान सम्राट चन्द्रगुप्त मौर्य बचपन से ही अपने मित्रों का नेतृत्व करते थे। ये अनुभव नहीं प्रतिभा ही थी। सम्राट अशोक, छत्रपति शिवाजी, महाराणा प्रताप सभी तो युवा थे।

मेरी विपक्षी वक्ता के अनुसार अनुभव का मापदण्ड केवल उम्र है। एक नेता में उसका होना आवश्यक है परन्तु वे भूल रही हैं कि प्रौढ़ नेताओं की सोच को वर्तमान के साथ नहीं जोड़ा जा सकता उनके विचारों में लचीलापन नहीं होता। वे आधुनिक विचारों को खुले रूप से स्वीकार नहीं करते।

निर्णायक मंडल! यदि आयु ही स्वयं में पर्याप्त होती तो 18 वर्षीय युवाओं को मत देने का अधिकार न होता।

अभी-अभी मुझे स्मरण हो आया है उस युवा नेता का जिन्होंने जनसंख्या वृद्धि, प्रदूषण की समस्या का समाधान करने का भरसक प्रयास किया लेकिन अफसोस वे अकाल मृत्यु के शिकार हो गए। यद्यपि वे इन समस्याओं को पूर्णतया समाप्त नहीं कर पाए परन्तु भारतीयों की आँखे खोलनें में इसी युवा नेता का योगदान रहा। जी हां, में बात कर रही हूँ श्री राजीव गांधी की जिन्होंने देश में कम्पयूटर की शुरुआत कर क्या देश को एक नई दिशा नहीं दी थी?

निर्णायक मंडल! आज हमारे देश पर वयोवृद्ध नेताओं का वर्चस्व है यही कारण है कि हर क्षेत्र में हमारा देश दूसरे देशों का मोहताज है। अनेक समस्याओं

के गहरे अंधकार में हमारा देश लुप्त होता जा रहा है। निरक्षरता, बेरोजगारी, भ्रष्टाचार, भाई-भतीजावाद, महंगाई, धार्मिक उन्मादता आदि समस्याएँ हमारे देश को निगलती जा रही हैं। आर्थिक दृष्टि से भी हम सम्पन्न नहीं हो पा रहे हैं। विदेशी कम्पनियाँ हमारे देश में फैलती जा रही हैं और वयोवृद्ध नेता मौन साधे हैं। उनका अनुभव किसी काम नहीं आ रहा है। हमारा जीवन स्थिर हो जलाशय में गिरे पानी की तरह सड़ता जा रहा है।

अन्त में मैं यही कहूँगी कि युग नेता ही वह शक्ति है जो स्वयं कदम बढ़ाएगा और दूसरों के लिए उदाहरण बनकर दूसरों को आगे बढ़ाने का प्रयास करेगा।

युवा! उठो अपने अंदर झाकों, तुम्हें अपने भीतर नेतृत्व के गुण मिलेंगे, आगे बढ़ो और देश को उन्नति के शिखर पर पहुँचा दो।

## विपक्ष

आदरणीय अध्यक्ष, महोदय निर्णायक मंडल तथा अन्य उपस्थित जन, मैं विषय के विपक्ष में अपने विचार प्रस्तुत कर रही हूँ।

किसी भी समाज अथवा राष्ट्र में वही नेता सफल हो सकता है जो विभिन्न इकाइयों में विभक्त समुदायों को एकता के सूत्र में बांध सके। एक सफल नेता को धैर्यशाली सुदृढ़ व्यक्तित्व वाला, कठिन से कठिन समस्याओं में भी विचलित न होने वाला होना चाहिए परन्तु प्रश्न तो यह उठता है कि नेता युवा हो या अनुभवी वयोवृद्ध।

निर्णायक मंडल! अनुभवी मनुष्य का व्यक्तित्व उस वटवृक्ष के समान है जिसकी एक एक शाखा अनेक प्राणियों को आश्रय प्रदान करती है। युवावस्था में तो होता है केवल उत्साह, महत्त्वाकांक्षा केवल यांत्रिक ज्ञान किन्तु अनुभव उसमें सार्थकता का रंग भर देता है। अनुभव के बिना मनुष्य की इन्द्रधनुषी कल्पनाएँ सब रंगहीन हो जाती हैं क्योंकि अनुभव के अभाव में मनुष्य कोई भी कार्य योजनाबद्ध तरीक़े से व स्थिरता से नहीं कर पाता।

**"अवशोन्द्रिय चित्तानां हस्तिस्नानं इत क्रिया**
**दुर्भगामरणप्रायों ज्ञानं भार क्रिया बिना।"**

मनुष्य कितना भी परिश्रमी हो, सक्षम हो, महत्त्वांकाक्षी हो, ज्ञानवान हो पर अनुभव बिना सब व्यर्थ है।

निर्णायक मंडल! मुझे अपने विपक्षी मित्रों की विवशता पर दया आती है जिन्होंने नेताओं की छवि किसी अभिनेता या मॉडल के समान कल्पित की हुई है। इन्हीं लोगों का विचार है कि वृद्धों के विचार पुराने होते हैं। बदलते समय के साथ समायोजन नहीं कर पाते किन्तु क्या कभी सुविचार बदलते हैं। बदलता है तो केवल समय और समय के साथ समाज। क्या आज भी हमारे देश को 'जय जवान, जय किसान' के नारे की आवश्यकता नहीं हैं? क्या आज हमारे देश को अहिंसा का पथ नहीं भाता? क्या आज भी हमें पंजाब केसरी लाला लाजपत राय व लौह पुरुष सरदार वल्लभ भाई पटेल जैसे नेताओं की आवश्यकता नहीं हैं जिन्होंने भारत को एकत्र कर महान व शक्तिशीली राष्ट्र बनाया। इनके सहयोग के बिना देश के उत्थान की बात सोचना भी व्यर्थ है।

अध्यक्ष महोदय! एक युवा नेता जो जीवन में आने वाली कठिनाइयों के स्वरूप को ही नहीं जानता वह समाज का क्या उद्धार करेगा? वह तो जोश और आक्रोश में कोई भी ऐसा कदम उठा सकता है जो देश की शांति को भंग कर दे। यदि अनुभवी नेता होगा तो वह राजनीति के विभिन्न पहलुओं को भली भाँति समझने में समर्थ हो पाएगा।

निर्णायक मंडल! इस बात को सभी जानते हैं कि जब पंजाब में आतंकवादी भारत के हृदय को छलनी कर रहे थे तब पंजाब की गुत्थी को सुलझाने का दायित्व अनुभवी व क्रियाशील नेता बेअंतसिंह व श्री के. पी. गिल ने लिया और वे सफल भी हुए। नेता राष्ट्र का कर्णधार व सूत्रधार होता है और यदि वह अनुभवी हो तो उसके चिंतन व प्रयासों से राष्ट्र सफलता के चरम शिखर पर पहुँच जाता है।

**अनुभव एक मशाल है जो जलती है दिन-रात**
**सफल बना कर देश को देती है सौगात**

भारत जैसे विशाल देश को वयोवृद्ध राजनीतिज्ञ के मजबूत हाथों गहन चिंतन व धैर्यशीलता की आवश्यकता है जो युवा अपनी उम्र की प्रकृति के कारण प्रदान नहीं कर सकता। भूतपूर्व प्रधानमंत्री अटल विहारी वाजपेयी अपने अनुभव के कारण ही भारत व पकिस्तान के बीच सौहार्द्र स्थापित करने के प्रयत्नशील रहे। दोनों देशों के बीच विशेष बस सेवा प्रारम्भ कर सफल हुए। प्रधानमंत्री मनमोहन सिंह भी अपने अनुभव के आधार पर ही अमेरिका के साथ परमाणु समझौता कर भारत को परमाणु ऊर्जा सम्पन्न देश होने का गौरव प्रदान किया। दिल्ली में चल रही मैटो ट्रेन की सुविधा भी वयोवृद्ध अनुभवी नेताओं की देन है।

अन्त में मैं यही कहूँगी जिस नेता को अनुभव का अहसास नहीं उस राष्ट्र का अपना कोई इतिहास नहीं।

# 23

# बीती बातों को भुला देना ही उचित है

## पक्ष

आदरणीय अध्यक्ष महोदय निर्णायक मंडल तथा अन्य उपस्थित जन मैं आपको एक आदमी की कहानी सुनाना चाहती हूँ। यह आदमी 21 साल की उम्र में व्यापार में असफल हुआ। 22 साल की उम्र में चुनाव में हारा। 24 साल की उम्र में फिर व्यापार में असफल हुआ। 26 साल की उम्र में उसकी पत्नी का देहांत हो गया। 27 साल की उम्र में अपना मानसिक संतुलन खो बैठा। 34 साल की उम्र में कांग्रेस का चुनाव हार गया। 47 साल की उम्र में सिनेट का चुनाव हार गया। 47 साल की उम्र में ही सीनेट का चुनाव फिर से हार गया। और 52 साल की उम्र में वे अमेरिका का राष्ट्रपति चुना गया। वह व्यक्ति था अब्राहम लिंकन जिसने बीते कल पर अश्रु बहाने की अपेक्षा अपनी आत्मशक्ति संजो राष्ट्रपति का पद प्राप्त किया। एक पल के लिए भी अपने बीते हुए समय को अपने वर्तमान पर हावी नहीं होने दिया।

निर्णायक मंडल, जिन्दगी सिर्फ मौज मस्ती और खुशी नहीं है। इसमें दुःख और मायूसी भी है। इसमें ऐसी घटनाएँ भी हो जाती हैं जो कभी सोची न गई हों। बारिश, धूप दोनों के मिलने से इन्द्रधनुष बनता है। हमारा जीवन इससे अलग नहीं है। जिंदगी समझौतों और चुनौतियों का नाम है। बिना संघर्ष के जीवन में कुछ नहीं मिलता। एक शांत समुद्र में नाविक कभी कुशल नहीं बन पाता। यदि बीते हुए कल से अनुभव ग्रहण किया जाए तो रास्ते की रुकावटें सफलता की सीढ़ियाँ बन जाती हैं। परिवर्तन जीवन की सच्चाई है इस बात को तो सभी जानते हैं कि बीता हुआ समय कभी लौटकर नहीं आता।

कहा भी गया है—

**बीते को जिसका शोक नहीं,**
**जो वर्तमान में जीता है,**
**वह पा लेता अपनी मंजिल,**
**उसका जीवन एक गीता है**

**पढ़ लेता जो अपनी किताब,**
**पा जाता जीवन का सुराग।**

क्या थॉमस एडीसन के जीवन की इस घटना को भुलाया जा सकता है जब सन् 1914 में उनकी उम्र 67 वर्ष की थी, उनकी करोड़ों रुपयों की फैक्टरी आग में जलकर नष्ट हो गई। उस कम्पनी का बीमा बहुत कम था। इतने बड़े हादसे के मात्र तीन साल बाद ही ने उन्होंने उस दुर्घटना को भुलाकर 'फोनोग्राफ' का आविष्कार किया।

क्या खूब है यह नजरिया। अतीत को याद करके यदि रुद्धन करते रहेंगे तो वर्तमान भी दुःखद हो जाएगा क्योंकि निश्चित रूप से इससे व्यक्ति की कार्य क्षमता कम हो जाती है।

मेरे साथियों! आदर्श परिस्थितियाँ कभी नहीं होती और न कभी होंगी। कहीं भी पहुँचने के लिए किसी भी धारा के साथ न तो हम बह सकते हैं और न कि किनारे पर खड़े रह सकते हैं। हमें कभी उसके खिलाफ नाव चलानी पड़ती है लेकिन हमें चलते रहना तो पड़ेगा ही। अतीत सुखद है या दुःखद, उसे याद कर जिंदगी की गति तो रोकी नहीं जा सकती। सफलता की बुनियाद एक ही है–आपका नजरिया। हमारा नजरिया इस बात को तय करता है कि हम अपने अतीत को अपने जीवन में किस रूप में ग्रहण करते हैं। सकारात्मक सोच वाले के लिए यह सफलता की सीढ़ी हो सकती है और नकारात्मक सोच वालों के लिए यह रास्ते की बाधा हो सकती है।

निर्णायक मण्डल! आजकल समाचार पत्र में आत्महत्या की अनेक घटनाएँ पढ़ने को मिलती हैं। विश्व में प्रति तीन मिनट कोई न कोई आत्महत्या करता है। मनोरोगियों की संख्या बढ़ती ही जा रही है। ऐसा केवल इसलिए कि वे जीवन से निराश हो चुके हैं। ऐसे व्यक्तियों को सोचना चाहिए कि जीवन में अनेक बार हमें निराश, दुःख व कष्टों का सामना करना पड़ सकता है। विद्वानों की तरह हमें यह कभी नहीं भूलना चाहिए कि काली घटा के पीछे आशा का सूर्य चमकता रहता है। काली घटाओं की सीमा पार करते ही प्रकाश फैल जाता है। मुझे हरिवंश राय बच्चन की कविता स्मरण हों आई है। "जो बीत गई, सो बात गई।" अंत में मैं यही कहूँगी अपने सपनों को बटोरिए और आगे बढ़िए, नई सुबह आपकी प्रतीक्षा में है।

**फूलों की कोई कमी नहीं**
**है भ्रमर, विगत का क्यों मलाल?**
**फैलाओ पंरतु उड़ान भरो,**
**कुछ नए गीत सुरतान भरो।**
**अथ नूतन शरणं गच्छामि।**

## विपक्ष

आदरणीय निर्णायक मण्डल एवं उपस्थित सुधीवृन्द! हम बीते हुए कल को भुलाकर आगे की सोचें, इसी बात की दुहाई मेरी साथी वक्ता ने बार-बार दी है परन्तु मैं आपसे पूछना चाहती हूँ कि भला यह किस प्रकार सम्भव है कि बीता हुआ कल अस्तित्व विहीन हो जाए। दुःखद या सुखद दोनों प्रकार की स्थितियों की हमारी जीवन नैया को आगे बढ़ाने में भूमिका अवश्य रहती है।

विगत की कोई गहरी चोट ही हमारे आगत भविष्य के लिए प्रेरणा स्रोत सिद्ध होती है। अनुभूतियाँ केवल हृदय को ही नहीं मस्तिष्क को भी प्रेरित करती हैं। बीते हुए कल की यादें, हमारे स्वप्न जो हमने कभी देखे थे वही हमारे लिए मार्गदर्शक सिद्ध होते हैं।

मान्यवर! मैं आपको एक बच्ची-विल्मा रूडौल्फ के जीवन की एक सच्ची घटना सुनाती हूँ। विल्मा का जन्म टेनेसस के एक गरीब परिवार में हुआ। 14 साल की उम्र में वह पोलियों का शिकार हो गई। डाक्टरों ने उसे यहाँ तक कह दिया कि वह जिन्दगी भर चल-फिर नहीं सकेगी। परन्तु वह कुशल धाविका बनना चाहती थी इसीलिए डॉक्टरों के मना करने पर भी उसने ब्रेस को उतारकर पहली दौड़ प्रतियोगिता में भाग लिया व सबसे पीछे रही। उसके बाद दूसरी, तीसरी अन्य दौड़ प्रतियोगिताओं में भी वह सबसे पीछे रही लेकिन अपने बीते हुए कल से अपनी गलतियों को सुधारकर उन्हें दूर किया और 1960 के ओलम्पिक में वह दुनिया की सबसे तेज़ धाविका बनी। विल्मा से हमने क्या सीखा? यही कि गुजरे हुए कल से शिक्षा ग्रहण कर जीवन में आगे बढ़ना चाहिए।

निर्णायक मण्डल, अभी मेरी साथी वक्ता ने अतीत को याद कर रूदन करने की बात कही है किन्तु बीती बातों को बिसरा देना सम्भव नहीं क्योकि बीते हुए कल की सोच ही हमें भविष्य की ओर ले जाती है।

**"प्रतिक्रिया कभी हो तो समझो**
**तुमने घटना को मूल्य दिया**
**थी लहर जरा सी लेकिन तुमने**
**सागर-सा बहुमूल्य किया।"**

अब्राहम लिंकन ने भी अपने अतीत से शिक्षा ग्रहण कर अपनी कमियों को दूर किया व राष्ट्रपति के पद पर आसीन हो पाए।

'चलेत्येकेन पादेन तिष्ठत्येकेन बुद्धिमान' अर्थात् बुद्धिमान व्यक्ति चलते समय एक पाँव आगे रखता है दूसरा पाँव खड़ा रहता है। खड़ा पैर परम्परा है और चलता पैर आधुनिकता। जो बीत चुका है वह पुरातन है और उसी पुरातन से नवीनता उत्पन्न होती है।

बन्धुवर! मेरी साथी वक्ता शायद यह नहीं जानती की हर सफलता के पीछे असफलता की कहानी भी छिपी है। हर असफलता के बाद स्वयं से पूछना चाहिए कि इस घटना से मैंने क्या सीखा? तभी तो हम रास्ते की रुकावटों को सफलता की सीढ़ियों में बदल पाएँगे।

निर्णायक मण्डल! मेरी साथी वक्ता ने कहा कि आदर्श परिस्थितियाँ जीवन में नहीं मिलती। मैं इस सत्य को स्वीकार करती हूँ लेकिन बीते हुए समय से प्रेरणा ग्रहण कर वर्तमान की नींव तो रखी जा सकती है।

जिस प्रकार बिना कटाई-घिसाई के हीरे में चमक नहीं आती व आग में तपाए बिना स्वर्ण कुंदन नहीं बन जाता उसी प्रकार मानव बीते हुए संघर्षों से शिक्षा ग्रहण किए बिना सफलता भी प्राप्त नहीं कर सकता।

**"जो जीवन दुःख में पका नहीं**
**कच्चे घट-सा रह जाता है।**
**जो दीप हवाओं से न लड़ा।**
**वह जलना सीख न पाता है।**
**इसलिए दुःखों का स्वागत कर**
**दुःख ही मुक्ति का द्वार है।"**

अतीत पर ही वर्तमान टिका है। व्यक्तित्व निर्माण में बीते हुए कल का अधिक योगदान है। अवचेतन मन एक बगीचे की तरह है। अगर आप अच्छे संस्कारों के बीज बोएँगे तो आपका बगीचा सुन्दर होगा नहीं तो आपके बगीचे में जंगली पौधे उग आएँगे।

मान्यवर, उस दिन मैंने देखा कि एक लड़का पतंग उड़ाते समय अपने पिता से पूछ रहा था कि पिताजी पतंग हवा में कैसे टिकी है। पिता ने उत्तर दिया डोरी से। बच्चे ने तुरंत कहा पिताजी डोरी ही तो है जो पतंग को ऊपर जाने से रोक रही है—मैं सोचने लगी कि हमारा जीवन भी कुछ ऐसा है। कुछ चीजों के बारे में हम सोचते हैं कि हम वे हमें आगे बढ़ने से रोक रही हैं परन्तु सच्चाई तो यह है कि वे हमें ऊँचा उठा रही होती हैं। रूस में एक कहावत है कि—

"हथौड़े की चोट शीशे को तोड़ देती है परन्तु लोहे को फौलाद बनाती है।"

गुजरा हुआ कल अगर जीवन को प्रदूषित करता तो बुजुर्गों के अनुभव हमारे जीवन पथ को सुहासित न कर पाते।

बीती बातों को भुला देने के प्रयास में तो हम अपने देश की गौरवपूर्ण संस्कृति व इतिहास को भी भुला देंगे। निर्णायक मण्डल! एक बार एक पिता पुत्र पथरीली पगंडडी को पार कर रहे थे। पुत्र बार बार इस प्रयास में फिसल रहा था। कुछ समय पश्चात पुत्र ने संतुलित होकर चलना प्रारम्भ कर दिया। जानते हैं क्यों? क्योंकि उसने अपने पिता के बने पद्चिन्हों पर चलना शुरू कर दिया था। मान्यवर, बीता हुए समय तो वृद्धों के अनुभव हैं। भला उन्हें कैसे भुलाया जा सकता है?

अंत में मैं यही सहूँगी–

**"भूल भुल्लैया है ये जीवन**
**पगडंडियाँ जिसकी हमें पार करनी हैं**
**अतीत की आधारशिला पर ही**
**वर्तमान की नींव रखनी है**
**धीमी है रफ्तार तो क्या**
**मंजिल एक दिन हम पाएँगे**
**शंका के बादलों में जी**
**आशा की चमक पाएँगे।"**

# 24

# विज्ञान वरदान या अभिशाप

## पक्ष

आदरणीय निर्णायक मंडल तथा मेरे साथियों, में विषय के पक्ष में बोल रही हूँ। मानव प्रकृति की सबसे श्रेष्ठ रचना है। मानव के पास विज्ञान का अतुल भंडार है।

आदिकाल से ही मानव ज्ञान को किसी न किसी दिशा के निर्धांरण के लिए प्रयुक्त करता आया है। दिशा निर्धारण करने का क्रमबद्ध तरीका ही विज्ञान है। हर क्रमबद्ध कार्य एक नई खोज को जन्म देता है। वर्तमान युग अगर विज्ञान का युग कहा जाए तो कोई अतिशयोक्ति न होगी। आज के बौद्धिक मानव ने निश्चय ही ज्ञान विज्ञान के नित नए क्षितिजों का अन्वेषण कर मानव सभ्यता के चरम विकास की सभी संभावनाएँ उत्पन्न कर दी हैं। दिनकर जी के शब्दों में—

**"आज की दुनिया विचित्र नवीन**
**प्रकृति पर सर्वत्र विजयी पुरुष आसीन**
**है बंधे नर के करों में वारि विद्युत भाप**
**हुक्म पर चढ़ता उतरता पवन का ताप**
**है नहीं बाकी कहीं व्यवधान**
**लांघ सकता नर सरित, गिरिसिंधु एक समान।"**

प्रश्न उठता है मानव को इतनी शक्ति कहाँ से प्राप्त हुई? इस प्रश्न का एक मात्र उत्तर है—विज्ञान की अनवरत साधना से। अगर वैज्ञानिक साधन उपलब्ध न होते तो क्या मानव जल-थल में विद्यमान समस्त प्रकार की प्राकृतिक शक्तियों पर विजय प्राप्त कर उन्हें मानव जीवन के लिए उपयोगी बनाकर अन्तरिक्ष की गहराइयों तक को नाम पाने में समर्थ हो सकता था? नहीं, कभी नहीं।

विज्ञान के कारण जी हाँ, विज्ञान के कारण ही दिशाएँ और काल को समेटकर मानव सुखी व समृद्ध बन पाया है। आज मनुष्य के लिए आकाश की गहराइयों से

लेकर पाताल तक कोई भी रहस्य तत्व कुछ भी अज्ञात नहीं रह गया। आज जब मानव चाँद तथा अन्य ग्रहों की यात्रा कर चुका है तो ऐसी स्थिति में इस बात की चर्चा करना व्यर्थ सा लगता है कि विज्ञान ने अनेक प्रकार की मशीनों यातायात के साधन मनोरंजन के विभिन्न साधनों का अविष्कार किया है क्योंकि ये सब वस्तुएँ तो उसके जीवन का विभिन्न अंग बन गयी हैं। विज्ञान की एक महत्वपूर्ण देन यह भी है कि उसमें मानव के मन मस्तिष्क में वैचारिक क्रान्ति ला दी है।

निर्णायक मंडल! अगर वैज्ञानिक साधन उपलब्ध न होते तो हमें पूर्वकाल की तरह कृषि एवं औद्योगिक उत्पादनों के लिए प्रकृति पर ही निर्भर रहना पड़ता। आज कृषि के लिए सिंचाई के जो साधन उपलब्ध हुए हैं उनके द्वारा जैसी चाहो वैसी फसल पैदा की जा सकती। यहाँ तक कि बंजर भूमि को हरियाली में बदला जा सकता है।

नई वैज्ञानिक तकनीकियों की जानकारी होने से तथा आवश्यक यंत्रों का आविष्कार होने से खनिज पदार्थों की प्राप्ति में भी आशातीत सफलता प्राप्त हुई है। वैज्ञानिक साधनों से ही खनिज पदार्थों के अतुल भंडारों का ज्ञान हो पाया है और मानव विभिन्न रूपों में उनका प्रयोग करने में सफल हो रहा है। इतना ही नहीं खनिज पदार्थों के समाप्त होने पर आनेवाले संकटों को मानव विज्ञान की सहायता से ही समझ पाने में और उस ऊर्जा संकट से उत्पन्न हुई स्थितियों से जूझने में समर्थ हो पाया है जिससे उसने सौर ऊर्जा, पवन ऊर्जा, जल ऊर्जा, वायु ऊर्जा जैसी असीमित ऊर्जा के भंडारों का प्रयोग करना आरम्भ कर दिया है। क्या इससे पहले ऐसा संभव था?

इस बात को तो सभी जानते हैं कि चिकित्सा के क्षेत्र में विज्ञान की सेवा अत्यन्त सराहनीय है। असाध्य से असाध्य रोगों का निदान उसने ढूंढ लिया है। यहाँ तक कि परखनली से बच्चे को जन्म देना और हृदयारोपण कर देना उसके लिए असंभव नहीं। अब रही उसकी आणविक शक्ति के प्रयोग की बात। निर्णायक मंडल! विज्ञान द्वारा ही यह ज्ञात हो पाया हैं कि अणु में असीम शक्ति का भंडार हैं। विज्ञान ने तो एक विकल्प एक लक्ष्य की ओर प्रेरित किया है हमें। यह तो मानव के ऊपर निर्भर करता है कि वह इस शक्ति का प्रयोग रचनात्मक कार्य में करता है या विध्वंसात्मक कार्य में। विज्ञान ने यह तो नहीं कहा कि इस शक्ति से प्रलयकारी शस्त्रों का निर्माण कर नरसंहार करो। यह तो मानव का अपना दोष है कि तामसिक प्रवृतियों से प्रेरित होकर वह विनाश करता है। नियंत्रण हमें अपनी प्रवृत्तियों पर पाना है विज्ञान के बढ़ते कदमों को नहीं रोकना है हमें।

आज प्रत्येक राष्ट्र समृद्ध कहलाना चाहता है जो वैज्ञानिक प्रगति के बिना

सभव नहीं। भारत भी इस क्षेत्र में पीछे नहीं है। अपनी सीमाओं की रक्षा के लिए उसने पृथ्वी, अग्नि अक्षय जैसे प्रक्षेपात्रों का अपने देश में निर्माण किया है। यह तो हमारे पर निर्भर करता है कि हम उसका प्रयोग अपनी रक्षा के लिए करते हैं या किसी अन्य कार्य के लिए।

निर्णायक मंडल। अगर यह कहा जाए कि वैज्ञानिक देनों ने अज्ञान रूपी तमस को ज्ञान रूपी प्रकाश में परिवर्तित कर दिया है तो कोई अतिशयोक्ति न होगी। विज्ञान प्रत्येक छोटे या बड़े कार्य के पीछे परोक्ष या अपरोक्ष किसी न किसी रूप में विद्यमान है तो फिर यह कहना कहाँ तक उचित है कि विज्ञान अभिशाप है।

अन्त में मैं यही कहूँगी–

**"पूर्व युग सा आज का जीवन नहीं लाचार**
**आ चुका है दूर द्वारा रसे बहुत संचार**
**यह समय विज्ञान का सब भाँति पूर्ण समर्थ**
**खुल गए विज्ञान का सब भाँति पूर्ण समर्थ**
**खुल गए हैं गूढ संसृति के अमित गुरु अर्थ**
**चीरता तम को संभाले बुद्धि की पतवार**
**आ गया है ज्योति की नव भूमि में संसार।"**

## विपक्ष

आदरणीय निर्णायक मंडल तथा अन्य उपस्थित जन, आज का युग विज्ञान का युग है। एक प्रकार से विज्ञान प्रदान समृद्धि ही आधुनिकता का पर्याय बन गई है। विज्ञान ने जीवन के प्रत्येक क्षेत्र में आशातीत प्रगति की है। भौतिक विज्ञान की समस्त प्रणाली मनुष्य के लिए कल्याणकारी ही हो—ऐसा नहीं कहा जा सकता। आज का मानव भौतिक दृष्टि से समृद्ध और सम्पन्न होने के साथ-साथ सुख-शान्ति का अनुभव भी करे यह आवश्यक नहीं हैं। यह विडम्बना की बात है कि ज्यों-ज्यों विज्ञान आज उन्नति करता जा रहा है त्यों-त्यों समाज में सन्तुलन और सहअस्तित्व की भावनाएँ लुप्त होती जा रही हैं। प्रेम, दया, सहानुभूति, परोपकार, सहयोग और समस्त मानवीय मूल्य धीरे-धीरे समाप्त होते जा रहे हैं। विश्व बन्धुत्व की भावना तिरोहित हो गई है। तामसिक प्रवृतियाँ उसमें पनप रही हैं। वह पूर्ण रूप से स्वार्थी बन कर जीने में विश्वास करने लगा है।

निर्णायक मंडल, आज का मानव भौतिक सुख-समृद्धि तो अवश्य प्राप्त कर चुका हैं लेकिन क्या उसे मानसिक शान्ति मिली हैं? नहीं वह निरुद्देश्य भटक रहा है। क्या चाहता है और कहाँ जाना चाहता हैं कुछ समझ नहीं पा रहा। इसका कारण जी हाँ इसका कारण एक मात्र वैज्ञानिक प्रगति है क्योंकि वह बुद्धि व मस्तिष्क में समन्वय स्थापित नहीं कर पाया। मैथिलीशरण जी ने कहा है—

**चरम उन्नत जग में जबकि आज विज्ञान ज्ञान**
**बहु भौतिक साधन, यंत्रयान, वैभवमहान।**
**सेवक है विद्युत वाष्प शक्ति, धन बल नितांत।**
**फिर क्यों जग में उत्पीड़न जीवन जो अशांत?**

विज्ञान का सबसे बड़ा अभिशाप यह है कि उसने विनाशकारी बमों का निर्माण किया हैं। मेरी विपक्षी वक्ता शायद दीपावली पर्व पर हुए बम विनाश के हादसे को भूल चुकी हैं। विनाशकारी साधनों के कारण ही आज सम्पूर्ण विश्व विनाश के कगार पर खड़ा है। क्या पता वो कौन सा पल हो जब सारी सृष्टि इन्हीं विनाशकारी साधनों के प्रयोग से नष्ट हो जाए।

**"यह जलते महल मकान, तड़पत गली गाँव,**
**यह भूख, भुखमरी, सूखा, बाढ़, अकाल ग्रास**
**यह ध्वस्त धरा यह बम्ब धुँए से घायल नभ**
**विज्ञान इसी को कहता क्या मानव विकास?"**

हम अपने इतिहास से कुछ न सीखते हुए स्वयं को समाप्त करने पर तुले हैं। आए दिन होने वाली हानि से हम कुछ तो सीखें। अपने आने वाली पीढ़ियों को कुछ तो श्रेष्ठ सौंपकर जाएँ। जरा सोचिए कैसी होंगी आने वाली मानव-सन्तानें? हम जैसा उनमें कुछ रह भी पाएगा या नहीं ? पर्यावरण प्रदूषण तो हमें तिल-तिल चुनौती दे रहा है।

अब रही यातायात के साधनों की बात। जी हाँ, स्थान की दूरिया अवश्य कम हो गई हैं पर दिलों की दूरियाँ बढ़ गई हैं। इतना है नहीं वैज्ञानिक साधनों ने मनुष्य का अकर्मण्य आलसी और सुविधा भोगी बना दिया है। वह शारीरिक श्रम से दूर हट गया है जिससे अनेक रोगों ने उसे घोर लियां हैं।

महोदय अभी-अभी मेरी विपक्षी वक्ता ने बड़े से सह बताया कि विज्ञान ने चिकित्सा के क्षेत्र में अत्यधिक उन्नति की हैं। क्या इस बात को झुठलाया जा सकता है कि ये सब रोग विज्ञान के आविष्कारों की देन है? विज्ञान ने पृथ्वी, आकाश किस स्थल को प्रभावित नहीं किया। उसी के अविष्कारों से वायु, जल, ध्वनि प्रदूषण फैल रहा है। जब विज्ञान ने इतनी अधिक प्रगति नहीं की थी तो क्या कभी इन रोगों के नाम भी सुने थे किसी ने? जिनके शिकार आज शिशु भी हो रहे हैं। कैंसर हृदय रोग, रक्तचाप, मधुमेह, अस्थियों के रोग के शिकार व्यक्ति आपको घर-घर मिलेंगे।

अंत में मैं यही कहूँगी कि विज्ञान मानव जाति के लिए अभिशाप है।

**"मैं सोच रहा हूँ इस गति से चलकर जमीन**
**किस ओर आदमी की किस्मत ले जाएगी?**
**ऐसे ही गर विज्ञान चाटता रहूँ लहू**
**दुनिया सारी कितने दिन खैर मनाएगी?"**

# 25

# आधुनिक मनोरंजन व पतन

## पक्ष

आदरणीय अध्यक्ष महोदय तथा निर्णायक मंडल व साथियों! मैं विषय के पक्ष में अपने विचार प्रस्तुत कर रही हूँ

मनोरंजन के वास्तविक अर्थ से आप सभी परिचित हैं। दिन भर की दौड़ धूप व नियम बंद जिन्दगी की उकताहट एवं तनाव दूर करने के उद्देश्य से हम सभी अपना कुछ समय हल्के फुलके वातावरण तथा हास्य परिहास में व्यतीत करना चाहते हैं ताकि एक नई स्फूर्ति का स्पंदन पा सकें। हमारी विचार धारा व जीवन शैली को एक आधुनिक परिवेश मिला है। साथ ही मनोरंजन के साधनों के स्तर में भी परिवर्तन आया है। आज लोक नृत्य, लोक संगीत, जादू तमाशा, चौपाल की चटपटी बातों की जगह दूरदर्शन, चलचित्र, कम्प्यूटर, मोबाइल, समाचार पत्र व विभिन्न पत्र-पत्रिकाओं ने ले ली है निःसंदेह ये सभी साधन हमारी वैज्ञानिक प्रगति के जीवन्त उदाहरण हैं। मेरे विचार से इनके द्वारा होने वाला मनोरंजन हमारे पतन का जिम्मेदार है।

हमारा सांस्कृतिक, नैतिक, बौद्धिक, भावात्मक तथा सामाजिक पतन सभी का प्रत्यक्ष व अप्रत्यक्ष दायित्व इस मनोरंजन पर ही है। आधुनिक मनोरंजन हमारे मासूम नोनिहालों व युवा वर्ग के रचनात्मक विकास में अवरोध पैदा कर रहा है। पहले परिवार में घर के वृद्ध बच्चों को पौरणिक कथाएँ और मनोरंजन कहानियाँ सुनाते थे जिससे बच्चे नैतिक व आध्यात्मिक मूल्यों से परिचित होते थे लेकिन अब दायरे वृहत होते जा रहे हैं। मनोरंजन का सबसे लोकप्रिय साधन 'दूरदर्शन' है। बच्चे आंखें खोलते ही इस पर प्रसारित होने वाले कार्यक्रम देखने लगते हैं। प्रकृति से इनका कोई सम्पर्क नहीं रहा। मन्द-मन्द बहती समीर, पक्षियों का कलरव, भंवरों का गुंजन पत्तियों की धीमी-धीमी सरसराहट इन जब की जगह आज एम.टी.वी. प्राइम स्पोटर्स, वी.वी.सी., जी.टी.वी., स्टार, एफ चैनल आदि ने ले ली है। इन पर प्रसारित होने वाले कार्यक्रम हिंसात्मक व कामवृत्ति को उद्दीप्त करते हैं। जिससे सांस्कृतिक व नैतिक पतन चरम सीमा पर पहुँच गया है।

**"आंखों पर कैमरा, कान पर पहने टेलीफोन**
**दुबली-पतली गर्दन में गोली गोलों के हार**
**बातचीत में उबला पड़ता युद्धों का आक्रोश**
**पंख लगे बाँहों में चटपट उड़ने को तैयार**
**साँसों में जहरीली गैसें, स्वर में माइक्रोफोन**
**करो वैलकम नई सभ्यता की देवी आती है।"**

"हम लाये हैं तूफान से कश्ती निकाल" के जैसे देशभक्ति गीतों की जगह 'कांटा लगा' जैसे अश्लील गीतों ने ले ली है। अधिकांश चलचित्र पारिवारिक मर्यादाओं का उल्लंघन करना सीखा रहे हैं। जिससे हम नैतिक संस्कारों व मर्यादा से कोसों दूर हो गए हैं। हिंसात्मक व कम परिश्रम से धन कमाने के प्रदर्शित कार्यक्रमों को देखकर युवा वर्ग की मनोवृत्ति उग्र आवेशपूर्ण तथा वीभत्स व कुंठित होती जा रही है। क्या आप अब भी कहेंगे कि आधुनिक मनोरंजन से पतन नहीं विकास हो रहा है? कहाँ है इस मनोरंजन में रचनात्मक व सृजनात्मकता? अब समय आ गया है आत्म विश्लेषण करने का कि मनोरंजन का जो मूल्य हम चुका रहे हैं क्या वह हमारे जीवन से अधिक तो नहीं? यही धारणा चिन्तन का विषय है, यही समय की मांग है।

आजकल मनोरंजन का सबसे सशक्त माध्यम है—कम्प्यूटर, जिससे नैतिक पतन चरम सीमा पर पहुँच गया है। देशी-विदेशी लड़कियों वाली अश्लील वेबसाइटों को भारत के लाखों घरों में लगे कम्प्यूटर स्क्रीन पर बार-बार उभरने से रोकना पुलिस व अन्य एजेंसियों के लिए फिलहाल नामुमकिन है। अब तो जो नग्नता नेट पर दिखती है वह एम.एस.एस तकनीक के आने के पश्चात् मोबाइल पर उतर आई है। देश में दर्ज होने वाले कुल साइबर क्राइम में सबसे अधिक मामले अश्लील सामग्री को प्रसारित प्रदर्शित करने से जुड़े हैं। निर्णायक मंडल! मनोरंजन के इन साधनों से यद्यपि विश्व सिमट गया है लेकिन सैक्स विकृति का रूप लेकर मानो जीवन में गहरी पैठ जमा बैठा है और पारिवारिक सम्बन्धों की धज्जियाँ उड़ रहा है। क्या अब भी आप यह कहेगें कि मनोरंजन के इन सब साधनों से हमारा नैतिक पतन नहीं हो रहा?

अन्त में मैं यही कहूँगी कि अजगर के समान मुख खोलकर धीरे-धीरे मानव की ओर बढ़ने वाला तथा धीमे जहर की तरह शरीर की नस-नस को निष्क्रिय करने वाला यह विष कहीं भारतीय संस्कृति को पतन के गहरे गर्त में न धकेल दे। सावधान। जागो और इनके प्रयोग पर अंकुश लगाओं नहीं तो श्रीराम की इस धरती पर महाभारत जैसा विनाश का तांडव पुनः नृत्य न दिखाई देने लगे।

## विपक्ष

आदरणीय निर्णायक मंडल तथा अन्य उपस्थित जन मैं विषय के विपक्ष में बोल रही हूँ। अभी-अभी मेरी विपक्षी वक्ता ने दूरदर्शन व विभिन्न चैनलों पर प्रसारित होने वाले कार्यक्रमों व चलचित्रों की ओर हमारा ध्यान आकर्षित किया है। नैतिक व सांस्कृतिक पतन की चरम सीमा का उल्लेख करते हुए कुछ गानों की ओर हमारा ध्यान आकर्षित किया है लेकिन ऐसा करते समय शायद वे 'मेरा रंग दे बंसती चोला', "धरती सुनहरी अम्बर नीला, ऐसा देश है मेरा"—जैसे देश भक्ति का जज्बा उत्पन्न करने वाले गीतों को भूल गई हैं। शहीद भगत सिंह, मंगल पाण्डेय, रंग दे बसंती, ब्लैक जैसे चलचित्र देश प्रेम के साथ सामजिक व समसामयिक समस्याओं को भी प्रदर्शित करते हैं। मेरी विपक्षी महोदया को हो सकता है कि दूरदर्शन पर स्वतंत्र पत्रकारिता के प्रवेश करने के कारण प्रकाशित होने वाले समसामयिक विषयों से सम्बन्धित कार्यक्रम शायद याद न आएँ हो लेकिन मैं नहीं भूली। नलिनी सिंह, रजत शर्मा, विनोद दुआ, शशि मैनन, प्रणवराय जैसे स्वतंत्र तथा निष्पक्ष पत्रकारों द्वारा प्रस्तुत रिपोर्ताज हमारी आत्मा को झंझोड़ कर रख देते हैं ये समाज के वर्ग विशेष, व्यक्ति विशेष के कालिमायुक्त जीवन  का परिचय देते हुए उसके विरूद्ध जनता को जागृत कर अपनी आवाज उठाने के लिए प्रेरित करते हैं। 'बोर्नविटा क्विज कांटेस्ट', 'आपकी अदालत', 'कौन बनेगा करोड़पति', 'क्राइम पट्रोल', 'रिहाई', 'सारेगामा', 'टॉक शो' जैसे कार्यक्रम विभिन्न विषयों की ओर हमारा ध्यान आकर्षित करते हैं। प्रीतिश नन्दी द्वारा आयोजित शो में बड़े-बड़े व्यक्तित्व के अन्तः कारण में झांकने का प्रयास किया गया है। विभिन्न प्रकार के सांस्कृतिक कार्यक्रम जैसे अमजद अली खा का सरोदवादन, उस्ताद बिस्मिल्लाह खान की शहनाई की ध्वनि, जाकिर हुसैन का तबला वादन, विभिन्न प्रांतों के रीति-रिवाजों को प्रस्तुत करने वाला कार्यक्रम तथा शास्त्रीय कार्यक्रम में प्रसारित होने वाले नुपूरों की ध्वनि हमें अपने मोहपाश में बांध लेती है तब ये कैसे कहा जा सकता है मनोरंजन के साधनों से नैतिक पतन हो रहा है?

जहाँ तक साहित्य का प्रश्न है वहाँ पर सामाजिक, सांस्कृतिक, वैज्ञानिक, आर्थिक विषयों से सम्बन्धित विभिन्न पुस्तकों की प्राप्ति हो रही है। कमलेश्वर,

मृणाल पाण्डेय, निर्मला देशपाण्डेय, राजेन्द्र यादव, पुष्पा मैत्रेयी आदि की रचनाएँ इस बात का ज्वलन्त प्रमाण हैं। इनकी रचनाएँ मनोरंजन करने के साथ-साथ चरित्र उत्थान में तथा समाज में जागरुकता लानें में समर्थ हैं। फिर ये कैसे कहा जा सकता है कि मनोरंजन के साधनों से नैतिक पतन हो रहा है?

देश-विदेश के समाचार देने वाले समाचार पत्र, कम्प्यूटर, मोबाइल, हमें सम्पूर्ण विश्व से जोड़ते हैं। निर्णायक मंडल, इस सच्चाई को कैसे झुठलाया जा सकला है? अन्त में मैं यही कहूँगी मनोरंजन के साधनों की उपादेयता असंदग्धि है क्योंकि उससे विश्व में एक नई क्रांति आ गई है।

# 26
# पत्रकारिता का निजी जिन्दगी में हस्तक्षेप उचित

## पक्ष

आदरणीय निर्णायक मंडल तथा अन्य उपस्थित जन, जैसे-जैसे सूचना संसार तकनीकी का असर पत्रकारिता जगत पर बढ़ता जा रहा है वैसे वैसे पत्रकारों के ऊपर प्रामाणिकता का और विश्वसनीयता की जिम्मेदारी का बोझ भी बढ़ता जा रहा है।

निर्णायक मंडल! इस बात से कतई इनकार नहीं किया जा सकता है कि जनहित के लिए गोपनीय सूचनाओं व घटनाओं को उजागर करना एक प्रसिद्ध पत्रकार का पवित्र कर्त्तव्य है। अगर समाज में भ्रष्टाचार व अन्याय है तो पत्रकारिता के संस्थानों की जिम्मेदारी बनती है कि वे उसे और उसके वास्तविक रूप को जनता के सामने लाएँ। चाहे फिल्मी उद्योग हो या राजनीति हो या धर्म हो या कोई अन्य क्षेत्र—सभी उस समाज का हिस्सा हैं, जिसमें हम रहते हैं। किसी भी क्षेत्र को अलग करके नहीं देखा जा सकता और न कोई क्षेत्र इतना पवित्र है कि उसे अनदेखा किया जाये।

समाज में जागृति इसी तरह से आ सकती है। अब रही समाज के हर क्षेत्र के भ्रष्टाचार का पर्दा फार्श करने के लिए प्रयोग किये गए साधनों की। कोई भी पत्रकार एक ही तकनीक से हर किस्म के भ्रष्टावार को उजागर नहीं करता।

जहाँ तक लक्ष्य की बात है तो बिल्कुल साफ है कि फिल्मी उद्योग में काम तलाशने वाली अनेक लड़कियों का अगर शोषण होता है तो उसकी वास्तविक तस्वीर देश के सामने रखी जाए?

निर्णायक मंडल! जनता मात्र बातों पर विश्वास नहीं करती उन्हें वास्तविकता को बताने वाले प्रमाण चाहिए। यही स्थिति धर्म के क्षेत्र की है। बहुत सी जगह पर धर्म के नाम पर नारी का शोषण होता है। विश्वसनीयता प्रमाणित करने के लिए

ही वीडियो कैसेट दिखाए जाते हैं। राजनीति क्षेत्र व सरकारी विभागों में फैले भ्रष्टाचार और सामान्य जनता को होने वाली कठिनाइयों का सामना तथा शिक्षा कठिनाइयों का सामना तथा शिक्षा और स्वास्थ्य विभाग में होने वाले अनुचित नीतियों को दिखाना—पत्रकारों को लक्ष्य है। इनके प्रयासों से आम जनता के सामने हर विभाग की वास्तविक तस्वीर सामने आ सकती है।

अन्त में मैं यही कहूँगी कि पत्रकारिता का निजी जीवन में हस्तक्षेप करना उचित है क्योंकि इन्हीं के प्रयासों से समाज में संचेतना आ सकती है और मानवीय व नैतिक मूल्यों की स्थापना हो सकती है।

## विपक्ष

निर्णायक मंडल! तथा अन्य उपस्थित जन! अभी अभी मेरी विपक्षी महोदया ने पत्रकारिता संस्थानों के दायित्वों की बात कहीं लेकिन क्या वह मुझे इस बात का उत्तर देंगी कि जनहित की चिंता करने वाले पत्रकार किसी भी नागरिक के निजी जीवन की गरिमा की लक्ष्मण रेखा पार कर किस जिम्मेदारी को निभा रहे हैं? आज खोजी पत्रकारिता के नाम पर काफी कुछ ऐसा किया जाने लगा है जो छापामार युद्ध अधिक लगता है और जनहित के लिए की गई वस्तुपरक पड़ताल कम लगती है।

निर्णायक मंडल! स्टिंग आपरेशन के नाम पर निजी जिंदगी में झांकने की पत्रकारिता का समर्थन कदापि नहीं किया जा सकता। लोगों की निजी जिंदगी में जो कुछ भी हो रहा उससे किसी पत्रकार का सरोकार नहीं चाहिए। हां, अगर कोई व्यक्ति सार्वजनिक जीवन में है और उससे जुड़ा कोई भ्रष्टाचार का मुद्दा है जो समाज को प्रभावित कर रहा है तो उसका पर्दाफाश करना आवश्यक है। सामान्य जनता को और समाज को जिन कार्यों से हानि हो रही है उसे अवश्य समाज के सामने लाना चाहिए लेकिन कुछ फिल्मी उद्योग या नेताओं की निजी जिंदगी के सनसनी कारनामें दिखाकर एक सनसनी पैदा करना उचित नहीं।

निर्णायक मंडल! अभी देश के सामने अनेक ऐसी गंभीर समस्याएँ हैं जिनको आवश्यक है। पत्रकारों को अपनी ऊर्जा को किसी व्यक्ति के निजी जीवन में ताक झांक कर नष्ट नहीं करना चाहिए।

अध्यक्ष महोदय, पिछले कुछ वर्षों में पत्रकारिता के नैतिक मूल्यों में बहुत गिरावट आ गई है। बड़े-बड़े लक्ष्यों से इन की निगाहें भटक गई हैं। ये सनसनी फैलाने वाली घटनाओं को अपना लक्ष्य बना लेते हैं जबकि प्रशासनिक, राजनैतिक, धार्मिक, सामाजिक क्षेत्र में हो रहे भ्रष्ट मुद्दों को इन्हें अपना लक्ष्य बनाना चाहिए, क्योंकि इससे सारा देश प्रभावित होता है। अन्त में मैं यही कहूँगी कि पत्रकारिता का निजी जिंदगी में हस्तक्षेप अनुचित है।

# 27

# उच्च शैक्षणिक संस्थानों में आरक्षण उचित है

## पक्ष

आदरणीय अध्यक्ष महोदय, निर्णायक मंडल व अन्य उपस्थित जन, मंडल कमीशन की संस्तुतियों को ध्यान में रखकर सरकार ने अगस्त 1990 में सरकारी सेवाओं में पिछले वर्ग के लिए 27 प्रतिशत स्थान आरक्षित करने का आदेश दिया था और अब उच्च शैक्षणिक संस्थानों में वंचित वर्ग के आरक्षण की घोषणा सुनकर देश भर में एक तूफान सा आ गया है। इसके विरोध में कुछ छात्रों ने आत्मदाह करने का प्रयास किया।

निर्णायक मंडल, मंडल कमीशन के इस दौर के पश्चात् मध्य जातियों के नेतृत्व का खूब उभार हुआ क्योंकि उन्हें अपनी ताकत का अहसास हुआ। सरकारी सेवाओं में पिछड़े वर्ग को 27 प्रतिशत आरक्षण देने के आदेश के संदर्भ में संभ्रात वर्ग का तर्क था कि इससे सेवा का स्तर गिरेगा इसलिए इन वर्गों के बच्चों की अच्छी शिक्षा का प्रबन्ध होना चाहिए जिससे उनकी प्रतिभा, कुशलता और ज्ञान में विकास किया जा सके। अब उसी आग्रह को स्वीकार कर इन वर्गों के बच्चों के लिए उच्च शैक्षणिक संस्थाओं में आरक्षण दिया जा रहा है, उनके विशेषज्ञता की शिक्षा प्रवेश की बात कही जा रही है तो उसका विरोध हो रहा है। है न आश्चर्य की बात?

मेरे विपक्षी वक्ताओं ने सच्चाई से मुँह फेरने की कोशिश की है। इस बात को सभी अच्छी तरह जानते है कि अधिकतर निजी उच्च शैक्षणिक संस्थानों में Paid Seat होती है जिन्हें धनाढ्य वर्ग के बालक प्रतिभाहीन होने पर धन के आधार खरीद लेता है। प्रतिभा व विद्वता की बात करने वाले मेरी प्रतिपक्षी वक्ता इसके विषय में क्या जवाब देंगे?

क्या इस सच्चाई को नकारा जा सकता है कि संभ्रान्त वर्ग अपनों बच्चों को धन के आधार पर जो कोचिंग की तथा अन्य शैक्षणिक वर्ग सुविधा दे पाता है उससे पिछड़ा वर्ग सदैव वंचित रहता है। मेरी विपक्षी वक्ता ने यह कहा है कि आरक्षण

जाति के आधार पर नहीं आर्थिक आधार पर होना चाहिए। ऐसी बातें सुनने में तो अच्छी लगती है लेकिन क्या आर्थिक सम्पन्नता की खाई कभी मिट पाएगी?

कोई भी देश तब तक उन्नति नहीं कर सकता जब तक उस देश के सभी नागरिकों को शिक्षा प्राप्त करने के समान अवसर प्राप्त न हो। अगर किसी भी वर्ग के कुछ छात्रों की प्रतिभा का दमन शैक्षणिक सुविधाओं के अभाव में होता है तो देश को क्षति अवश्य ही पहुँचती है। कोई भी माला मजबूत व आकर्षक तभी बनती है जब उसका पूरा सूत्र दृढ़ हो तथा उसका प्रत्येक मनका अपनी स्वाभाविक आभा से मंडित हो।

निर्णायक मंडल! इसी तथ्य को ध्यान में रखकर आजादी के संघर्ष के ही दौर में गांधी जी ने अनुसूचित जातियों, जनजातियों के लिए विधान मंडल में सीटें आरक्षित करने का वचन दिया था। इसलिए संविधान में आबादी के अनुपात में विधान मंडल तथा सरकारी सेवाओं में इन वर्गों के लिए आरक्षित सीटों का प्रावधान रखा गया।

जहाँ तक समाज के विखंडित होने की बात कही जा रही है तो मैं यही कहूँगी कि विखंडन के मुद्दे तो और हैं आरक्षण की तो केवल ओट ली जा रही है।

वास्तव में सुविधा भोगी वर्ग चाहता ही नहीं उनके अतिरिक्त कोई और वर्ग उनसे आगे आए क्योंकि इससे उनके अहम् को ठेस पहुँचती है लेकिन सच्चाई को स्वीकार करना होगा कि यह देश रूपी वृक्ष पूर्णतया तभी पल्लवित व विकसित होगा जबकि जड़ के माध्यम से इसकी सभी शाखाओं को पोषक तत्त्व मिलेंगे अन्यथा इसकी नन्हीं नन्हीं कोपलें अविकसित ही दम तोड़ देंगी।

## विपक्ष

आदरणीय अध्यक्ष महोदय, निर्णायक मंडल व अन्य उपस्थित जन, मेरी विपक्षी वक्ता ने विभिन्न तर्क देकर आरक्षण को उचित बताने का प्रयास किया लेकिन मेरे विचार से विभिन्न वर्ग के व्यापक विरोध के बाद भी शैक्षणिक संस्थाओं में पिछड़े वर्ग के आरक्षण की घोषणा सरकार की संवेदनाहीनता व अनभिज्ञता को दर्शाती है।

निर्णायक मंडल, यह कैसा नजारा है कि नजर ठहरती ही नही आंखें मुंद जाती हैं। नजरें ठहरें भी तो कैसे? खून के नजारे पर नजर सहसा नहीं ठहरती। प्रतिक्रिया होती है, प्रतिहिंसा पनपती है। शायद यही कारण है कि हर कोई प्रतिकार की आग में जलता दिखाई दे रहा है। कौन किसको समझाए। सबको अपनी-अपनी पीड़ा है सभी अपने-अपने दांव में हैं। एक होते हुए अनेक होने में सबको अपनी भलाई दिख रही है। जिस क्षण 1947 में हमने अपने देश को बांटा उसी क्षण हमने उसे हर स्तर पर तोड़ना शुरू कर दिया। बंटवारे की सोच को शक्ति मिली कि यहाँ सब कुछ बांटा जा सकता है और निर्णायक मंडल, जो कुछ आज नया बनाया जा रहा है वह देश को अन्दर और बाहर से तोड़ रहा है। आज के विश्वकर्मा नए की रचना नहीं कर पा रहे और पुराने को यह समझ कर तोड़ रहे हैं कि नया बना रहे हैं। जाति के आधार पर आरक्षण विखंडन की स्थिति पैदा कर रहा है। जहाँ प्रतिभा, शौर्य, विद्वता व ज्ञान का सम्मान करने वाला ही न हो तो उस देश का भविष्य सदा अंधकारमय ही रहेगा। प्रतिभा का मूल्यांकन एक प्रतिभावान ही कर सकता है। विद्वान के बराबर प्रतिभा विद्वान ही कर सकता है। उच्च शिक्षा में आरक्षण का प्रतिशत देश को आगे बढ़ाने की बजाय पीछे धकेल देगा। आरक्षण का निर्णय तो रामचरितमानस की ये पंक्तियाँ चरितार्थ करती हैं—**"सचित वैद्य गुरुहीन जो, प्रिय बोलहिं भय आस। राज धर्म तन तीन कर होहिं बेगहीं नाश।"**

मुझे लगता है कि मेरी विपक्षी महोदया इस तथ्य से अनभिज्ञ है कि भारतीय संविधान का अनुच्छेद 15 जाति, मज़हब, लिंग आदि के आधार पर भेदभाव नहीं करने का वचन देता है। अनुच्छेद 17 के द्वारा अस्पृश्यता को समाप्त कर उसे दंडनीय अपराध बताया गया है। पं0 नेहरू की सरकार में गृहमंत्री रहे गोविन्द वल्लभ पंत ने पिछड़े वर्ग के लिए गठित काका कालेकर समिति की रिपोर्ट इस आधार पर

ठुकरा दी थी कि समाजवाद के अन्तर्गत विकास का मुद्दा समग्र भारत को सामने रखकर किया जायेगा। इससे कालांतर में सामाजिक व अन्य भेदभाव समाप्त हो जायेंगे।

अध्यक्ष महोदय, सरकार का ये निर्णय एक नई अस्पृश्यता पैदा कर समाज को विखंडित कर देगा। क्या यह हमारे संवैधानिक दायित्वों से विश्वासघात नहीं होगा?

गुरुदेव रवीन्द्र नाथ ठाकुर ने कहा है–'जब समाज का एक भाग अपनी हीनता, कमजोरी, छोटापन स्वीकार लेता है तो अन्य भाग अपने आधिपत्य के मार्ग में कोई बाधा नहीं पाता तो नीचे के भाग में जितनी अवनति होती है, उसी मात्रा में ऊपर का भाग गिर जाता है सामाजिक उन्नति-अवनति अवधारण का इतना सटीक विवेचन कौन करेगा? समाज में जातीय घृणा का बीज बोने वाले लोग क्या गुरुदेव की इस गवाही को मानेंगे और उससे कुछ सीखेंगे?

निर्णायक मंडल! उच्च शिक्षा में आरक्षण देकर कुछ राजनीतिज्ञ लगता है कि एक वर्ग को अल्प बुद्धि का प्रमाण देना चाहते हैं। उनके इस निर्णय से ऐसा आभास होता है कि जैसे वे ये दर्शाना चाहते हैं कि पिछड़ों के पास इतनी प्रतिभा नहीं है कि वे प्रतिस्पर्धा करके सामने के रास्ते से प्रवेश कर सकें। यदि उनका विकास करना है उन्हें प्राइमरी से उच्च शिक्षा तक निःशुल्क शिक्षा देनी चाहिए व आर्थिक स्थिति में उत्थान लाने के लिए प्रयास किए जाने चाहिए लेकिन आरक्षण इसका समाधान नहीं है।

गांधी जी ने कहा है कि सामाजिक व शैक्षणिक दृष्टि से पिछड़े वर्गों का निर्धारण जाति के आधार पर करना जाति-प्रथा की बुराई का सातत्य का परिणाम है।

डा. अम्बेडकर की स्पष्ट राय थी आरक्षण की व्यवस्था अतिशीघ्र समाप्त कर दी जानी चाहिए अन्यथा पिछड़ा वर्ग हमेशा पिछड़ा रहेगा, कभी आगे नहीं जा सकेगा। समाज में, कभी भावात्मक एकता नहीं आ पाएगी। विडम्बना यह है आज ठीक उसके विपरीत हो रहा है।

निर्णायक मंडल! सूचना क्रांति के इस युग में भारत की युवा शक्तियों ने अपनी एक अलग पहचान बनाई है। दूसरे देशों से लोग यहाँ अपना उपचार करवाने के लिए आ रहे हैं। क्या यह विशिष्टता जाति के आधार पर पाई गई थी? छात्र देश का भविष्य हैं चाहे वह किसी भी जाति के भी हों प्रतिभा की उपेक्षा नहीं की जा सकती। अच्छी प्रतिभा आरक्षण की वैसाखी का सहारा लिए बिना भी आगे आ सकती है। अंत में मैं यही कहूँगी कि सरकार द्वारा उच्च शिक्षा में आरक्षण लागू कर देश की प्रतिभा को क्षति नहीं पहुँचनी चाहिए।

# खण्ड-ख

# भाषण

# भ्रष्टाचार एक समस्या

हिन्दुस्तान टाइम्स, 31 अगस्त 1994 मुख्य समाचार–पंजाब के भूतपूर्व मुख्यमंत्री के पौत्र द्वारा एक फ्रांसिसी सैलानी कातिया का शीलहरण।

आप 10 वर्ष पूर्व हुए इस कांड को भूले नहीं होंगे। जहन में कहीं न कहीं भूतपूर्व मंत्री के बयान की ये पंक्तियाँ आज भी आपको झकझोर जाती होंगी–"उस औरत (कातिया) का बलात्कार तो नहीं हुआ सिर्फ छेड़खानी हुई है। यह छोटी सी बात है इस पर इस्तीफा नहीं दिया जा सकता।" भ्रष्टाचार की नई बुलंदियों को छूने वाले इस स्कैण्डल पर मुख्यमंत्री के बयान को सुनकर क्या आप शर्मसार नहीं हुए? भारतीय संस्कारों, मूल्यों व नैतिक दायित्वों का यह कैसा विरोधाभास है जिसने अपने देश की छवि विदेश में भी कलुषित करने में कोई कसर नहीं छोड़ी। हमारे आधार संहिता पर करारा चांटा मारा है भूतपर्व मुख्यमंत्री के बयान ने। बुद्धिजीवी वर्ग अवश्य शर्मसार व मर्माहत हुआ होगा लेकिन कुछ अप्रत्याशित व अनहोना घटा, इस प्रतिक्रिया के सार धूमिल हैं।

निर्णायक मंडल! हमारा देश भ्रष्टाचार नामक महामारी से पीड़ित है। भ्रष्टाचार का अर्थ है गिरा हुआ चरित्र या आचरण। यह सिर्फ नैतिक ह्रास तक ही सीमित नही है अपितु चारित्रिक तथा भावनात्मक ह्रास भी इसके विस्तृत व वृहद क्षेत्रफल के अन्तर्गत आते हैं। यह लोकतंत्र 'स्वतंत्रता' सभ्यता और संस्कृति को नष्ट करने वाले तत्वों से जुड़ा है और परिणामस्वरूप हम एक रुग्ण समाज की ओर बढ़ रहे हैं। यह कहना कितना सार्थक–"मेरा भारत महान 100 में से 80 बेईमान या यूँ कहिए 100 में से 99 बेईमान।"

भ्रष्टाचार वास्तव में वैयक्तिक स्तर पर होता है। आज हमारा भारतीय जनमानस भ्रष्टाचार के पौधे को स्वयं ही सींच रहा है। अयोध्या मसला, काश्मीर मुदा, उत्तराखंड आदि मसलों का हल ढूंढ़ने में हम कभी एकमत या संगठित भले ना हो पर भ्रष्टाचार फैलाने में सबका सामूहिक योगदान होता जा रहा है।

कभी बोफोर्स घोटाला, कभी चीनी घोटाला, टेलीकॉम घोटाला, पशुपालन घोटाला न जाने कितने ही घोटाले भारतीय राजनैतिक पटल पर पनपते नजर आते हैं। कुछ नेताओं ने तो पशुओं का चारा तक नहीं छोड़ा। संसद के कार्यकर्ताओं द्वारा

भाई भतीजावाद को अपनाते हुए अपने सम्बधियों को ऊँचे पद देना भ्रष्टाचार नहीं तो क्या है?

कुछ दिन पूर्व मैंने समाचार पत्र में पढ़ा कि सत्य व अहिंसा के पुजारी महात्मा गाँधी की समाधि के समीप पुलिस कर्मचारियों द्वारा एक लड़की का सामूहिक बलात्कार किया गया। यह समाचार पढ़कर मेरे रोंगटे खड़े हो गए। पर होगा क्या?

जाँच आयोग का जोर शोर-से गठन किया जाएगा, पुलिस, अदालत, गवाह तो इसी भ्रष्ट मशीनरी के एक अंग हैं। औपचारिकता निभाई जाएँगी, फैसला ताकतवर के पक्ष में होगा। जंगल का कानून जो चल रहा है। भ्रष्टाचार की नदी में कभी सूखा नहीं आता। इसमें तो लगा तार उफान आता है।

भ्रष्टाचार की जड़ें समाज में काफी गहराई तक पहुँच चुकी हैं। "सैंया भये कोतवाल अब डर काहे का"।

निर्णायक मंडल! भ्रष्टाचार केवल सरकारी तंत्र तक सीमित है ऐसा नही हैं। कम मेहनत और कम समय में पैसा कमा लेने की ऐसी होड़ मची हुई हैं कि भ्रष्टाचार के नित नए तरीके ईजाद हो रहे हैं। जनाब हम भी सच्चे लोकतंत्र में विश्वास रखते हैं। भ्रष्टाचार सिर्फ राजनीतिज्ञों या गुंडे बदमाशों व आसामाजिक तत्त्वों की बपौती बनकर नहीं रह गया है। आज अगर यह नारा लगाएँ कि भ्रष्टाचारियों पर पहला पत्थर वह मारे जिसने कभी भ्रष्टाचार न किया हो तो शायद ही कोई हाथ उठे। घरों में बिजली की चोरी, बच्चों के अंक बढ़ाने या नकली प्रमाणपत्र व डिग्री हासिल करने के लिए रिश्वत देना, दाखिला व नौकरी के लिए दानराशि, प्रश्नपत्र प्राप्त करने के लिये अनुचित हथकंडे अपनाना, बिना टिकट यात्रा करना, सरकारी वाहनों का दुरुपयोग करने वाले हम और आप ही हैं कोई राजनीतिज्ञ या नेता नहीं। भ्रष्टाचार का विरोध न करना भी उसका मूक समर्थन करना है।

यहाँ 'गागर में सागर' नहीं अपितु 'चम्मच में सागर' भरने वाली स्थिति उत्पन्न होती जा रही है क्योंकि यह बीमारी कैंसर की तरह फैलती जा रही है। पूरे देश में इसका जाल बिछा है। ऊपर से लेकर नीचे तक प्रत्येक क्षेत्र, प्रत्येक तंत्र की श्रृंखला की हर कड़ी इससे अभिशप्त है और मजे की बात यह हैं कि भ्रष्टाचार के मामले में पकड़ा गया प्रत्येक आदमी शर्मिंदगी महसूस नहीं करता अपितु सीना तानकर चलता है।

चलिए, भ्रष्टाचार पुराण तो बहुत हो गया अब बात करें इन के उन्मूलन की। जैसा कि नेपोलियन ने कहा हैं–

**"असंभव कुछ भी नहीं है।"**– इस भ्रष्टाचारी रूपी महामारी का दमन तभी होगा जब सारा राष्ट्र जागरुक होगा।

**"इष्ट ईमान को पूजना चाहिए**
**भ्रष्ट अभियान को वर्जना चाहिए**
**बकरियों का धर्म है कि में में करें**
**सिंह को तो सर्वदा गर्जना चाहिए"।**

शेषन व खैरनार को हर मनुष्य की आत्मा में जन्म लेना होगा। 'वसुधैव कुटुम्बकम्' व 'बहुजन हिताय व बहुजन सुखाय' उक्तियों की सारगर्भिता का विश्लेषण करना होगा। नानक, कबीर, बुद्ध, महावीर जैसे संतों की विचारधारा की सलिल सरिता में अपने भ्रष्ट विचारों की कालिमा को धोना होगा। अपने स्वं को मारकर परहित को जागृत करना होगा।

आज प्रत्येक नागरिक का यह दायित्व है कि वह इस भ्रष्टाचार की आग को बुझाए जिसमें पूरा देश धूं-धूं करके जल रहा है। इसके लिए आवश्यकता है आत्म चिंतन व सात्विक बल की। अन्त में मैं यही कहूँगी–

**मेरा अज्म इतना बुलंद है कि**
**पराए शोलों से मुझे डर नहीं**
**मुझे खौफ आतिशे गुल से है**
**ये कहीं चमन को जला न दें।**

# बालिका समानता की अधिकारिणी है

उस दिन मेरी माँ प्रसव पीड़ा से कराह रही थी। कुछ समय में पूरा घर नवजात शिशु के रोने की आवाज से गूंज उठा। दाई माँ ने बाहर आकर मेरी दादी के कान में धीरे से कुछ कहा। दादी ने पास खड़ी लड़की को कुछ इशारा किया। कुछ ही पलों में एक कटोरा लाकर उसने दादी माँ के हाथ में दे दिया। वह विषयुक्त जल काफी था मेरी नवजात छोटी बहिन को मौत की नींद सुलाने के लिए।

जी हाँ, ये है दिल्ली जैसे महानगर के एक शिक्षित परिवार की शर्मनाक घटना, जहाँ बेटी को जन्म से ही बोझ माना जाता है। पुत्र के जन्म पर मिठाइयाँ बाँटी जाती हैं और पुत्री के जन्म पर आँसुओं से उसका स्वागत किया जाता है। कुछ लोग स्वयं को झूठी सांत्वना देने के लिए कन्या का सम्बन्ध धन से जोड़ उसे 'लक्ष्मी' की संज्ञा दे देते हैं।

खेद का विषय है कि राजस्थान, हरियाणा में आज भी शिक्षित व प्रगतिशील परिवारों में माता के गर्भ में ही मादा भ्रूण की हत्या कर दी जाती है।

निर्णायक मंडल! मेरा प्रश्न पूरे समाज से है कि बालिका को किस कारण से पुरुषों से हीन समझा जाता है? क्यों हम उसके अपनत्व और प्रेम की ऊष्मा पर आत्मकेंद्रित संस्कृति और अहम् का मुलम्मा चढ़ा उसे प्रताड़ित करते हैं? क्यों? क्या इसलिए कि ईश्वर द्वारा दी गई शारीरिक संरचना ने उसे पुरुषों के समान पूर्ण स्वतंत्रता नहीं दी? क्या इसलिए पुरुष प्रधान समाज नारी के सामने झुकना अपना अपमान समझता है?

कुछ पिछले समाचारों के पृष्ठ पलटिए–

**हिन्दुस्तान टाइम्स**–

(i) गुंजन सक्सेना पहली नारी जिसने कारगिल युद्ध क्षेत्र में लड़ाकू विमान चलाया और भारतीय वायुसेना को गौरवान्वित किया।

(ii) अंतरिक्ष की सीमा को पार कर गई कल्पना चावला–भारत की पहली अन्तरिक्ष यात्री।

**आज के मुख्य समाचार–**

(i) सान्या मिर्जा ने टैनिस के क्षेत्र में नए कीर्तिमान स्थापित किए।

क्या ये हैरत में डाल देने वाले समाचार नारी की क्षमता व उसके विकसित व प्रगतिशील रूप के परिचायक नहीं हैं? जी हाँ, पृथ्वी की-सी क्षमा, सूर्य का-सा तेज, सागर का-सा गांभीर्य व पर्वत सी मानसिक उच्चता, ममता की देवी नारी के साहसिक कार्यों की अनुपम भेंट हैं।

इतिहास साक्षी है कि जागरुक महिलाओं ने राजनीतियों व प्रशासन जैसे पुरुषों की जागीर समझे जाने वाले क्षेत्रों में भी अद्भुत शौर्य का परिचय दिया है। श्रीमती सरोजिनी नायडू ने उत्तर प्रदेश के प्रथम राज्यपाल का पद व श्रीमती विजय लक्ष्मी पंडित ने प्रथम विदेश सचिव बन अपना उत्तरदायित्व पुरुषों से भी अधिक कुशलता से संभाला। भारत की प्रधानमंत्री श्रीमती इन्दिरा गाँधी, बंगला देश की शेख हसीना, श्रीलंका की राष्ट्रपति कुमार तुंगा ने इस सत्य को प्रामाणित कर दिया कि ये महिलाएँ अपनी राजनीतिक योग्यता व कुशल व्यवस्थापिका होने के कारण सर्वोच्च पदों पर बार-बार आसीन हुईं।

भारत सदैव ऋणी रहेगा अपनी पुत्री किरण बेदी का जिसने प्रशासनिक अनियमितताओं को समाप्त किया।

अंग्रेज होते हुए भी श्रीमती एनी विसैन्ट ने निर्पेक्ष भाव ने भारतीय राष्ट्रीय कांग्रेस में सक्रिय कार्यकर्ता के रूप में काम करते हुए जीवन में कई महत्त्वपूर्ण पक्ष भारत और भारतीयों की सेवा में समर्पित किए।

निर्णायकमंडल, कोई भी स्वतंत्रता संग्राम नारी के सहयोग के बिना अधूरा व सर्वथा व्यर्थ है। सन् 1857 की झाँसी की रानी का स्मरण करते क्या आज भी हमारी भुजाएँ फड़क नहीं उठती? क्या महिला पायलेट अर्चना द्वारा अन्तरिक्ष में जाना, गुंजन सक्सेना जैसी वीरांगना का कारगिल में निर्भीकता से लड़ना व बैचेन्द्रीपाल द्वारा एवरेस्ट की ऊचाइंयों को छूना, क्या ये दृष्टान्त नारी के महत्त्व पर प्रश्न चिन्ह लगाने की अनुमति दे सकते हैं?

ज्ञान के क्षेत्र में भी महिलाएँ पुरुषों से कम नहीं है। शकुन्तला देवी महान गणितज्ञ हैं जिसकी पुरुषों से तुलना करना मूर्खता होगी। ये अपनी योग्यता से आज भी उच्च पद पर आसीन हैं।

यदि एक नजर खेल-कूद के क्षेत्र पर डाली जाए तो नारी की योग्यता गगन की ऊँचाइयों को छूती प्रतीत होती है। पी.टी. उषा, मोनिका सलेस, स्टैफीग्राफ, कुंजरानी, ज्योतिर्मय सिंकदर, सान्या मिर्जा, मारटीना ने खेल के क्षेत्र में नए कीर्तिमान स्थापित किए हैं।

क्या कहना नारी की बहमुखी प्रतिभा का? न केवल शारीरिक अपितु मानसिक रूप से भी वह उच्चता के अंतिम शिखर तक पहुँची है। छायावाद के चार स्तम्भों में से एक हैं—महादेवी वर्मा। जहाँ बड़े से बड़े साहित्यकार नहीं पहुँच पाए उस शिखर पर आसीन हुईं महादेवी वर्मा। शिवानी, मन्नू भंडारी, अरुंधती राय, जे0 के रोलिंग इस संदर्भ के उल्लेखनीय नाम हैं। क्या अब भी आप यहीं कहेंगे—

**हाय! अबला जीवन तेरी यही कहानी**
**आँचल में दूध, आँखों में पानी।**

संसार की आँखें सदा गीली रहेंगी ममता, प्रेम दया व समर्पण के उस सागर के लिए जिन्होंने उन कोढ़ियों को अपनाया जो अछूत थे। उन्होंने उन दीनहीनों व वृद्धों को अपनाया जो समाज द्वारा अवाञ्छित मानकर घर से निकाले दिए गए थे। जी हाँ, ईश्वर की वे अनुमप कृति थी मदर टेरेसा। नोबेल पुरस्कार विजेता ममता व सहनशीलता की प्रतिमूर्ति, जी हाँ वे एक नारी ही तो थी।

विडम्बना यह है कि कानून की नजर में भी स्त्री पुरुष बराबर होने के बावजूद जन्म से पूर्व ही बच्चियों के साथ हिंसा का दौर शुरू हो जाता है। महिलाओं पर हिंसा के लिए मादा भ्रूण की हत्या, यौनिक अत्याचार, घरेलू हिंसा, देह व्यापार और दहेज की प्रताड़ना जैसे तरीके अपनाए जाते हैं। एक सर्वेक्षण के अनुसार भारत में 52 प्रतिशत महिलाएँ जीवन में कभी न कभी शारीरिक व मानसिक हिंसा की शिकार होती हैं।

महिलाओं के प्रति भेदभाव और हिंसा से निपटने के लिए सरकार ने कई नीतियाँ कानून बनाए। लिंग परीक्षण के बाद गर्भपात कराना और गैर कानूनी ठहराया गया। प्रसव पूर्ण लिंग परीक्षण अधिनियम (पी.एन.डी.टी.एक्ट) बनाया गया। इसके बावजूद भी बड़े पैमाने पर कानूनी धंधा चल रहा है। अब इस कानून में संशोधन की तो जरूरत तो है ही साथ ही आवश्यकता है कि सामाजिक पूर्वाग्रहों को दूर किया जाए और स्त्री पुरुष की सोच में बदलाव लाया जाए।

निर्णायक मंडल! करुणा, प्रेम व वात्सल्य का अपार भंडार रखने वाली नारी जब किसी भी क्षेत्र में पुरुष से कम नहीं है तो तो फिर उसके साथ नकारात्मक व्यवहार क्यों? जबकि सबके जीवन को सार्थक बनाने में वह अपना सर्वस्व न्यौछावर कर देती है। उसके सहयोग के बिना तो यह समाज पंगु है

आज कांग्रेस की प्रमुख कार्यकर्ता सोनिया गांधी, दिल्ली की मुख्यमंत्री शीला दीक्षित, राजस्थान की मुख्यमंत्री वसुंधरा राजे, तमिलनाडु में मुख्यमंत्री एवं पार्टी अध्यक्ष जयललिता प्रमुख पदों पर विराजमान हैं जो नारी जाति के गौरव को बढ़ा रही हैं लेकिन इसके बावजूद भी कन्या अनुपात गिरता जा रहा है। यह रिपोर्ट बी.

बी.सी. हिन्दी सेवा ने दी है उन्होंने 26 जून 2005 से कन्याभ्रूण पर एक कार्यक्रम चलाया है। समझ नहीं आता कि कन्या भ्रूण हत्या पर यह समाज इतना अधिक असंवेदनशील क्यों है? याद रखिए, यदि यह अपराध नहीं रोका गया तो नारी से रहित पंगु पुरुष समाज की गाड़ी का कार्यभार संभालने में असमर्थ रहेगा। जिससे सृष्टि का अन्त हो जायेगा।

आप और हम यदि इस कार्य में सहयोग नहीं देंगे तो हम मात्र महल के कंगूरों की तरह केवल शोभा की वस्तु रह जाएँगें। मेरा आह्वान आप सब के नाम–

**"आज की रात सर्द हवा चलती है**
**आज की रात हमें नीद नहीं आएगी**
**तुम उठो, तुम उठो, तुम भी उठो, मैं भी उठूँ**
**कोई खिड़की इसी दीवार में खुल जाएगी"।**

# पीढ़ी दर पीढ़ी बढ़ते अन्तर

31 दिसम्बर की सर्द रात मेरी बहिन मोनिका ने रात के दस बजे अपना पर्स उठाया और अपने मित्र के साथ जाने लगी। मेरी माताजी द्वारा यह पूछने पर कि वह रात के समय कहाँ जा रही है उसने बताया कि नव वर्ष सैलिब्रेट करने के लिए अपने मित्र रवि के साथ अशोका होटल में जा रही है। उसने यह भी कि कहा कि हम सब वापिसी के लिए उसकी प्रतीक्षा न करें क्योंकि उसे आने में सुबह भी हो सकती है। माता जी द्वारा रोकने के प्रयास में मोनिका ने उन्हें 'दकियानूसी' शब्द से सम्बोधित किया और पैर पटकती हुई घर से बाहर चल दी। मैं और माँ उसके व्यवहार से अत्यधिक मर्माहत हुईं।

निर्णायक मंडल तथा अन्य उपस्थित जन, औद्योगीकरण, विज्ञान की बहु उन्नति, नई तकनीक, नए आविष्कार तथा भौगोलीकरण के कारण आज जीवन तेजी से बदल रहा है। देश की तीन चौथाई आबादी युवाओं की है जो जमाने के साथ आगे दौड़ रही है।

अध्यक्ष महोदय पहले भी संयुक्त परिवार बिखर रहे थे और आने वाले कल में बड़े परिवार और भी छोटे होंगे, रिश्ते बदलेंगे स्त्री-पुरुष के बीच, अभिभावकों के बीच और पीढ़ियों के बीच। औपचारिकता के साए में बने सम्बन्धों में आत्मीयता कैसे आ पाएगी?

देश की 70 प्रतिशत से अधिक आबादी जब पंख लगाकर उड़ने की इच्छुक हों तो मेंढक की मोक्ष अन्तर्मुखी घोंघा बनकर डुबकी मार जाने में है—यह दर्शन युवा पीढ़ी को भला कैसे रुचेगा? यह तो बात हुई युवाओं के नकारात्मक पक्ष की। अब मैं बात करती हूँ उनके सकारात्मक पक्ष की क्योंकि हर सिक्के के दो पहलू होते हैं।

निर्णायक मंडल इस बात को तो सभी जानते हैं कि नई सोच, नए फैसले, नए निर्णय—इन सब के लिए युवा पीढ़ी को अब दूसरों के ऊपर निर्भर नहीं रहना पड़ता। संचार माध्यम के कारण विभिन्न संस्कृतियों के मेल से ज्ञान में वृद्धि हुई है। नए अन्वेषण पग-पग पर युवा पीढ़ी के जीवन को सफलता की सुगन्ध से भर

रहे हैं। कल्पना चावला इस बात की ज्वलन्त प्रमाण है। सान्या निर्जा जैसी नई नई कोंपले नए-नए मुकाम हासिल कर रही हैं।

एक बार पब्लिक स्कूल के बच्चे से पूछा गया कि आप को सबसे अच्छे बुजुर्ग कौन लगते हैं तो उसने जबाव दिया 'अमिताभ बच्चन' क्योंकि वे समय के अनुसार अपने विचारों में परिवर्तन लाए हैं। उनकी जीवन शैली आज के समय से अनुकूल हैं। वे युवा पीढ़ी के अभिभावक होने के साथ-साथ उनके अच्छे मित्र भी हैं। यहीं तो चाहते हैं हम सब। युवा पीढ़ी के पास आत्मबल है, उनकी इच्छा शक्ति दृढ़ है और निर्णय लेने की क्षमता है, उन्हें चाहिए ऐसे मार्ग दर्शक जो उनके संकल्प को पूर्ण करने में सहयोग दे तथा उनके जीवन में हस्तक्षेप करने की अपेक्षा उनके प्रेरणा स्रोत बनें।

निर्णायक मंडल! पीढ़ी दर पीढ़ी बढ़ते अन्तर को कम करने के लिए बुजुर्गों को और युवाओं को अपने नजरिए और सोच में परिवर्तन लाना होगा। इनका मार्गदर्शन करने के लिए हिलिंग टच जैसी स्वैच्छिक संस्थाएँ समाज में आ रही हैं जो पीढ़ियों के बीच खाई पाटने का काम कर रही हैं।

अगर युवा पीढ़ी विनम्रता का रास्ता अपनाए और पुरानी पीढ़ी अपने अनुभव का सुदृढ़ आधार दे तो वे जीवन के प्रत्येक मोड़ पर सफलता प्राप्त कर सकते हैं। कहीं ऐसा न हो कि विचारों की विषमता के कारण युवा पीढ़ी की प्रतिभा का ह्रास हो जाए।

**"सब लोग चाहते बदल जमाना जाए तो हम बदलेंगे**
**ऐसे न बदलेगा जमाना जब तक स्वयं को न बदलेंगे**
**मत कथा गढ़ो या चिल्लाओं नूतन अनुरोध किए जाओ**
**सीने से पत्थर हटाते जाओ जीवन सरिता बहाते जाओ।"**

यही पुकार, यही मांग है आज के समय की।

# योग शिक्षा का महत्त्व

आदरणीय अध्यक्ष महोदय, निर्णायक मंडल तथा अन्य उपस्थित जन, "योगाश्चित्त वृत्ति निरोधः" के अनुसार चित्त की वृत्तियों के निरोध का नाम ही योग है। यदि सरल शब्दों में कहा जाए तो योग का अर्थ है–मानव का प्रभु से सम्बन्ध जोड़ना तथा मानव का मानव से सहयोग। योग शिक्षा अनुस्यूत है अध्यात्म से और अध्यात्म की शिक्षा को बालपन से ही देना आज के मानव को स्वीकार नहीं क्योंकि उसका विचार है कि जीवन के आरम्भ में योग की, मनन की, ईश्वरीय प्रेम की शिक्षा का कोई विशेष प्रयोजन नहीं। यह विचार सर्वथा त्रुटिपूर्ण है।

निर्णायक मंडल, क्या इस बात से इंकार किया जा सकता कि आज का युग सामाजिक, राजनैतिक उथल-पुथल का युग है जिसमें नैतिकता का निरन्तर पतन होता हुआ सा दिखाई देता है युवा शक्ति को पतन से बचाने का सर्वोत्तम साधन है–'योग', जिससे स्थायी सुख शान्ति और आनन्द की प्राप्ति हो सके। महर्षि पतंजलि का कथन है

**"योगाङ्गानुष्ठाना दशुद्धिक्षये ज्ञान दीप्तिरा विवेक रग्यातेः"**

अर्थात् योगङ्गों के अनुष्ठान करने से अविद्यादि दोषों का नाश और ज्ञान के प्रकाश की वृद्धि होने से मोक्ष की प्राप्ति होती है। आज के विद्यार्थी को तो अपने बहुमुखी विकास के लिये विशेष रूप से योग शिक्षा की आवश्यकता है। अष्टाङ्ग योग के अनुसार योग के आठ अंग हैं। [1]यम [2]नियम [3]आसन [4]प्राणायाम [5]प्रत्याहार [6]धारण [7]ध्यान और [8]समाधि। अंतिम तीन धारणा, ध्यान और समाधि की स्थिति तक यद्यपि एक दृढ़ निश्चयी साधक ही पहुँच सकता है तथापि प्रथम पाँचों अंग प्रत्येक युवा को एक संपूर्ण मानव बनाने में महत्त्वपूर्ण भूमिका निभाते हैं

अष्टाङ्ग योग के प्रथम दो अंग हैं यम और नियम। चरित्र निर्माण में इनका विशिष्ट महत्त्व हैं। यम पाँच है अहिंसा, सत्य, अस्तेय, ब्रह्मचर्य तथा अपरिग्रह। आज जबकि समस्त जगत् में मारकाट मची है तथा विश्वविद्यालयों में विद्यार्थीगण राजनीति के जंजाल में फँसे हैं तब तो यह आवश्यकता और भी बढ़ जाती है कि विद्यार्थियों को अहिंसा, सत्य व ब्रह्मचर्य का पाठ जीवन के आरम्भिक काल से ही

पढ़ाया जाए। इसके साथ ही मानसिक शुद्धि हेतु पाँच ही 'नियम' हैं—शौच, संतोष, तप, स्वाध्याय तथा ईश्वर प्राणिधान। सभी प्रकार की ब्राह्य तथा आभ्यन्तरिक पवित्रता शौच है। शारीरिक शुद्धि तो विभिन्न नित्य क्रियाओं स्नान, दन्तधावन आदि द्वारा होती ही है किन्तु वास्तविक शुद्धि तो मानसिक है जिसमें ईर्ष्या घृणा, मद, मत्सर, क्रोध, लोभ, मोह आदि से चित्त को शून्य किया जाता है जिसकी आवश्यकता आज के विद्यार्थी को सर्वाधिक है। सन्तोष और तप के द्वारा हमारा युवा अगर प्रत्येक स्थिति में सतुष्ट रहना सीख जाए तथा तप अर्थात् कष्ट, सहिष्णुता की शक्ति को प्राप्त कर सच्चा जिज्ञासु बने और स्वाध्याय द्वारा सद् साहित्य के अध्ययन से ज्ञान वृद्धि करे तो एक भी भारतीय युवा आत्महनन प्राप्त हो पथ भ्रष्ट न होगा।

मेरे साथियो! चरित्र निर्माण में जहाँ यम-नियम का महत्त्व अपरिहार्य है वहाँ शरीर को भी विभिन्न रोगों से रहित करने के लिये आसन व प्राणायाम अति महत्वपूर्ण हैं। ऐसा माना जाता है कि शरीर के लोच की समाप्ति ही वृद्धावस्था का आगमन है। पद्मासन, सूर्य नमस्कार, चक्रासन, हलासन आदि आसनों के द्वारा शरीर की लोच को बनाए रखा जा सकता है व प्राणवायु के निरोध के सहयोग से मन, शरीर व श्वसन क्रिया पर नियंत्रण हो जाता है।

निर्णायक मंडल! योग के इन पाँच अंगों को पार करके ही साधक समाधि की स्थिति तक पहुँचता है। इन अंतिम स्थितियों के लिये तो एकाकी होना आवश्यक है किन्तु प्रथम पाँच अंगों की शिक्षा प्रत्येक विद्यार्थी को यदि पुस्तकीय ज्ञान की भाँति ही अनिवार्य समझ कर दी जाए तो हमारे विद्यार्थियों का चरित्र उच्चकोटि का होगा वे आधुनिक युवा की भाँति कदापि उच्छृंखल होकर आतंकवादी न बनेंगे। एक सच्चरित्र व्यक्ति अपनी सात्त्विकता से सामने वाले व्यक्ति को अभिभूत किये बिना नहीं रहता। जब ये भावी निर्माता ही चरित्रवान् होंगे तो वे अपने समीप का वातावरण भी अवश्य ही परम पुनीत बनाएँगे। आज से हजारों वर्ष पूर्व प्रकृति के सुरम्य अंचल में विद्याध्ययन करने वाला योगाभ्यासी भारतीय युवा अमित शक्ति से संपन्न था आज यदि योग शिक्षा विद्यार्थियों को अनिवार्य रूप से पुनः दी जाने लगे तो वह दिन दूर नहीं जब एक बार पुनः भारतवर्ष अपनी श्रेष्ठता से समस्त विश्व को चमत्कृत करने में समर्थ होगा।

# वर्तमान युग में श्री कृष्ण की नीतियों की आवश्यकता

आदरणीय निर्णायक गण! गुरुजनों और साथियों, 'वर्तमान युग में श्री कृष्ण की नीतियों की आवश्यकता' विषय पर मैं अपने कुछ विचार आपके सक्षम प्रस्तुत करने जा रहा हूँ।

श्रीकृष्ण के मुख्यतः दो रूपों की चर्चा धर्म ग्रन्थों में होती आई है। एक रसराज शृंगार के अधिष्ठाता देवता रसिक कृष्ण तथा दूसरे महर्षि कृष्ण द्वैपायन वेदव्यास रचित महाभारत के मुख्य प्रतिपाद्य महानायक श्रीकृष्ण।

सम्प्रति ऐसे बहुत से मनुष्य हैं जो आज के युग में रामायण, महाभारत को अप्रासंगिक समझते हैं, किन्तु निःसन्देह आज भी ये धर्म ग्रन्थ अत्यन्त उपयोगी हैं महाभारत के संदर्भ में, योगेश्वर कृष्ण ने एक महत्वपूर्ण भूमिका निभाई। उन्होंने साम, दाम, दण्ड, भेद सभी नीतियों को अपनाया था। (आदर्श का प्रचार, सुशिक्षा की व्यवस्था, पुराने को स्वाभाविक नियमों के द्वारा नयी धारा में प्रवाहित करने का कौशल—यही तो हैं नवीन आदर्श को देशभर में सुप्रतिष्ठित करने का प्रधान उपाय) इसी गठनमूलक पद्धति से सम्यक् विकास में बाधा देने वाले सारे कुसंस्कार मिट जाते हैं, प्रतिकूल शक्तियाँ रास्ता छोड़ कर खड़ी हो जाती हैं। श्रीकृष्ण ने अपने विराट् महान् सार्वभौम आदर्श की स्थापना के लिये प्रधानतः इसी प्रकार की गठन मूलक पद्धति को अपनाया था। मूर्तिमान प्रेम को आदर्श की प्रतिष्ठा के लिये योद्धा का स्वाँग धारण करना पड़ा। अहिंसा और सत्य की प्रतिष्ठा के लिये उन्हें हिंसा और असत्य के विरूद्ध प्रबल पराक्रम के साथ खड़ा होना पड़ा। न्याय और धर्म की मर्यादा स्थापना हेतु उन्हें अन्याय और अधर्म के नाश के लिये तलवार चलानी पड़ी। श्रीकृष्ण की सब जीवों के प्रति प्रीति, करुणा, सहानुभूति और समदृष्टि थी उनका महान् ऐक्य का आदर्श था और अखण्ड महाभारत प्रतिष्ठा का अटूट संकल्प था। आज एक प्रश्न हमारे सामने रखा गया है कि आज समाज में हो रहे नैतिक पतन को देखते हुए बारबार आवश्यकता अनुभव होती है एक ऐसी जीवनी शक्ति की जो झंकृत कर दे

मानवीय चेतना को, स्थापना कर दे शान्ति की अर्थात् जो सन्त भी है और सैनिक भी। जो योद्धा की भूमिका में भी खरा उतरे और साधु की में भी। महाभारत काल में वातावरण को सन्तुलित बनाने में सक्षम थी कृष्ण की विविध नीतियाँ जिनकी हमें युगीन परिस्थितियों में आज भी आवश्यकता है। इन्हीं संदर्भों में महाभारत आदि ग्रन्थ आज भी उतने ही प्रासंगिक हैं जितने उस काल विशेष में रहें होंगे। कर्मयोगी कृष्ण ने सदैव धर्म का पथ ग्रहण किया चाहे उसके लिये मारकाट ही क्यों न करनी पड़ी हो, वे युद्धरत भी हुए हैं तो धर्म की रक्षा हेतु। कर्म करते हुए भी निर्लिप्त रहने वाले कृष्ण की नीति थी 'तेन त्यक्तेन भुञ्जी था' वाली भारतीय सभ्यता को महामानवता की सुदृढ़ भूमि पर सुप्रतिष्ठित करने के मार्ग में वे किसी भी विप्लव का सामना करने के लिये बिना संकोच के तैयार थे। उन्होंने स्वार्थ से अंधी और घमंड से चूर सब प्रकार की विद्रोही शक्तियों को ध्वंस करने का निश्चय लिया था आवश्यकता होने पर सब तरह के मित्रद्रोह, जातिद्रोह, लोकक्षय और करुण क्रन्दन के अन्दर से होकर भी जाति और समाज को आदर्श की ओर ले जाने में उनका हृदय नहीं काँपता था। महामानवता के नित्य सत्य विराट् आदर्श की सुस्थापना के लिये अपने प्रिय से प्रिय असंख्य मनुष्यों के अनित्य क्षण भंगुर शरीरों की बलि देने में भी उनका विशाल हृदय जरा भी संकुचित नहीं होता था। आदर्श की प्रतिष्ठा के लिये आवश्यक होने पर वे 'महद्भयं वज्रमुंद्यतम्' रूप में अपने को प्रकट करते थे। महामानव श्रीकृष्ण ने अपनी अनन्य साधारण संगठन-शक्ति का समभाव से प्रयोग किया।

निर्णायक मंडल! आज पग-पग पर अनाचार का बोलबाला है। महाभारत काल में जब भी इस दिशा में किसी ने कदम बढ़ाए वहीं योगेश्वर कृष्ण ने महामानव की भूमिका निभाई और समाज से दुराचार को समाप्त किया। उस कर्मयोगी के पास सभी समस्याओं का समाधान था। बहुत से भागों में बँटे हुए भारत को एक महाभारत के रूप में परिणत करने के लिये आर्य और अनार्य, ब्राह्मण और म्लेच्छ, प्रबल और दुर्बल, ज्ञानी और अज्ञानी सभी को एक करने के लिये तथा सभी सम्प्रदायों के और समस्त साधन प्रणालियों का समन्वय करने के लिये उन महापुरुष ने विविध नीतियों का प्रयोग किया। अन्त में मै यही कहना चाहूँगी कि आज एक ऐसी ही महान शक्ति की आवश्यकता है जो आपसी वैमनस्य का परित्याग कर सभी मानवों में प्रेम का अजस्र स्रोत प्रवाहित कर दे तथा पुनः भारत का वही दुग्धोज्ज्वल धवल रूप विश्व के सन्मुख प्रकट हो जाए।

# संस्कार-एक आधारभूत आवश्यकता

**वैदिकैः कर्मभिः पुण्यैर्निषेकादिद्विजन्मनाम्**
**कार्यः शरीरसंस्कारः पावनः प्रेत्य चेह च।।**

आदरणीय निर्णायक मंडल तथा अन्य उपस्थित जन, आज की भाषण प्रतियोगिता का विषय है, "संस्कार-एक आधारभूत आवश्यकता।"

संस्कार शब्द 'सम्' उपसर्ग और 'कृ' धातु से मिलकर बना है। इसका अर्थ हैं 'शुद्ध करना' या 'उन्नत करना' अथवा किसी वस्तु के रूप को बदल देना उसे नया रूप दे देना। जैसे स्वर्णकार अशुद्ध सोने को अग्नि में डालकर उसका संस्कार करता है, उसी प्रकार बालक के उत्पन्न होते ही उसे संस्कारों की भट्ठी में डालकर उसके दुर्गुणों को निकालकर उसमें सद्गुण डालने के प्रयत्न को वैदिक विचारधारा में संस्कार कहा गया है।

चरक ऋषि ने कहा है 'संस्कारो हि गुणान्तराधान मुच्यते' अर्थात् संस्कार पहले से विद्यमान दुर्गुणों को हटाकर उसकी जगह सद्गुणों को भरने का प्रयास ही है। इस दृष्टि से संस्कार मानव के नवनिर्माण की योजना है।

मानव जीवन के लिए महर्षि दयानन्द 'संस्कार विधि' ग्रंथ में 16 संस्कार— गर्भाधान, पुंसवन, सीमन्तोन्नयन, जातकर्म नामकरण, निष्क्रमण अन्नप्राशन, चूड़ाकर्म कर्णबेदन उपनयन, वेदारम्भ, समावर्तन विवाह, वानप्रस्थ, सन्यास तथा अन्त्येष्टि का विधान रखा है अर्थात् जीवन में 16 बार मानव के नवनिर्माण का प्रयत्न किया जाता है। बालक का जब जन्म होता है तब वह दो प्रकार के संस्कार साथ लेकर आता है। एक तो वें जिन्हें व जन्म जन्मान्तरों से अपने साथ लेता है और दूसरे वे जिन्हें वह अपने माता-पिता के संस्कारों के रूप में वंश परम्परा से प्राप्त करता है। ये अच्छे भी हो सकते हैं और बुरे भी। संस्कारों द्वारा मानव के नवनिर्माण की योजना वह योजना है जिसमें बालक को ऐसे पर्यावरण से घेर दिया जाए जिसमें अच्छे संस्कारों को पनपने का अवसर प्राप्त हो, चाहे वह पिछले जन्म के हों, चाहे माता-पिता से प्राप्त हों, चाहे इस जन्म में पड़ने वाले हों, उन्हें निर्बीज कर दिया जाए।

निर्णायक मंडल! एक प्रश्न उठता है संस्कारों की आवश्यकता क्यों है? यदि हम वर्तमान परिस्थितियों का अवलोकन करें तो ज्ञात होता है कि आज पाश्चात्य संस्कृति का अनुकरण करने के कारण तथा अत्यधिक भौतिकवादिता के कारण मानवीय तथा नैतिक मूल्य लुप्त हो गए हैं। व्यक्तिगत स्वार्थों से प्रत्येक व्यक्ति घिरा है। दया, करुणा, त्याग, सहानुभूति, परहित, सत्यनिष्ठा, अहिंसा जैसे भाव उसके लिए कोई महत्त्व नहीं रखते। केवल अपनी सुख प्राप्ति ही उसके जीवन का उद्देश्य है। धन प्राप्ति ही उसके जीवन का चरम लक्ष्य बन गयी है। इसकी प्राप्ति के लिए वह अधम से अधम कार्य करने के लिए उद्यत हैं। इस वातावरण से युवा पीढ़ी अत्यधिक प्रदूषित है। उसके सामने कोई दिशा नहीं, कोई पथ प्रदर्शक नहीं। पाश्चात्य संस्कृति की तीव्र रफ्तार जैसी जिंदगी वे जीना चाहते हैं। अपने आस-पास जो चेहरे हैं उन्हें देखिए—जिदंगी की समस्याओं से जूझते हुए कुंठित चेहरे नजर आएंगे। कहाँ गया इनका जोश, वह वलवला वह तूफान? आदर्शविहीन युवा किस दिशा की ओर बढ़ रहे हैं और क्यों बढ़ रहे हैं? कभी सोचा है आपने? हम समाचार पत्रों में भी पढ़ते हैं और सुनते भी रहते हैं कि कत्ल, चोरी, अपराध आजकल हर जगह हो रहे हैं। हम दुःख भरी आहें भरते हैं और कहते हैं कि अब तो इन जुर्मों का एक दौर सा चल पड़ा है। इन सब का अन्त कहाँ होगा? पर क्या हम यकीन से कह सकते हैं कि अकेली इस युवा पीढ़ी का ही दोष है? क्या हम दोषी नहीं हैं जिन्होंने अपनी आने वाली पीढ़ी को भटकने के लिए छोड़ दिया है, जैसा कि खुला पैसा, व्यर्थ समय, अश्लील फिल्में, वर्जित विषयों की पुस्तकें, नकली दवाइयों का निर्माण यह सब तो बड़ों द्वारा दिया किया जाता है अपने लाभ के लिए फिर युवा पीढ़ी को इस बात के लिए दोषी कैसे ठहरा सकते हैं? इसका कारण, जी हाँ, इसका एक मात्र कारण यही है कि उन्हें उत्तम संस्कार नहीं दिए जाते। उन्हें हर संस्कार से वंचित रखा जाता है क्योंकि आज के लोगों के लिए संस्कारों का कोई महत्त्व नहीं रह गया। यही कारण है कि मानव आज न तो शारीरिक रूप से ही स्वस्थ है और न मानसिक रूप से।

पुंसवन संस्कार में बताया गया है कि जब गर्भ की स्थिति का सम्यक् ज्ञान हो, तब गर्भ के तीसरे माह उसकी रक्षा के इस संस्कार द्वारा स्त्री पुरुष प्रतिज्ञा करते हैं कि वह ऐसा कार्य नहीं करेंगे जिससे गर्भ के गिरने की आशंका हो और आज भ्रूण-परीक्षण करवा कर कन्या की हत्या जैसा घिनौना कर्म किया जा रहा है। सीमन्तोन्नयन संस्कार गर्भ के चौथे मास में किया जाता है। जिसका उद्देश्य शिशु की मानसिक शक्तियों का विकास करना है। इस स्थिति में स्त्री को किसी भी अवसाद से बचाकर प्रफुल्ल रखने की बात कही है और आज की स्थिति में नारी

अनेक तनावों क्रो झेलती है। निष्क्रमण, अग्न-पाशन, चूड़ाकर्म, कर्ण बेदन संस्कार शिशु को शारीरिक स्वस्थता प्रदान करने के लिए किये जाते हैं। कर्णबेधन संस्कार का महत्व बताया गया है—

**"तस्मात् भिषक सकुशलः कर्ण विध्येत् विचक्षणः**
**शिशोः हर्ष प्रमचस्य धर्मकामार्थ सिद्धये।।"**

और आज व्यक्ति संस्कारों के बिना असमय ही अनेक रोगों से ग्रस्त हो गया है। उपनयन संस्कार ऋषि और पितृऋण से उऋण होना है। तभी वह द्विज बनता है। उपनयन संस्कार के विषय में कहा गया है—

**"यस्तु सर्वाणि भूतान्यात्मन्येवानु पश्यति।**
**सर्वभूतेष च आत्मानं ततो न विचिकित्स्ति।।"**

आज माँ-बाप, गुरु के प्रति बालकों की कोई श्रद्धा नहीं। यही कारण है कि अशक्त माँ-बाप को कोई भी संतान अपने पास रखने के लिए तैयार नहीं। परिवार केवल पत्नी एवं अपने बच्चों तक सीमित हो गये हैं। संयुक्त परिवारों का स्थान लघु परिवारों ने ले लिया है। इसी कारण वृद्धाश्रम बनाने पड़े हैं। गुरु ऋण की बात तो दूर उसे तो आज के विद्यार्थी शारीरिक यातना देते से नहीं चूकते।

वेदारम्भ संस्कार में शिक्षण संस्थाओं में गायत्री मंत्र से लेकर साङ्गो.पाङ्ग चारों वेदों का अध्ययन करते की बात कही है और अब पब्लिक विद्यालयों में बालक को प्रवेश लेने के प्रयास में इस संस्कार की अवहेलना हो रही है। जिस नींव पर बालक का जीवन का भवन निर्मित होता है वही पक्ष उपेक्षित है। है न घोर विडंबना की बात। बच्चे को जन्म देने के लिये विवाह संस्कार आज आवश्यक नहीं माना जाता हैं। सन्तान का दायित्व किस पर है—यह सीखने का समय ही किसके पास है? आज वैसे भी वैचारिक समानता न होने के कारण विवाह संबंध टूट रहे हैं। तलाकशुदा दम्पत्ति की सन्तान तथा अवैध बच्चों को क्या संस्कार मिलेंगे, आप ही विचार कीजिए जबकि माता के विचारों से सन्तान अधिक प्रभावित होती है,

**"येषु येषु इन्द्रियार्थेषु दौहृदेवा विमानना**
**प्रजायते सुत्स्याति तस्मिन् तस्मिन्त यौन्द्रिय।।"**

विवाह संस्कार का महत्व इस प्रकार बताया गया है—

**बह्मापर भुज्यतां बह्मपूर्व बह्यान्ततो महयतो बल सर्वतः**
**अमात्याधां 'देवपुरा प्रपद्य शिला स्योता पतिलोके विराज।**

निर्णायक मंडल, जरा सोचिए कैसे होंगे हमारे देश के कर्णधार? क्योंकि आज जो बच्चे जन्म ले रहे हैं वहीं बीस बरस बाद युवा हो जाएँगे। वही समाज के

कर्त्ता-धर्त्ता होंगे। आधुनिक जीवन के मशीनीकरण, स्वार्थपरत, मूल्यहीनता और अकेलेपन के अहसास में जीने वाले नशीले पदार्थों का सेवन करते वाले युवा जो अपने आप को संभालने में असमर्थ हैं वे देश को क्या संभालेंगे?

अतः आवश्यक है कि संस्कार पद्धति के रहस्य को सम्झाकर सन्तान को श्रेष्ठ संस्कार दिये जाएँ।

**"मार्गे ही में गति कर्म चौल गौञ्जी विबध्नैः।**
**बैजिक गर्भिकं चैतो द्विजानामयमृज्यते।।"**

आज माता-पिता के पतन उन्मुखी संस्कारों में पली हुई सन्तान के कारण प्रत्येक बीस वर्ष बाद समाज में विषय लोलुपता, स्वार्थ तथा भ्रष्टाचार की लहर वेग से उठ खड़ी होती है, इन्हीं संस्कारों की दिशा को अगर भावि पीढ़ी के निर्माता ऊर्ध्वगामी दिशा दें तो हर बीस वर्ष बाद एक नई पीढ़ी, एक नये युग का आगमन होगा और हमारे सम्मान का धरातल ऊपर-ऊपर चढ़ता चला जायेगा।

# (मन की जीत)

## (मन के हारे हार है, मन के जीते जीत)

आदरणीय निर्णायक मंडल श्रद्धेय गुरुजन व मेरे साथियों आज की भाषण प्रतियोगिता का विषय है–**'मन के हारे हार है मन के जीते जीत'** कितनी सच्ची और सार्थक उक्ति है यह। जिस का मन हार गया वह पराजित हो गया और जिस के मन में विजय की दृढ़ कामना है, वह विजयी होकर रहता है।

निर्णायक मंडल! वास्तव में सभी प्रकार की गतिविधियों, निर्माण तथा सर्जनाओं का निर्यामक मन ही है। क्या इस बात से इंकार किया जा सकता है कि इस कर्मशील संघर्षशील जीवन में मानव की हार जीत की कहानियाँ असंदग्धि रूप से आत्मबल के कारण ही लिखी जाती हैं। दृढ़ मन साधनों से विरहित होते हुए भी हार को जीत में बदल देता है तथा इसके विपरीत दुर्बल मन सब प्रकार के सुलभ साधनों से सम्पन्न होते हुए भी जीत को हार में बदलने के लिए विवश हो जाता है। इसी कारण मनीषियों ने मन को संयमित करने की बात की है क्योंकि संयमित मन ही विकल्पों से मुक्त होकर कुछ करने का दृढ़ संकल्प ले सकता है।

निर्णायक मंडल! इस सत्य को तो सभी स्वीकार करते हैं कि मन पवन वेग से भी अधिक गतिमान है। यह निरन्तर मनुष्यों को कभी प्रसन्न, कभी शान्त, कभी क्रुद्ध और कभी भयभीत बना देता है। इस असार संसार में प्रयास करने पर किसी भी विजय को प्राप्त किया जा सकता है किन्तु इस चंचल मन पर विजय पाना अत्यन्त दुष्कर कार्य है। गीता में भगवान श्रीकृष्ण अर्जुन को समझाते हुए कहते हैं–

**चञ्चलं हि मनः कृष्ण 'प्रमाथि' बलवद् दृढम्**
**तस्याहं निग्रहंमन्येवायोश्िव सदुष्करम्।**

जीवन एक संग्राम है और इस संग्राम में वही बिजली होता है जो मन पर विजय प्राप्त कर लेता है सफलता ऐसे व्यक्ति के कदम चूमती है। यद्यपि मन पर नियंत्रण स्थापित करना कठिन है लेकिन असंभव नहीं। साहसपूर्वक जब मनुष्य

किसी भी अनुष्ठान में जुट जाता है तब उसे सफलता अवश्य निलती है "साहस जहँ सिद्धि तहँ होई"।

सीता वेषण हेतु गए हनुमान ने जब जाम्बवान के उकसाने पर मन से समुद्र लांघने का निश्चय किया तो सफल हुए। कहा जाता है कि कालिदास ने पत्नी की प्रताड़ना से मन से ज्ञान प्राप्त करने का निश्चय किया और संस्कृत के प्रकांड पंडित बने और रघुवंश और अभिज्ञान शांकुतलम जैसे ग्रन्थों से विश्व को विमोहित किया। जड़बुद्धि वरद्धराज ने भी जब सिल पर निशान पड़े हुए देखे तब वागेश्वरी को प्रसन्न किया। एकलव्य मनोबल के कारण ही अर्जुन से भी बड़ा धनुर्धर बन कर केवल अर्जुन के लिए ही नहीं अपितु स्वयं गुरु द्रौणाचार्य के लिए अभेद्य चुनौती बन गया। लौह पुरुष वल्लभ भाई पटेल अपनी विजयनी मानसिक शक्ति के कारण ही लौहपुरुष कहलाए और बड़े-बड़े दुष्कर कार्यों को सुगमता से हल कर दिया।

निर्णायक मंडल! मनोबल से ही धैर्य, साहस, आशा व उत्साह के भाव उत्पन्न होते हैं। अन्तर्मन की शक्ति ही सबसे बड़ी शक्ति है। इसी के द्वारा ही मनुष्य भीषण विपत्तियों का सामना भी सरलता से कर लेता है। किसी भी कार्य में सफल होने के लिए मन में विश्वास होना अति आवश्यक है? डगर कैसी भी हो यदि व्यक्ति का मनोबल दृढ़ है तो कोई शक्ति उसकी राह नहीं रोक सकती। ऐसे व्यक्ति का भाग्य स्वयं चलकर उसके पास आता है। रामचरित मानस के लंकाकाण्ड में लिखा है जब विभीषण ने श्री राम के सम्मुख चिंता व्यक्त करते हुए प्रश्न किया कि वे बिना रथ के हैं और रावण रथ पर सवार है तो ऐसी स्थिति में विजय कैसे प्राप्त होगी तो श्री राम ने कहा विजय प्राप्ति के लिए जिस रथ का रूपक बांधा वह इस प्रकार है–

**"अमन अचल मन त्रोन समाना**
**सम जम नियम सिलीमुख नाना"**

मनोबल से मनुष्य में प्रबल इच्छा शक्ति जागृत हो जाती है। इससे मनुष्य को आगे बढ़ने की राह स्वयं दिखाई देनी लगती है 'जहाँ चाह वहाँ राह'।

जीवन में सफलता का मूल आधार मनोबल ही है। इसके अभाव में मनुष्य का जीवन एक ऐसी नौका की तरह होता है जो हवा के वेग से कभी इधर और कभी उधर बहती रहती है और अन्तोगत्वा अपने भीतर भर आये पानी के भार से एक दिन डूब जाती है। मनोबल जीवन नौका को एक निश्चित दिशा में पूर्ण दृढ़ता के साथ आगे बढ़ाता है। वह आंधी तूफानों का डटकर मुकाबला करने की प्रेरणा देता है और एक दिन उसे अपनी मंजिल पर पहुँचा देता है।

निर्णायक मंडल! आज सम्पूर्ण विश्व में चारों ओर अविश्वास एवं निराशा का

वातावरण बना हुआ है। आखिर क्यों? इसका उत्तर यही है कि आज हमारा मन असंयमित होकर दुर्बल हो गया है। उनमें निराशाजन्य अविश्वास ने जन्म ले लिया है। इस अविश्वास के कारण हर ओर स्वार्थ व आपाधापी मची हुई है। दृढ़ इच्छा शक्ति से निर्मित मनोबल ही हमें पराजयों की दलदल से मुक्ति दिला सकता है। कला, साहित्य, ज्ञान, विज्ञान, शिक्षा आदि सभी क्षेत्रों में करुण क्रन्दन सुनाई दे रहा है वह मानसिक हार का परिचायक है।

अन्त में मैं यही कहूँगी कि मन की सबलता ही मनुष्य को कर्मक्षेत्र में विजय दिलाती है। निश्चय ही 'मन के हारे हार है, मन के जीते जीत'।

# युवा पीढ़ी और राष्ट्रीय एकता

**"ऐक्य के गीत यदि कंठ गाता न हो**
**बीन स्वातन्त्र्य की मन बजाता न हो**
**व्यर्थ है ध्यान की साधना ही**
**अगर देश का पूर्ण प्रतिबिम्ब नजर आता न हो।"**

यौवन! प्रकृति का यौवन! मानव का यौवन–यह अवस्था बसंत काल है जब प्रकृति की ओर से दी समस्त शारीरिक व मानसिक शक्तियाँ पूरे उभार पर होती है। आदरणीय अध्यक्ष महोदय, निर्णायक मंडल तथा अन्य उपस्थित जन–आज की भाषण प्रतियोगिता का विषय है "युवा पीढ़ी और राष्ट्रीय एकता"। इस सत्य को तो सभी ने अनुभव किया है कि यह अवस्था जीवन की सबसे मादक अवस्था है और इस अवस्था ने जैसे जीवन में हार मानना सीखा ही नहीं।

निर्णायक मंडल, यदि समाज की तुलना किसी उद्यान से की जाए तो नवयुवक वर्ग उस उद्यान का सुरभित सुमन है। सामाजिक विरास्त और सांस्कृतिक संजीवन से नवयुवक की देह का निर्माण होता है। युवा वर्ग समाज का ऐसा जीवंत निष्कर्ष है जिसके दर्पण में हम एक ही स्थान पर किसी समाज के अतीत, वर्तमान व भविष्य को साकार देख सकते हैं।

अध्यक्ष महोदय, क्या इस बात से इंकार किया जा सकता है कि इस वर्ग में आंधी का सा वेग होता है जो अन्याय और अत्याचार के स्थापित स्तम्भों को उखाड़ फैंकने की सामर्थ्य रखता है। इतिहास इस बात का साक्षी है कि युवा शक्ति ने जब भी करवट ली है, इस संसार की काया पलट कर डाली।

**निर्जीव में जान फूंक दूं**
**मैं आज का युवा आने वाला कल बदल दूँ।**

आज भारत अपनी निराली संस्कृति के लिए विश्व भर में प्रसिद्ध है। डा0 राधा कृष्णन ने अपने भाषण में एक बार कहा भी था कि–'भारतीय संस्कृति एक ऐसा कागज है, जिस पर अनेक संस्कृतियों ने अपनी छाप छोड़ी है और यह विभिन्न प्रकार

के अभिलेखों को आत्मसात् कर अपने मूल स्वरूप को उज्ज्वल व सुरिक्षत बनाए है।'

निर्णायक मंडल, इस यथार्थ को कौन झुठला सकता है कि यद्यपि भारत में विभिन्न धर्म, भाषाएँ, संस्कृतियों की झलक एक साथ देखने को अवश्य मिलती है तथापि हमारी यही विभिन्न भाषाएँ व धर्म कभी-कभी राष्ट्रीय एकता को क्षति पहुँचाने लगते हैं।

आज हमारा देश स्वतन्त्र हो एक विशाल देश के रूप में संसार के सामने अपना मस्तक ऊँचा किए खड़ा है, किन्तु संसार के तथाकथित बड़े देश नहीं चाहते कि भारत समृद्ध और शक्तिशाली बनें। अपनी इस इच्छा की पूर्ति के लिए वे कूटनीति का सहारा ले रहे हैं और देश की राष्ट्रीय एकता को खंडित करने का प्रयास कर रहे हैं। कभी वे जातिवाद को उकसाते हैं तो कभी साम्प्रदायिकता की आग भड़काते हैं। आज हमारे देश में धर्म व सम्प्रदाय के नाम पर विद्रोह फैल रहा है। देश में जगह-जगह धर्म के नाम पर हो रहे दंगे इस बात के ज्वलन्त प्रमाण है। कवि ने कहा है—

**"रोको इन हवाओं को**
**आवारा न हो जाएँ**
**पत्ता ही पत्ते का**
**हत्यारा न हो जाए**
**मजहब की लड़ाई में**
**डर है तो महज इतना**
**टुकड़े-टुकड़े आँगन**
**दोबारा न हो जाए"**

निर्णायक मंडल! पिछले दिनों दीपावली पर्व पर दिल्ली में विभिन्न स्थलों पर हुई बम्ब विस्फोट की घटनाओं को कोई भी भूला नहीं होगा। मजहब के नाम पर लाशें बिछने में देर नहीं लगती। इसलिए किसी ने ठीक ही कहा है—

**"शत्रुओं के साथ**
**रात बिताने लगे हैं लोग**
**दीवार आंगन में बनाने लगे हैं लोग**
**कितना जुनून छा गया है**
**अपने ही हाथ से**
**अपने घरों को**
**आग लगाने लगे हैं लोग।"**

ऐसी विषम परिस्थितियों में युवाओं को चाहिए कि प्रत्येक धर्म के गहन तथ्यों को स्वयं भी समझें और दूसरों को भी समझाएँ कि ईश्वर एक है और विभिन्न धर्म उस तक पहुँचने के विभिन्न मार्ग हैं अन्यथा यह दंगे हमारे देश के वातावरण को अभिशिप्त, अस्वस्थ और विषैला बना देंगे। आज साम्प्रदायिक दंगों के अतिरिक्त भाषा के नाम पर भी उपद्रव हो रहे हैं। ऐसे में युवाओं को चाहिए कि वे भाषायी राष्ट्रीय नीति का विरोध करने वाली शक्तियों को अपनी शक्ति ने दबा दें और हिन्दी को देश की राष्ट्र भाषा व सम्पर्क भाषा स्वीकार करने में सहयोग दें क्योंकि इसी के द्वारा अपने विचारों का आदान प्रदान सहज एवं स्वाभाविक रूप से हो सकता है।

**'ये सिलसिले कत्लके**
**अब ओर कितने होंगे?**
**जयचन्द इस वतन में**
**अब ओर कितने होंगे?**
**आँखों में अश्रु भर कर**
**ये शहीद पूछते हैं,**
**मेरे वतन के टुकड़े**
**भाषा के नाम पर**
**ओर कितने होंगे?**

मेरे साथियों, इस बात को आज सभी महसूस कर रहे है कि धर्म, जातिवाद, प्रान्तीयता के साथ-साथ एक ओर समस्या भी मुँह फाड़े हमारे सामने खड़ी है वह समस्या है—भारतीय संस्कृति का ह्रास।

अध्यक्ष महोदय, किसी भी देश की आत्मा उसकी संस्कृति होती है। यह हमारे लिए बड़े गर्व की बात है कि हमारी संस्कृति अनेक परिवर्तन और उथल-पुथल के बाद भी अक्षुण्य बनी है। मगर हमारी युवा शक्ति पाश्चात्य सभ्यता एवं संस्कृति से इतनी अधिक प्रभावित हो रही है कि वह अंधाधुंध उसका अनुसरण किए जा रही है और अपने नैतिक मूल्यों को त्याग बैठी है। युवा पीढ़ी को चाहिए के वह स्वयं को इस जाल की चमक-दमक एवं चकाचौंध से मुक्त करें और अपनी संस्कृति के स्वरूप को पहचान कर उसकी रक्षा करें अन्यथा पाश्चात्य सभ्यता का अनुकरण हमारी वर्षों की सभ्यता को दीमक की तरह खोखला कर देगा।

निर्णायक मंडल, युवा वर्ग में असीम प्रतिभा व शक्ति है किन्तु उचित मार्ग दर्शन के अभाव में अपनी वह प्रतिभा का दुरुपयोग कर रहे हैं। अपनी मांगों

को पूर्ण करने के लिए राष्ट्रीय सम्पत्ति को हानि पहुँचाना उनके लिए सामान्य बात है।

नशीले पदार्थों का सेवन इन्हें मौत के कगार पर खड़ा कर रहा है। युवा वर्ग को चाहिए कि हर कदम सोच-समझ कर उठाएँ क्यों कि देश का भविष्य इन्हीं के कन्धों पर टिका है। युवा वर्ग को चाहिए कि वह शिक्षा का प्रसार कर अज्ञान के अन्धकार को दूर कर राष्ट्रीय एकता में बाधक तत्त्वों को मूल रूप से उखाड़ कर राष्ट्र के विकास में व एकता स्थापित करने में सहयोग दें।

अन्त में मेरा आह्वान आप सब के नाम—

**वतन है दोस्तो सबका।**
**इसे बरबाद मत करो**
**वतन के वास्ते जियो**
**वतन के वास्ते मरो।**

# राष्ट्रीय एकता में हिन्दी का योगदान

आदरणीय अध्यक्ष महोदय, निर्णायक मण्डल तथा मेरे प्यारे साथियों। आज की इस सम्भाषण प्रतियोगिता का विषय है—'राष्ट्रीय एकता में हिन्दी का योगदान'। किसी देश की अस्मिता के लिए उसकी भाषा बहुत ही महत्वपूर्ण होती है क्योंकि वह उस देश की परम्परा एवं संस्कृति की वाहिका होती है। देश की एकता एवं अखण्डता के लिए जैसे अन्य बातों की आवश्यकता है वैसे ही सम्पूर्ण राष्ट्र की एक भाषा का होना भी अत्यन्त आवश्यक है क्योंकि राष्ट्रभाषा ही सम्पूर्ण राष्ट्र की आत्मा को अपना बनाती है।

हिन्दी ही राष्ट्रभाषा के रूप में सम्मान प्राप्त कर देश की एकता को बनाए रखने में समर्थ हो सकती है क्योंकि यह एक प्रान्त विशेष की भाषा न होकर सम्पूर्ण राष्ट्र की भाषा है। 'अहम्' की जगह 'हम' की भावना को जागृत कर, देश को एकता के सूत्र में पिरोने में सक्षम है। राष्ट्रीय स्तर पर एकता बनाए रखने के लिए हिन्दी ही एकमात्र ऐसी भाषा है जिसमें परम्परागत रूप से देश की जाति के गौरव का प्रतीक 'साहित्य' रचा गया और रचा जा रहा है।

हिन्दी भाषा के खड़ी बोली रूप के प्रसिद्ध कवि अमीर खुसरो और कबीर जी ने इस भाषा के प्रचार से राष्ट्रीय एकता को बनाए रखने में बहुत बड़ा योगदान दिया। कबीर का साम्प्रदायिक सद्भाव आज भी हिन्दू-मुस्लिम एकता का संदेश दे रहा है। रहीम, रैदास आदि संतों ने हिन्दी भाषा के माध्यम से जिस मानवीय एकता का प्रचार किया वह स्वतंत्रता आंदोलन के कर्णधारों का सम्बल बनी। संत कबीर जी के ये शब्द कितने प्रेरणास्पद हैं—

**हिन्दु-तुरक ही एक राह है, सत्गुरु इही बताई।**
**कहै कबीर सुनो हो साधो, राम ने कहेउ खुदाई।।**

तुकाराम, एकनाथ, मालण, दयाराम आदि कवियों ने एकता की भावना की अभिव्यक्ति के लिए हिन्दी भाषा का सहारा लिया। कुछ साप्ताहिक हिन्दी पत्रिकाओं के प्रकाशन ने भी राष्ट्रीय एकता व जनजागरण अभियान में महत्त्वपूर्ण भूमिका निभाई जैसे—जबलपुर से प्रकाशित 'प्रहरी साप्ताहिक' इंदौर से 'नया जमाना',

'दैनिक' तथा 'अरविंद आश्रम', पांडचेरी से 'अर्चना' वार्षिक पत्रिका आदि। इसके अतिरिक्त स्वाधीनता दिवस पर 'प्रदीप' 'जन्मभूमि', 'नवीन भारत दैनिक', कृति आदि हिन्दी पत्रिकाएँ आजादी के बाद बढ़ते हुए हिन्दू संप्रदाय के विरुद्ध संघर्ष के प्रतीक हैं। इसी क्रम में प्रयाग से 'संगम साप्ताहिक' निकला जिसके मुख पृष्ठ पर सुमित्रानन्दन पंत की 'वंदेमातरम' कविता छपी।

संप्रदायवाद भारत के लिए एक कलंक के समान है। अनेक साहित्यकारों ने विविध विधाओं के माध्यम से इसके विरुद्ध लगातार संघर्ष किया है। वैसे उपन्यास विधा इस काम के लिए ज्यादा कारगर सिद्ध हुई। भीष्म साहनी का 'तमस', 'कालाजल', राही मासूम रजा का 'आधागाँव' आदि इस काल में प्रकाशित होने वाले ऐसे उपन्यास हैं जिन्होंने अपने युग में उभरते संप्रदायवाद के विरूद्ध संघर्ष करने की जिजीविषा बखूबी उभरी है।

श्री सुभाष बोस की 'आज्ञा हिन्द फौज' की भाषा भी हिन्दी ही थी। श्री अरविन्द घोष हिन्दी प्रचार को स्वीधनता संग्राम का अंग मानते थे। नागरलिपि के प्रबल समर्थक न्यायमूर्ति शारदाचरण ने तो यहाँ तक कहा था कि–"यद्यपि मैं बंगाली हूँ तथापि इस वृद्धावस्था में मेरे लिए वह गौरव का दिन होगा जिस दिन मैं सारे भारतवासियों से 'साधु हिन्दी' में वार्तालाप करुँगा।" बंकिमचन्द्र और ईश्वरचन्द्र विद्या सागर ने भी हिन्दी का समर्थन किया। बंकिमचन्द्र चट्टोपाध्याय ने इस प्रकार कहा है–"हिन्दी भाषा की सहायता से भारत वर्ष के विभिन्न प्रदेशों में लोग एक्य बंधन स्थापित कर सकेंगे। वे ही सच्चे भारत की संज्ञा पाने के योग्य होंगे"।

हिन्दी में एम.ए. करनेवाला प्रथम विद्यार्थी बंगाली था। हिन्दी का प्रथम दैनिक समाचार पत्र भी बंगाल में प्रकाशित हुआ। इसी प्रकार दक्षिण भारत में हिन्दी की अलख जगाने वाले मनीषी और प्रचारक भी वहीं की भाषा बोलते थे। दिल्ली में हिन्दी का प्रचार करने वाला श्रीमती राजलक्ष्मी राघवन का परिवार एक तमिल भाषी परिवार ही है। विनोबा भावे ने सच ही कहा था कि–"हिन्दी राष्ट्रभाषा के तौर पर स्वीकार की गई है, यह कोई जबरदस्ती नहीं हैं, बल्कि सारे देश ने इसे प्रेम से स्वीकारा है।"

पर पिछले दो दशकों से पाश्चात्य संस्कृति की एक ऐसी लहर चली कि भारतीय जनमानस ने हिन्दी के बजाय फिरंगियों की भाषा को अधिक महत्त्व दिया है। नतीजा हम सबके समक्ष है–आज विश्व का सबसे बड़ा लोकतंत्र–कश्मीर मसले, उत्तराखंड विवाद, अयोध्याकांड से त्रस्त है। यदि हम हिन्दी को राष्ट्रभाषा के रूप में नहीं अपनाएँगे तो यह देश इसी प्रकार छोटे-छोटे टुकड़ों में बटँता चला

जाएगा। अंत मेरा आह्वान आप सबके नाम–

**भारत पुत्रो उठो, न सोओ, सोने का यह वक्त नहीं,**
**वरना दुनिया कह देगी, तुममें ऋषियों का रक्त नहीं,**
**भारत की एकता मर रही, हिन्दी को संजीवन दो,**
**माँग रही है भारत माता, हिन्दी को तन-मन-धन दो।।**

# विद्या धन ही सर्वश्रेष्ठ धन है

**"मातरैव रक्षति, पितेव हिते नियुङ्क्ते,**
**कान्तेव चाभिरमर्यात अपनीय खेदम्।**
**लक्ष्मीं तनोति वितनोति च दिक्षु कीर्तिम्**
**किम् किम् न साधयति कल्पलतेव विद्या"**

परम् आदरणीय निर्णायक मण्डल तथा अन्य उपस्थित पूज्य जन! आज की इस भाषण प्रतियोगिता का विषय है "विद्या धन ही सर्वश्रेष्ठ धन है।" विद्या शब्द ज्ञानार्थक विद् धातु से उत्पन्न हुआ है तथा इसलिए विद्या सब प्रकार से ज्ञान विज्ञान का प्रमुख साधन है। विद्या शब्द का अर्थ अत्यंत व्यापक है। विद्या से अभिप्राय केवल पुस्तकीय ज्ञान से नहीं अपितु इससे अभिप्राय है—किसी भी वस्तु के तत्त्व व अर्थ के सम्यक ज्ञान से।

अध्यक्ष महोदय! मानव को ईश्वर की सर्वश्रेष्ठ रचना कहा जाता है। प्रश्न उठता है इसका कारण क्या है? जी हाँ इसका एक मात्र कारण यही है कि मानव विद्या के सहारे प्रत्येक वस्तु का सम्यक् ज्ञान प्राप्त कर, स्वयं को परिवेश में समायोजित करने में सक्षम हो जाता है। इसी के द्वारा उसकी तामसिक प्रवृत्तियों का विनाश होता है सात्विक प्रवृत्तियों की उत्पत्ति होती है। वह उचित-अनुचित का निर्णय करने में सक्षम हो पाता है तथा उसे मानसिक दक्षता प्राप्त हो जाती है।

स्वामी विवेकानन्द के अनुसार विद्या साधारण व्यक्ति को जीवन संग्राम के योग्य बनाती है। उसका चरित्र निर्माण करती है। उसमें परहित की भावना को जागृत करती है! विद्या रूपी धन द्वारा व्यक्ति प्रत्येक परिस्थिति से सामंजस्य करने के योग्य बन जाता है तथा उसे मानसिक शक्ति प्राप्त हो जाती है जिससे वह सामाजिक, राजनैतिक, व्यक्तिगत, सांस्कृतिक व आर्थिक जीवन में सुचारू रूप से कार्य करने में समर्थ हो पाता है।

मनुष्य का समाज से गहरा संबंध है जो उसके मानव होने का द्योतक है। वह अपने व्यक्तित्व व चरित्र से ही समाज में स्थान प्राप्त करता है तथा व्यक्तित्व व चरित्र के निर्माण का प्रमुख साधन विद्या ही है। विद्या विहीन मनुष्य समाज को कोई

लाभ नहीं पहुँचाता! वह तो समाज में केवल एक निष्क्रिय भूमिका का निर्वाह करता है। अतः यह कहा जा सकता है कि विद्या ही हमें सामाजिक क्षेत्र में सफलता दिला सकती है।

राजनैतिक क्षेत्र भी विद्या से परे नहीं है। विद्वान व शिक्षित व्यक्ति ही अच्छे नेता का चुनाव कर, एक सुदृढ़ सरकार का निर्माण कर सकता है

व्यक्तिगत जीवन तो विद्या बिना निष्क्रिय है। शरीर व मन मनुष्य के व्यक्तित्व के प्रधान अंग हैं जिनका सुदृढ़ आधार विद्या ही है।

सांस्कृतिक क्षेत्र में तो विद्या धन की ऐसी उपब्धियाँ है जिनकी गणना करना गर्व की बात है। विद्या के बल पर ही हमारे साहित्यकार हमें ऐसी अमूल्य धरोहर पुस्तकों के रूप में दे गए हैं जो हमारा मार्ग प्रशस्त करती हैं। एक विद्वान ही अपनी संस्कृति पर गर्व कर उसकी सार्वभौमिकता को अन्य देशों तक पहुँचा सकता है।

विद्या विहीन मनुष्य पशु के समान होता है। मानव पशु में यही एक भेद है। कहा भी गया है।

**"रूप यौवन संपन्नाः, विशालकुल संभवाः,**
**विद्या विहिना न शोभन्ते, निर्गन्धा इव किंशुकाः।**

उच्च से उच्च कुलीन व्यक्ति भी विद्या विहीन हो तो महत्त्व खो बैठता है।

कहा गया है : **"विद्या ददाति विनयं"**—यह कहना सर्वथा उचित है कि विनम्र ज्ञान ही मनुष्य में परहित की भावना लाता है।

**"विद्या ददाति विनियं**
**विनयात् याति पात्रताम्**
**पात्रत्वात् धनमाप्नोति**
**धनाद् धर्मततः सुखम।"**

विद्या व्यक्ति में "वसुधैव कुटुम्बकम्" की भावना सहज ही समाविष्ट कर देती है! यही कारण है कि जब 1907 में भारत में महामारी का प्रकोप हुआ तो देश सेवाव्रती स्वामी विवेकानन्द ने दीन दुःखियों की तन मन धन से सेवा की। लोगों की सेवा हेतु अनाथालय खोले। उनका स्वास्थ्य निरंतर बिगड़ता रहा परन्तु उनके भीतर समाई हुई श्रेष्ठ विनम्र विद्या की प्रेरणा पर वे प्लेग पीड़ितों की सहायता करते ही रहे।

आज तक जितने भी महापुरुष हुए हैं, जैसे राजा राम मोहन राय, ईश्वरचन्द्र विद्यासागर, स्वामी दयानन्द, स्वामी विवेकानन्द आदि सभी के उच्च विचारों व कार्यों की दात्री उनके द्वारा प्राप्त श्रेष्ठ विद्या ही थी। क्या इस बात को सहज ही भुलाया जा सकता है कि देश में नवजागरण लाने में विद्वान स्वामी विवेकान्न्द का कितना

बड़ा हाथ था? उन्होंने अपने विद्वत्तापूर्ण भाषणों द्वारा लोगों को देश के आचार विचार, संस्कृति की महिमा बताकर उसे अक्षुण्ण रखने का विद्योपदेश दिया।

**विद्या नाम नरस्य रूपमधिकं प्रच्छन्नगुप्तं धनं,**
**विद्या भोजकरी यशः, सुखकारी विद्या गुरुणां गुरुः**
**विद्या बन्धुजनो विदेश गमने, विद्या पर दैवनं,**
**विद्या राजसु पूज्यते, न हि विद्या विहीनाः**

विद्या पिता के समान हित करती है, माता के मान रक्षा करती है तथा एक योग्य मित्र के समान सहायक है। आपत्तिकाल में विद्या के अतिरिक्त कोई साथी नहीं होता। जहाँ अन्य सभी धन निरर्थक सिद्ध होते हैं, वहाँ विद्या रूपी धन ही व्यक्ति के सर्वाधिक कार्यों की पूर्ति करता है।

अन्य धन व्यक्ति के हृदय में लोभ भर देते हैं परन्तु विद्या व्यक्ति को ऐसी समस्त भावनाओं से परे कर, सत्य का मार्ग दिखाती है! यही एक ऐसा धन है जो क्षय करने से संचयित होता है व संचयित करने से क्षय हो जाता है। इसे न चुराया जा सकता हैं, न व्यय किया जा सकता है!

कहा भी गया है :—

**न चौरहार्यम्, न च राजहार्यम्,**
**न भ्रातृभाज्यं न च भारकरि,**
**व्यय कृते वर्धते एव नित्यं,**
**विद्या धनं सर्वधनं प्रधानम्।।**

इस सत्य को झुठलाया नहीं जा सकता कि व्यक्ति को भौतिक धन अलंकृत नहीं करते अपितु उसका उचित अलंकरण तो बल विद्या ही है। विद्वान पुरुष जहाँ भी जाता है, विद्या रूपी धन द्वारा सम्मान व यश ही प्राप्त करता है! विद्या द्वारा देश विदेश का भेद नगण्य हो जाता है। जो पहचान एक व्यक्ति की स्वदेश में होती है, वहीं पहचान वह विदेश में भी अर्जित कर लेता है। इसीलिए स्वीकार भी किया गया है—**"स्वदेशे पूज्यते राजा, विद्वान, सर्वत्र पूज्यते।"**

यही कारण है कि जब 1893 में शिकागों में सर्वधर्म सम्मेलन हुआ तो स्वामी विवेकानन्द के पाण्डित्यपूर्ण भाषण को सुनकर श्रोतागण मंत्रमुग्ध हो गए। विद्या के सागर विद्वान स्वामी विवेकानन्द जी ने हिन्दू धर्म, कर्म, कर्त्तव्य के स्वरूप की मीमांसा इस प्रकार की कि उनके विचार अमरीका के समाचार पत्रों में अत्यंत सम्मान-जनक शब्दों में छपने लगे। अनेक बड़े-बड़े विद्वानों ने उनका शिष्यत्व ग्रहण किया जिनमें कुमारी नोबेल भी थी जो बाद में भगिनी निवेदिता के नाम से प्रसिद्ध हुईं। यह केवल

उनकी श्रेष्ठ विद्या का प्रभाव था। अतः यह कहा जा सकता है :— जो भी विद्या के संपर्क में आया कीर्ति को प्राप्त कर गया।

वर्तमान काल में यदि सामाजिक परिवेश पर दृष्टि डाली जाए तो पता चलेगा कि सर्वत्र आपाधापी मची है। मानव का जीवन उद्देश्य मात्र उसकी स्वार्थ सिद्धि रह गया है। आज जो भाषा, धर्म संप्रदाय के नाम पर जो कश्मीर, पंजाब व अयोध्या में विवाद उठ खड़े हुए हैं, वे केवल विद्या विहीन मनुष्यों के अज्ञानतापूर्ण विचारों की ही देन है विद्या हमें इस सब से परे कर, सत्य का मार्ग दिखाती है।

इसका ज्वलंत उदाहरण हैं—स्वामी विवेकानन्द जी जिन्होंने विद्या के बल पर स्वयं को मिटा कर अनेक का जीवन प्रकाशित कर दिया।

आदरणीय निर्णायक मण्डल, मैंने अपनी समर्थ्यानुसार यह सिद्ध करने का प्रयास किया है कि "विद्या धन ही सर्वश्रेष्ठ धन है"। मुझे आशा ही नहीं, विश्वास है, कि आप भी मुझ से सहमत होंगे।

# शहरीकरण और मानवीय मूल्य

**बरसाकर प्रेम सुधारस को**
**मज़हब का ज़हर मिटता है**
**समभाव सिखा सब जनता का,**
**देशों के भेद भगाता है।**
**जो दीनहीन के दुःखों पर**
**करुणा स्रोत बहाता है।**
**इस विश्व चराचर रचना में,**
**वह मनुज पुनीत कहलाता है।**

आदरणीय निर्णायक मंडल तथा अन्य उपस्थित जन! अभी जो पक्तियाँ मैंने कहीं उन पंक्तियों के संदर्भ में जब हम आधुनिक भारत के शहरों में रहने वाले व्यक्तियों के जीवन को तोलते हैं तो पाते हैं कि शहरों का मानव श्रेष्ठ मानव और मानवता की इस परिभाषा के दायरे से कोसों दूर खड़ा हुआ है। अपनी इस स्थिति के लिए वह स्वयं तो जिम्मेदार है ही, लेकिन उससे भी अधिक ज़िम्मेदार हैं ये शहर और शहरों का वातावरण।

15 अगस्त सन् 1947 को स्वतंत्रता प्राप्त करने के साथ ही भारत और भारतवासियों ने विकास की ओर अपना पहला कदम रखा था। उसके बाद देश का तेजी से औद्योगीकरण हुआ, नए कल-कारखाने खोले गए। इन कारखानों में रोजगार के अधिक अवसर होने के कारण गाँवों से लोग तेजी से शहरों की ओर आने लगे जिससे शहरीकरण की प्रवृत्ति को बढ़ावा मिला। यही शहरीकरण आज मानवीय मूल्यों और नैतिकता के ह्रास का प्रमुख कारण बना है।

निर्णायकगण! हम शहरों में रहने वाले लोग जब अपने आस-पास के माहौल पर एक नज़र डालते हैं तो यही पाते हैं कि इन शहरों में कहने को तो बहुत आबादी है, हम जहाँ भी जाएँ अपने आप को इस भीड़भाड़ से घिरा हुआ ही पाते हैं लेकिन फिर भी हम अकेले हैं क्योंकि शहरों के जीवन में किसी के पास इतना समय नहीं है कि वह दूसरों का सुख-दुःख बाँट सके।

क्या इस सत्य से इंकार किया जा सकता है कि भारत सदैव से ही अपने आध्यात्मिक चिंतन और गौरवपूर्ण मानव मूल्यों के लिए विश्वविख्यात रहा है। पूरे विश्व में केवल यही एक देश माना जाता है, जहाँ सत्य, अहिंसा, परोपकार और मानवता आदि जीवन मूल्यों को बल प्रदान किया जाता रहा है। यही वह देश है जहाँ देखो, वहीं इन मानवीय मूल्यों को पैरों तले रौंदा जा रहा है। जिधर जओ, उधर चोरी, डकैती, लूटमार, हिंसा और रिश्वतखोरी के समाचार सुनने को मिलते हैं। आखिर क्यों? क्या हो गया है हमारे भारत देश को? "बहुजन हिताय, बहुजन सुखाय" के आदर्श को लेकर चलने वाले भारत का यह पतन क्यों?

इसका उत्तर खोजने के लिए अधिक दूर जाने की आवश्यकता नहीं। यह सब देश में तेजी से हो रहे शहरीकरण का ही परिणाम है। शहरों की चकाचौंध में ज्यादा से ज्यादा भौतिक सुख प्राप्त करने के लिए आज का मानव नैतिक-अनैतिक सभी तरीकों से धन कमाने में जुटा हुआ है भौतिक सुखों की लालसा ने इस धर्म प्रदान समाज को अर्थ प्रदान बना दिया है। आनन फानन अमीर बन जाने की लालसा अपहरण, डकैती, चोरी जैसे अवैधानिक कार्यों को बढ़ावा दे रही है। आज समाचार पत्र उठाने पर यही खबरें सबसे ज्यादा पढ़ने को मिलती हैं कि अमुक नौकर ने अपने मालिक की हत्या कर दी और सारा धन लूटकर चला गया या अमुक व्यक्ति ने धन के लालच में अपने मित्र को धोखा दे दिया। ऐसा क्यों है? इसलिए क्योंकि इन शहरों में सभी स्वयं को दूसरे से बड़ा दिखाने की कोशिश में लगे रहते हैं। व्यक्ति अपनी मूल आवश्यकताओं–रोटी, कपड़ा और मकान की पूर्ति तो आसानी से कर लेता है लेकिन शहरों के दिखावटी वातावरण में अपनी अमीरी का प्रदर्शन करना उसके सम्मान का प्रश्न बन जाता है। जब वह सही मार्ग पर चलकर अधिक धन अर्जित नहीं कर पाता तो उसे गैर कानूनी तरीके अपनाने में भी कोई संकोच नहीं होता इमर्सन ने भी कहा है कि–"नगर वृद्धि को प्रोत्साहन देता है और मनुष्य को बातूनी एवं मनोरंजक बना देता है किन्तु वह उन्हें दिखावटी भी बनाता है।"–यही दिखावा आज मानव के नैतिक पतन का कारण बन गया है।

साथियों, शहरों ने मानव को मानव से ही दूर कर दिया है। अपने व्यस्त जीवन में सुबह से लेकर शाम तक दौड़ धूप करने के बाद व्यक्ति यह जान ही नहीं पाता है कि उसके किसी पड़ोसी को उसकी मदद की ज़रूरत है। वह तो इन सबसे अनजान अपनी स्वार्थसिद्धि में ही लगा रहता है जबकि भारत के गाँवों में आज भी मानवता के इस सबक का पालन किया जाता है कि पड़ोसी के काम आना मनुष्य का प्रथम कर्त्तव्य है। गाँवों में लोग आज भी एक दूसरे के सुख दुःख में बराबर के

भागीदार बनते हैं लेकिन शहरी सभ्यता व्यक्ति को मानवता का उपदेश भूल जाने के लिए मजबूर करती है।

बन्धुवर! शहरी सभ्यता की जीवन शैली ने हमारे जीवन में यान्त्रिकता ला दी है। भावनाओं से शून्य हम पाश्चात्य सस्कृति के अन्धानुकरण में लगे हैं जहाँ जीवन मूल्यों के लिए कोई स्थान नहीं। यह स्थिति देखकर गुप्त जी की पंक्तियाँ याद आती हैं–

**"हम कौन थे क्या हो गए क्या होंगे अभी**
**आओ 'विचारे' आज मिलकर ये समस्याएँ सभी।"**

जी हाँ, यह सत्य है कि यदि हम मिलकर इस समस्या पर विचार करेंगे तो शहरी जीवन में भी मानव मूल्यों की पुनर्स्थापना निश्चित रूप से की जा सकेगी क्योंकि भारतीय संस्कृति की जिजीविषा अक्षुण्ण है। अन्त में मैं कहूँगी–

**आने दो भीतर जलती दोपहर,**
**आने दो धूल भरे अंधड़,**
**आने दो तूफानी बौछारें,**
**किंचित मत डरो।**
**आश्वस्त रहो-**
**इसी खिड़की में से भोर**
**पंछी फिर चहकेंगे**
**फूल फिर महकेंगे।**

# आधुनिक परिप्रेक्ष्य में नैतिकता की आवश्यकता

आदरणीय अध्यक्ष महोदय, निर्णायक मंडल तथा मेरे साथियों, आज की भाषण प्रतियोगिता का विषय है आधुनिक परिपेक्ष्य में नैतिकता की आवश्यकता। नैतिक शब्द का सामान्य, व्यावहारिक अर्थ है नीति सम्मत अर्थात सहज और महान मानवीय नीतियों के अनुकूल आचरण और व्यवहार। नैतिकता ही मानवीय वृत्तियों को जागृत कर हमें उस राह पर चलने की प्रेरणा देती है जिस पर चलने से अपने साथ-साथ सारे मानव और राष्ट्र का कल्याण भी होता है।

आज हम भारतवासी स्वतन्त्र देश के नागरिक हैं और स्वतन्त्रता प्राप्ति के पश्चात् शनैः शनैः बहुत से क्षेत्रों में प्रगति की ओर अग्रसर हैं किन्तु चिन्ता का विषय है—मानवीय मूल्यों का ह्रास अर्थात हमारा नैतिक पतन। ऐसी स्थिति में आज से लगभग सौ वर्ष पूर्व लिखी गई भारतेन्दु की यह पंक्ति स्मरण हो आती है।

**"रावेहु सब मिलकर भारत भाई**
**हा! हा! भारत दुर्दशा न देखी नाई"**

आज हमारा प्यारा भारतवर्ष लूटमार, चोरबज़ारी, भ्रष्टाचार आदि का केन्द्र सा बना दिखाई देता है क्योंकि पिछली कई दशाब्दियों से हमारा निरन्तर नैतिक पतन हुआ है।

आने वाली सन्तति को वह परम पुनीत वातावरण नहीं मिल पाया जो कि मिलना चाहिए था। इसके लिए हमारे शिक्षण में ओद्यौगिक शिक्षण के साथ-साथ नैतिक व धार्मिक शिक्षण का होना आवश्यक है। प्राचीन काल में तो चाणक्य नीति आदि ग्रन्थ व भागवत गीता आदि धार्मिक ग्रन्थों को शिक्षा के प्रारम्भ से ही सिखाया जाता था। जिसका प्रभाव विद्यार्थियों के जीवन में व्याप्त था। वे सदाचारी और चरित्रवान थे।

आज वे वैज्ञानिक प्रगति की ओर निरंतर गतिमान हो रहे हैं। मशीनी मस्तिष्क रखने वाला मानव इस मशीनी युग में जीने के लिए संघर्ष करता है। बढ़ती हुई

महंगाई, प्रतिस्पर्धा, टूटते रिश्ते, लालसाएँ और ऐश्वर्णपूर्ण जीवन जीने की आशा में तनावग्रस्त मनुष्य मानवीय, नैतिक व आध्यात्मिक मूल्यों के प्रति आस्था खो बैठा है क्योंकि आज उसका परम लक्ष्य केवल धन प्राप्ति ही रह गया है जिसके लिए वह निकृष्ट से निकृष्ट कार्य करने के लिए तैयार है। आज के परिवेश को देखते हुए मैं ऐसा महसूस करता हूँ कि जैसे- जैसे भौतिक मूल्यों का विकास होता जा रहा है वैसे-वैसे नैतिक मूल्यों का ह्रास होता जा रहा है। उसमें सहअस्तित्व की भावना लुप्त होती जा रही है। आर्थिक रूप से संतुष्ट एवं सुखद होते हुए भी मनुष्य स्वार्थी, लोभी और पाश्विक सभ्यता की ओर द्रुत गति से बढ़ रहा है क्योंकि उसे मानसिक शांति प्राप्त नही है। स्थान-स्थान पर मानवता विशृंखलित हो रही है। कहीं राज नेताओं की हत्या, कहीं आग जली, कहीं धर्म के नाम पर हिंसा, जैसे—काश्मीर, असम और पंजाब की समस्या कहीं अयोध्या में रामजन्म भूमि विवाद तो कहीं मेरठ में हिन्दू मुसलमानों के झगड़े, पूरे भारत को आंतक ने घेर रखा है। आज भारतीय युवकों के नैतिक पतन का मुख्य कारण भ्रष्टाचार है। प्रजातंत्र के हर विभाग, अनुभाग और प्रभाग में भ्रष्टाचार एक औपचारिक अनिवार्यता बन गया है। राजनैतिक, सामाजिक और धार्मिक क्षेत्र में भी इस महारोग के कीटाणुओं से मुक्त नहीं है। नैतिक मूल्यों के हनन में दूरदर्शन पर प्रसारित होने वाले विभिन्न कार्यक्रमों तथा चलचित्रों का भी विशेष योगदान है। "खूब लड़ी मर्दानी, वो तो झाँसी वाली रानी थी " तथा "आओ बच्चों तुम्हें दिखाएँ झाँकी हिन्दुस्तान की" आदि गीतों की जगह जानते है किन गीतों ने ले ली है। "चोली के नीचे क्या है चुनरी के पीछे क्या है।" खलनायक, सड़क, दिल, बॉबी, एक दूजे के लिए जैसी फिल्में जनमानस में भले ही सर्वाधिक लोकप्रिय हुई हों लेकिन इनसे सीखा क्या जा सकता है? यही कि माता पिता का तिरस्कार किया जाए। विभिन्न होटलों में हो कैबरे तथा विवाह समारोह में हो रहे आकेस्ट्रा तथा अश्लील साहित्य के कारण हम नैतिक संस्कारों की मर्यादा से कोसों दूर हो गए हैं। अभी कुछ दिन पूर्व ही मुझे एक विवाह समारोह में जाने का अवसर मिला। वहाँ पर एक नर्तकी ने 'राम तेरी गंगा मैली' फिल्म के गाने पर अपने पूरे शरीर को पानी से भिगोकर अंग-प्रत्यंग का प्रदर्शन कर नृत्य किया। 'क्या कुरूप विरोधाभास था'—जहाँ एक ओर पवित्र अग्नि को साक्षी मानकर प्रतिज्ञा की जा रही थी वहाँ दूसरी ओर हर आयु के सम्बन्धित व्यक्ति यह नृत्य देख रहे थे। जहाँ तक मैं समझती हूँ यह सब चीजें पाश्चात्य संस्कृति की देन हैं। नैतिक मूल्य हीनता के दुष्परिणाम के स्वरूप युवा पीढ़ी दिशाहीन होकर भटकने लगी है। इसी भटकाव ने ही हिप्पी संस्कृति को जन्म दिया है। जो अपने भटकाव में सभी प्रकार की नैतिकताओं को ताक पर

रख कर ऐसे नशे में चूर रहना चाहती है जो उनके और उनके साथ मानवता के अस्तित्व पर भी एक मोटा प्रश्न चिह्न लगा रही है।

आधुनिक परिप्रेक्ष्य को देखते हुए मैं समझती हूँ कि नैतिकता ही सहज मानवीय गुणों को उजागर करने में अधिक सहायक हो सकती है। वह संयम, अनुशासन, चारित्रिक दृढ़ता, निर्भयता, अटूटता आदि का संचार कर सकती है। नैतिकता व्यक्ति को सद्व्यवहार और सदाचार का आदान प्रदान करती ही है साथ में आत्माज्ञान की उज्ज्वलता भी प्रदान करती है। जिसकी छाया में वह अपने साथ साथ सभी का हित कर सकती है। नैतिकता अपने देश की मिट्टी की सौंधी सुगन्ध के साथ जोड़कर राष्ट्रीयता की भावना को उजागर करती है तथा विभिन्न प्रकार के आडम्बरों और नैतिकताओं आदि का ज्ञान कराकर इन सभी अराजक तत्त्वों के सामने डट कर खड़े रहने की प्रेरणा देती है। अतः हमारा कर्तव्य बन जाता है कि आचार विचार में नैतिक मूल्यों को अपनाएँ। अन्त में मैं यही कहूँगी–

**"जिस तरह भी बन सके**
**पूरी अभी मंजिल करो**
**मुश्किलों के सामने न**
**छोटा अपना दिल करो**
**चांद-सूरज भी अगर**
**धोखा तुम्हें देने लगें**
**आदमी हो दिल जलाकर**
**रोशनी हासिल करो।"**

# नेता सुभाष चन्द्र बोस

**मौत ने इकबार आना है तो डरना क्या है**
**खेल समझकर खेलो इसको करना क्या है**
**वतन हमेशा रहे शाहकाम और आज़ाद**
**अगर हम रहें, ना रहें, हमारा क्या है।**

उसकी ललकार स्वतंत्रता की दीप शिखा पर बलिदान होने वाले बलिदानियों में प्रेरणा की चिंगारी दहकाती थी, सुप्त शिथिल देश की धमनियों में उत्साह, आवेश और आवरण की विद्युत प्रवाहित करती थी। उसकी ओजस्वी वाणी युवकों में देशभक्ति और राष्ट्रप्रेम की नई ज्योति प्रज्ज्वलित करती थी। 'जय हिंद' का मंत्र दाता और आज़ाद हिन्द सेना का निर्माता, माँ भारती का यह अपूर्व होनहार सपूत वस्तुतः विद्युत, इस्पात, अग्नि और तूफान के सम्मिलित जीवन तत्वों से निर्मित बीसवीं शताब्दी के भारत का एक प्रचण्ड व्यक्तित्व था।

जी हाँ, मैं बात कर रही हूँ नेताजी सुभाष चन्द्र बोस की, एक ऐसा निर्भय क्रांतिकारी जिसकी गौरवगाथा मुक्ति समर के इतिहास में सदैव स्वर्णाक्षरों में लिखी जाएगी। 23 जनवरी 1897 बंगाल के एक सम्पन्न परिवार में अंग्रेजों के अत्याचार रूपी बादलों के बीच सुभाष रूपी सूर्य उदय हुआ। भारत को स्वाधीनता दिलाने में जितना बड़ा योगदान सुभाष चन्द्र बोस का रहा है उतना शायद ही किसी अन्य नेता का रहा हो।

देश में उस समय आग लगी हुई थी। स्वतन्त्रता संघर्ष अपने उत्कर्ष पर था। जलियांवाला बाग के भीषण नरमेध को भला कौन भुला सकता है? एक ऐसी घटना जिसने विरोध और विद्रोह की अग्नि को उनके हृदय में शत-शत लपटों में दहका दिया।

**"देह की शक्ति को तोलना चाहिए**
**देश की भक्ति को बोलना चाहिए**
**कोई मां की अगर अस्मिता को छुए**
**रक्त हो तो उसे खोलना चाहिए।"**

असहयोग आन्दोलन और सरकार का दमन चक्र साथ-साथ चल रहे थे। सुभाष ने आई.सी.एस से त्याग पत्र दे दिया और राष्ट्रसेवा में जुट गए। उन्हीं दिनों इग्लैंड के युवराज भारत पधारे देशवासियों ने उनका स्वागत काले झण्डों से किया। सुभाष इन प्रदर्शनकारियों के नेता थे। तब उन्हें जीवन में पहली बार कारावास हुआ, यही थी उनके जीवन की पहली युगान्तकारी दीक्षा, जिसने उनके लिए भावी जीवन की समस्त पगडंडियों को निश्चय के आलोक से जगमगा दिया था।

सुभाष राष्ट्रीय आन्दोलन और मुक्ति समर की एक वेगवान शक्ति थे। उनका कहना था कि आज़ादी मागँने से नहीं अपितु छीनने से मिलती है। सुभाष की एक ललकार पर लाखों युवा आज़ादी की जंग में कूद पड़े। जानते हैं उस प्रचण्ड वीर का नारा क्या था–"तुम मुझे खून दो मैं तुम्हें आजादी दूगाँ"। वास्त्व में कितना सार्थक है। वे जिधर जाते युवकों में एक लहर सी दौड़ जाती, उनके शब्द सीधे भारतीय जनता के हृदय में चिंगारी बनकर अंग्रेजी हुकूमत के विरूद्ध भड़क उठते थे। आज़ादी मैं युद्ध के दौरान, देशवासियों को संगठित करने के लिए उन्होंने 'दिल्ली चलो' का नारा भी दिया।

सन् 1938 में सुभाष बाबू कांग्रेस के अध्यक्ष निर्वाचित हुए। उन्हीं दिनों उन्होंने बंगाल में भारतीय दासता के स्मारकों को हटाने का आन्दोलन किया तो सरकार ने उन्हें फिर जेल में भेज दिया पर वे चोरी छिपे जेल से निकलकर विदेश जाने की तैयारी करने लगे। सन् 1942 में वे जर्मनी से जापान की राजधानी टोकियो पहुँच गए। वहीं रहते हुए हिटलर और मुसोलनी के विचारों से प्रभावित होकर उन्होंने आज़ाद हिन्द सेना की घोषणा की। लोगों को अपना नेता मिल गया था। एक सजग सचेत सेनापति की भांति उन्होंने आज़ाद हिन्द सेना के सैन्किों में देशप्रेम और बलिदान की भावनाएँ भर दी।

उन्हीं दिनों वक्त के बेहरम हाथों ने हमसे हमारे प्यारे नेता को छीन लिया। 18 अगस्त, 1945 को बैंकाक से टोकियों जाते समय उनका हवाई ज़हाज बिगड़ गया और आग लगने के कारण अन्य यात्रियों के साथ नेताजी का भी स्वर्गवास हो गया।

**"भूमि की अर्चना में मगन हो गए**
**पूर्ण करके वचन निर्वचन हो गए**
**हैं उन्हीं को समर्पित सहस्रों नमन**
**राष्ट्र हित यज्ञ में जो हवन हो गए।"**

परंतु क्या सुभाष जैसे योद्धा भी कभी मर सकते हैं। सुभाष मरे नहीं, सुभाष मरते नहीं। ये तो जन्मभूमि को शाश्वत जिन्दगी देकर चिर-अमर हो जाते

हैं। भारतीय स्वतंत्रता के नक्षत्र में देदीप्यमान सुभाष का अमर बलिदान तो हजारों युवाओं को मातृभूमि पर सौ-सौ बार न्यौछावर होने को प्रेरित करता है और करता रहेगा।

**वो सुभाष जिसके गम में ये दिल नौशाद है।**
**उसके ही खून जिगर से देश ये आजाद है।**
**एक कहानी वक्त लिखेगा नए मजमून की।**
**उसकी सुर्खी को जरूरत है फिर नए सुभाष की**
**फिर नए सुभाष की...**

अन्त में मैं यही कहूँगी-

**"वह पत्थर था, वह पानी था,**
**वह परमवीर बलिदानी था,**
**देश की खातिर मरने वाला**
**वह देशभक्त सेनानी था**
**वह तूफानों से टकराता था**
**शोलों से आँख मिलाता था**
**तन-मन-धन से अर्पण**
**वह शूरवीर अभिमानी था"**

# मानव अस्तित्व की रक्षा के लिए वृक्षारोपण

आदरणीय निर्णायक मंडल तथा अन्य उपस्थित जन, आज की भाषण प्रतियोगिता का विषय है—"मानव अस्तित्व की रक्षा के लिए वृक्षारोपण आवश्यक" मैं इस विषय के सम्बन्ध में कुछ विचार प्रस्तुत कर रही हूँ।

आज हमारी सुहानी धरा खतरे में है। पशु-पक्षियों, वनस्पतियों की अनेक किस्में सदा के लिए समाप्त हो गई हैं। करोड़ों लोग पर्यावरणीय शरणर्थी बन चुके हैं। वायु मण्डल की ओजोन परत क्षतिग्रस्त हो चुकी है—ये आवाज़ें अब संयुक्त राष्ट्र में गूँज रही हैं।

वास्तव में पर्यावरण एवं वातावरण सम्बन्धी चुनौतियाँ अपने पंजे फैलाए हमारे सामने खड़ी हैं।

महोदय, प्रकृति ने वनस्पति जगत तथा इस पर फले-फूले प्राणी जगत की सुरक्षा के लिए दो सुन्दर उपहार दिए हैं—वायुमण्डल एवं जलमंडल। मानव ने इन दोनों स्रोतों को स्वार्थों की वेदी पर न्यौछावर कर दिया है। पर्यावरण विशेषज्ञों के अनुसार हम हर वर्ष वायुमंडल में एक करोड़ पैंतालिस टन सल्फर-डाई-आक्साइड, 25 करोड़ टन धूल, 7 करोड़ टन मोटर हानिकारक गैसें तथा घातक क्लोरोफ्यूरों कार्बन के दर्जनों टन मिला रहे हैं। इस सम्बन्ध में सर्वाधिक जुल्म रेफ्रीजेशन प्रतिक्रिया ने ढाया है जिससे एक ओर जहाँ घरेलू सुविधाएँ बढ़ी हैं वही दूसरी ओर ओजोन परत तहस-नहस हुई है। जिसके परिणामस्वरूप घातक पराबैंगनी किरणें हम तक पहुँचने लगी हैं। हम अनेक रोगों के शिकार हो रहे हैं। उद्योग एवं वाहन वायुमंडल में अधिक मात्रा में कार्बन डाई-आक्साइड की वृद्धि कर रहे हैं। हमारे जल स्रोत आज एक कूड़ादान बन कर रह गए हैं।

यह एक निखरा हुआ तथ्य है कि पर्यावरण के अत्यधिक प्रदूषित हो जाने की समस्या उसी दिन प्रारम्भ हो गई जब मानव ने निर्दयी बन कर प्रकृति के सुकुमार और निरीह प्रहरी वृक्षों एवं जंगलों को अपने आर्थिक लाभ के लिए काटकर

समूची मानवता के भविष्य को दाव पर लगा दिया। है न घोर विडम्बना की बात?

साथियों, वैज्ञानिक परीक्षणों ने इसे सिद्ध कर दिया है कि सूर्य के प्रकाश में वृक्ष अधिक मात्रा में ऑक्सीजन का निर्माण करते हैं जिससे वातावरण की शुद्धि होती है। मानव द्वारा शुद्ध वायु ग्रहण करने से विकार नहीं होते। प्रदूषण से होने वाले 'ग्रीन हाउस प्रभाव' जिससे विश्व के शीघ्र जलमग्न हो जाने की संभावना है। इस समस्या को अत्यधिक वृक्षारोपण से रोका जा सकता है।

निर्णायक मंडल, अगर मैं यह कहूँ कि जीवन की प्राथमिक आवश्यकता से रबड़, फर्नीचर इत्यादि की प्राप्ति वृक्षों द्वारा संभव है तो इसमें कोई संदेह नहीं है। वृक्ष की ही क्षमता है कि पृथ्वी के अन्य जीव सौर ऊर्जा को ग्रहण कर अन्य रासायनिक पदार्थों में बदलते हैं जिनसे हमें ऊर्जा प्राप्त करते हैं। क्या कोई खाद्य शृंखला बिना वृक्षों के आरम्भ हो सकती है?

लगातार सौर ऊर्जा को एकत्र करने वाले यह वृक्ष जब कई वर्षों तक भूमि में अधिक ताप एवं दाब में दब जाते हैं तो ऊर्जा के भण्डार पेट्रोल एवं कोयले में बदल जाते हैं जो हमारे वाहनों को चलाने तथा अन्य यंत्रों के प्रयोग के लिए अत्यन्त आवश्यक हैं।

वृक्षों की पत्तियाँ वाष्पीकरण करके जल को वाष्प रूप में बदल कर वातावरण में छोड़ती हैं। ये वाष्प कण हल्के होकर वायुमंडल में ऊपर जाकर बादल बनते हैं और वर्षा की रिम-झिम बूँदें हम तक पहुँचती हैं। यदि वृक्ष न ही तो वर्षा की संभावना ही नहीं हो पाएगी।

सहारा का बढ़ता हुआ मरूस्थल इस बात का द्योतक हैं कि यदि शीघ्र अधिक मात्रा में वृक्षारोपण नहीं हुआ तो पृथ्वी पर चारों तरफ मरूभूमि ही होगा क्योंकि मिट्टी के कटाव को केवल वृक्ष ही रोक सकते हैं।

अनेक कारखाने और परमाणु ऊर्जा संयत्र हानिकारक पदार्थ जैसे—पेट्रोलियम, मर्करी, आयोडीन मिट्टी में निष्काषित कर उसे प्रदूषित करते हैं। कुछ जंगली पौधे इन हानिकारक पदार्थों का अपनी जड़ों में एकत्र कर मिट्टी को प्रदूषण रहित कर देते हैं।

वृक्षों की उपयोगिता का ध्यान न रखते हुए जब से मानव ने उनको काटना प्रारंभ किया है तब से पर्यावरण प्रदूषण हमें तिल-तिल चुनौती दे रहा है। अगर अभी भी हम वृक्षों की महत्ता को नहीं समझेंगे तो वह दिन दूर नहीं जब प्रकृति की धैर्य की सीमा टूट जाएगी तथा वह अपना प्रतिशोध भूकम्प, बाढ़, सूखा, भू-स्खलन के रूप में लेगी। तब हम इस के लिए प्रकृति को दोष नहीं दे पाएँगे।

वृक्षों की रक्षा के लिए सन् 1950 में 'वन महोत्सव' योजना का कार्यक्रम

आरम्भ किया गया। सुन्दर लाल बहुगुणा द्वारा प्रोत्साहित 'चिपको आंदोलन' इसी कारण गढ़वाल के गाँवों से उठकर संपूर्ण भारत में छा गया है। 'टिहरी बाँध योजना' को कार्यान्वित करने के लिए बहुत बड़े भूमि के टुकड़े को वृक्षरहित करना पड़ता। इसी कारण से तो बहुगुणा के प्रयत्नों से अभी तक यह कार्य पूर्ण नहीं हो पाया आज संसद में पर्यावरण के संरक्षण को लेकर यह परियोजना एक चेतना के रूप में उपस्थित है।

केरला की शांत घाटी प्रयोजना भी एक ऐसा ही उदाहरण है जहाँ पर जन समूह की सामाजिक चेतना ने सरकार को यह प्रयोजना स्थगित करने पर बाध्य किया है। शांत घाटी केरल राज्य का रमणीय स्थान है जहाँ वनस्पति की अनेक दुर्लभ जातियाँ एवं प्रजातियाँ है और सिर्फ उसी क्षेत्र में पाई जाती है। इसी घाटी में वन्य जीवन का भी एक दुर्लभ संग्रह है। बाँध प्रयोजना लागू होने पर समूचा क्षेत्र पानी में नीचे आ जाता व सब कुछ नष्ट हो जाता किन्तु जन आंदोलन के समक्ष सरकार को यह परियोजना रद्द करनी पड़ी। यह पर्यावरण संरक्षण की अद्वितीय विजय थी।

रियो डिजीनेरो में हुआ विश्व 'पर्यावरण सम्मेलन' भी इस बात का प्रतीक है कि अपनी सुहानी धरती की रक्षा हमें करनी है।

दोस्तों। कितने दुःख की बात है कि इस औद्योगिक युग में हम केवल वर्तमान को महत्व देकर भविष्य की अवहेलना कर रहे हैं। अगर वास्तव में हम अपने अस्तित्व की रक्षा करने चाहते हैं तो हमें प्रकृति के साथ सहअस्तित्व का सम्बन्ध जोड़ना होगा। यदि हमने वृक्षों की रक्षा नहीं की तो सम्पूर्ण सृष्टि नष्ट हो जाएगी। इसके लिए हमें आज से नहीं अभी से प्रयास करना होगा अन्यथा कल तो कहीं देर न हो जाए।

**"यह प्रलय की पीर ही**
**नव सृष्टि का निर्माण होगी**
**यह तिमिरता ही निशा की**
**सूर्य का वरदान होगी**
**मुक्त मन से अधर गुनगुना तो सकें**
**यह प्रकृति ही जीवन का वरदान होगी।"**

# स्वदेशी आन्दोलन : एक आवश्यकता

**"नया क्षितिज अब खुलता मन में,**
**नवोन्मेष जन-भू जीवन में,**
**परिवर्तन ही जग का जीवन,**
**आओ, विकास हेतु पथ अपनाएँ,**
**स्वदेशी वस्तुओं को अपनाएँ।**
**चलो स्वदेशी आंदोलन चलाएँ।।"**

आदरणीय निर्णायक मण्डल तथा अन्य उपस्थित विद्वत जन आज की इस भाषण प्रतियोगिता का विषय है 'स्वदेशी आंदोलन-एक आवश्यकता' एक प्रश्न उठता है कि वर्तमान परिस्थितियों को देखते हुए स्वदेशी, आंदोलन की आवश्यकता क्यों है? 'स्वदेशी' जब भारत देश पराधीन था, तब, अंग्रेजी सत्ता का शासन समाप्त करने के लिए, उनकी स्थिति को डाँवाडोल करने के लिए यह नारा दिया गया। तब हमारे समक्ष केवल एक ही समस्या थी कि विदेशियों का सामना किस प्रकार किया जाए। ऐसी विषम परिस्थितियों में महापुरुषों ने भारत की बागडोर संभाली। "हे भाइयों, हम सभी लोगों को इस समय कठिन परिश्रम करना होगा। अब सोने का समय नहीं है। हमारे कार्यों पर भारत का भविष्य निर्भर है।" यह ओजपूर्ण वचन थे स्वामी विवेकानन्द जी के, इसी प्रकार महात्मा गाँधी ने विदेशी वस्तुओं का बहिष्कार करने की बात कही और स्वदेशी वस्तुओं के प्रयोग पर जोर दिया। इसी कारण उन्होंने चरखे को अपनाया।

आज हमारे समक्ष अनेक समस्याएँ मुँह फाड़े खड़ी हैं। स्वामी विवेकानन्द जी के वचन आज अनायास ही स्मरण हो आते हैं—"वह भारत देश जो पुरातन काल से ही सभी उदात्तता, नीति और आध्यात्मिकता का जन्मस्थान रहा है, जिस भूमि पर देवतुल्य मनुष्य आज भी जीवित और जागृत हैं, क्या वह मर जाएगा?

मेरा तो विचार है कि इन परिस्थितियों का समाधान स्वदेशी आंदोलन, जी हाँ, स्वदेशी वस्तुओं के अपनाने से ही सम्भव है। जब भारत देश पराधीन था, तो विदेशियों ने कृषि जो कि हमारे देश की आर्थिक स्थिति की रीढ़ की हड्डी है, उसे

हानि पहुँचाई। जिसका परिणाम हम आज भुगत रहे हैं क्योंकि हम आज भी आत्म-निर्भर नहीं हो पाए हैं। भारत विदेशी ऋण के जाल में बुरी तरह फँस चुका है। ऋण के बढ़ने की गति से दृष्टि से आज भारत का विश्व में प्रथम स्थान है। हमारी आयात से ज्ञात होता हैं कि हमें अपनी आवश्यकताओं की पूर्ति के लिए विदेशी मुद्रा के रूप में काफी धन खर्च करना पड़ता है। यद्यपि भारत ने विश्व में उद्योगों में दशम स्थान प्राप्त किया है, तथापि आयात का 46% हिस्सा कैपिटल और कन्ज़्यूमर goods में चला जाता हैं। यही नहीं उद्योगों के लिए कच्चा माल भी हमारे देश में पूरी माँग के अनुसार तैयार नहीं हो पाता। अतः आयात का 53.5% हिस्सा इसमें चला जाता है।

निर्णायकगण! जिस गति से हमारे देश की जनसंख्या बढ़ रही है, उसे देखकर तो संदेह होता है कि क्या लोगों की दैनिक आवश्यकताओं की पूर्ति भी हो पाएगी? आज खाद्य पदार्थ भी हमारे देश में पर्याप्त मात्रा में तैयार नहीं हो पा रहे। हमारी एक विवशता है कि कुछ वस्तुओं का आयात हम बन्द नहीं कर सकते। प्रश्न उठता है क्या देश को आत्म-निर्भर बनाने का कोई उपाय नहीं? जी है, यदि मशीनें, बिजली से चलने वाले अन्य उपकरण, उर्वर खाद आदि अपने ही देश में तैयार की जाए तो काफी मात्रा में विदेशी मुद्रा बचा सकते हैं। दूसरे दृष्टिकोण से देखें तो हम निर्यात द्वारा काफी मुद्रा प्राप्त कर सकते हैं जिससे हम आयात भी कर सकते हैं और देश की उन्नति के लिए अन्य क्षेत्रों में भी पूँजी निवेश कर सकते हैं जैसे कि आज हम सुपर कम्प्यूटर का निर्यात करने में सक्षम हैं।

मेरे साथियों, मैं आप का ध्यान बहु-राष्ट्रीय कंपनियों की ओर भी दिलाना चाहती हूँ। स्वदेशी आंदोलन तथा कुटीर उद्योग की अलख के बीच जिस तरह से आर्थिक दौर चल रहा है उससे शिल्पकला का अस्तित्व खतरे में पड़ता नजर आ रहा है। बहुराष्ट्रीय कम्पनियाँ भारत को विशाल उपभोक्ता बाजार के रूप नें देखती हैं। इन कंपनियों को कुटीर उद्योग, शिल्पकला, दस्तकारी तथा देश की वास्तविक जरूरतों से कुछ लेना-देना नहीं है। ऐसे में भारतीय कुटीर उद्योग का अस्तित्व खतरे में दिखाई दे रहा है। देश के नीति निर्धारकों को बहुराष्ट्रीय कंपनियों के बढ़ते प्रभाव को रोकने एवं सीमित करने की दिशा में गहन चिंतन करना चाहिए। कहीं ऐसा न हो कि ये विदेशी कंपनियाँ भारत को आर्थिक रूप से गुलाम बना दें।

देश को आत्मनिर्भर बनाने का एक सशक्त प्रमाण है जापान देश। आज वह इतनी तेजी से आगे बढ़ गया है कि उसने सभी विकासशील देशों को पीछे छोड़ दिया है। जापानी काफी वस्तुएँ अपने ही देश में तैयार करते हैं। यदि हमारे देश के नागरिक इसी पथ पर अग्रसर हों तो क्या हमारा देश आत्म-निर्भर नहीं बन सकता?

इस क्षेत्र में अनेक संस्थाएँ कार्यरत हैं। जैसे कि खादी ग्रामोद्योग संस्था जो इस क्षेत्र में सराहनीय योगदान दे रही है। स्वामी विवेकानन्द द्वारा स्थापित रामकृष्ण परमहंस मिशन का मुख्य उद्देश्य भी यही है। यदि इस प्रकार की कुछ अन्य संस्थाएँ भी इसी दिशा में कार्यरत हों तो भारतीय कला और संस्कृति का विकास तो होगा ही साथ ही हमारी आर्थिक दशा भी सुधरेगी किन्तु आत्मनिर्भरता केवल आर्थिक उन्नति पर निर्भर नहीं करती अपितु इसके लिए आत्मिक और बौद्धिक मूल्यों का भी सही दिशा मिलना भी परमावश्यक है। अतः अब हम बात करें भारतीय संस्कृति की। आज पाश्चात्य संस्कृति के अनुकरण की चकाचौंध में भारतीय अपनी संस्कृति को भुला बैठे हैं। वे अपने उस गौरवपूर्ण साहित्य को भुला बैठे हैं जिससे सम्पूर्ण विश्व लाभान्वित हुआ है, तो फिर अपनी ही संस्कृति की उपेक्षा कर हम विनाश की ओर क्यों बढ़े? स्वामी विवेकानन्द ने भी तो अपने आचार-विचार, साहित्य और दर्शन को अपनाने का प्रचार किया और वेदांत प्रचार में अपना जीवन समर्पित कर दिया। अंत में मैं वर्तमान परिस्थितियों का अवलोकन करते हुए मैं यही कहूँगी कि अब जबकि हम 21वीं सदी में प्रवेश कर चुके हैं तो उसके लिए हमें अपने आपको तैयार करना है। यह तैयारी तभी पूरी हो सकती है जब हम अपनी संस्कृति को और स्वदेशी वस्तुओं को अपनाएँ। वैसे भी भारत को विकसित देशों की पंक्ति में खड़े होने में हाथ भर का फासला रह गया है। इसी पथ पर अग्रसर होकर हम इस दूरी को मिटा सकते हैं और उन्नति के चरम शिखर को छू सकते हैं अन्यथा हम परतन्त्रता की जंजीरों के बारे में पुनः जकड़े जाएँगे।

**"मन की खिड़की को**
**खुली ही रहने दो**
**बंद मत करो**
**आने दो भीतर**
**उषा की लहरों को**
**विहंगों के कलरव को**
**फूलों की सुंगध को**
**जीवन महक उठेगा।"**

# कल हमारा है

"हो नए राग का ही सृजन कुछ घड़ी
मुक्त मन से अधर गुनगुना ही सके
मैं गरल पी सकूं गीता गा-गा यहाँ
जीभ पर बूंद मधु की धरो आज
नया विश्वास लेकर, पग बढ़ाऊँ मैं आज"

युवा वर्ग के हृदय से उठती आवाज जब शब्द का रूप धारण करेगी तो निश्चय ही मुख से प्रस्फुटित होंगे ये शब्द—'कल हमारा है'। जी हाँ यही आज के भाषण का विषय भी है।

आज के युवा वर्तमान के भावी नागरिक हैं।

भविष्य में प्राप्त होने वाले उत्तरदायित्व को वे भली-भाँति निभा सकें। राष्ट्र के प्रति अपने कर्त्तव्य निर्वाह को बोझ न समझने लगें इसके लिए यह सुनिश्चित कर लेना आवश्यक है कि बच्चों के व्यक्तित्व में मानवता, देश प्रेम, ईमानदारी जैसी भावनाओं को कूट-कूट कर भरा जाए ताकि वे देश के विकास में सहायक हों अवरोधक नहीं। ऐसा होने पर कल हमारा ही होगा।

हम भारतवासी भारत में फैली गरीबी, भ्रष्टाचार व साम्प्रदायिकता की चर्चा करते हैं, चर्चा करते हैं अन्य पड़ोसी देशों की सैन्य शक्ति की किन्तु ऐसा कहने वाले लोग शायद भूल जाते हैं भारत की उस अदम्य शक्ति को, जिसके कारण हमने आतंकवाद का सामना किया तथा भारत को विभाजित करने वाले प्रयासों को निष्फल कर दिया। बम्बई में हुए बम विस्फोटों के बावजूद वहाँ की जनता ने साम्प्रदायिक सद्भाव बनाए रखा।

यद्यपि भारत शान्ति प्रिय देश है किन्तु पड़ोसी देशों के खतरे को देखते हुए अस्त्र शस्त्र के निर्माण की दृष्टि से हम पूर्णतः सम्पन्न तथा किसी भी खतरे को उठाने में पूरी तरह सक्षम हैं।

जहाँ तक आर्थिक स्थिति का प्रश्न है इसमें कोई दो राय नहीं कि भारतीय अर्थव्यवस्था में अनेक परिवर्तन आए हैं। औद्योगीकरण के क्षेत्र में क्रान्ति हुई है। सरकार की उदार नीतियों के फलस्वरूप भविष्य में हमारे देश में विदेशी पूंजी निवेश

को बढ़ावा दिया जाएगा जिससे उद्योगों में और भी अधिक उन्नति निश्चिय रूप से होगी।

इससे न केवल निर्यात में बढ़ोतरी आएगी अपितु बेरोजगारी जैसी समस्याओं का भी स्वतः निदान हो जाएगा।

आधुनिक कृषि के क्षेत्र में तो हम आज विश्व के शिखर पर विराजमान हैं। बीजों की नई और अच्छी किस्में तैयार की जा चुकी हैं तथा इसे और बेहतर बनाने के लिए खोज निरन्तर जारी है। अग्नि जैसे प्रक्षेपास्त्रों का छोड़ा जाना हमें दूसरे विकसित देशों के समकक्ष खड़ा करता है।

**चलो न मिटते पद चिन्हों पर**
**रुको न विघ्न बाधाओं पर**
**नित्य नई आलोक रश्मि से**
**अपनी प्रतिभा स्वयं जगाओ**
**अपने सूर्य स्वयं बन जाओ**

इसमें कोई दो राय नहीं कि भारत आज के प्रगति पथ पर अग्रसर है। रोज नवीनतम विकास टेक्नोलोजी द्वारा संचालित कारखाने खोले जा रहे हैं।

विज्ञान के क्षेत्र मे भी भारत ने आशातीत सफलता अर्जित की है। आज उपग्रहों के माध्यम से हम देश विदेश की घटनाओं की सूचनाएँ प्राप्त कर सकते हैं। ये बड़े दुःख की बात है कि भारत द्वारा छोड़ा गया PSLV उपग्रह यानं असफल हो गया परन्तु इस असफलता में भी प्रयास और अनेक उपकरणों की सफलता छिपी है आज हमारे देश में गरीबी, बेरोजगारी तथा रोगों के विरुद्ध अभियान पूरे जोर शोर से चलाया जा रहा है। साक्षरता अभियान व परिवार नियोजन कार्यक्रम भी अपने लक्ष्य की तरफ तेजी से बढ़ रहे हैं। बदलते समय में नारी का भी रूप बदला है तथा देश की उन्नति में वह पुरुषों के कंधे से कंधा मिला कर चल रही है।

महाराष्ट्र में विपत्ति आने पर आज जिस तरह सारा देश उनकी सहायता के लिए उमड़ रहा है उससे हमारे देश की एकता का प्रमाण स्वतः मिल जाता है। हमारे देश को ऐसी एकता को देखकर मैं दावे के साथ कह सकती हूँ कि कल हमारा हो होगा। वह कल भी आएगा समस्याओं की नागिन के फन पर जब भारत के जनमानस का खड़ा हुआ युवा नटबर बाँसुरी बजाएगा।

अपने अनुभवी वृद्धों से इस देश का भार लेने से पहले हर भारतीय युवा का दिल यही कह रहा है कल हमारा है।

**"सिर्फ हंगामा खड़ा करना मेरा मकसद नहीं**
**मेरी कोशिश है कि बुनियाद हिलनी चाहिए**
**मेरी सीने में नहीं तो तेरे सीने में ही सही**
**हो कहीं भी आग लेकिन आग जलनी चाहिए।"**

# उन्नत जीवन का पर्याय श्रेय तथा प्रेय

आदरणीय निर्णायक मंडल, अध्यापक गण और मेरे प्रिय साथियों, आज की भाषा प्रतियोगिता का शीर्षक है "उन्नत जीवन का पर्याय श्रेय तथा प्रेय"। इस विषय पर आपके समक्ष मैं अपने कुछ विचार प्रस्तुत कर रहा हूँ।

उन्नत जीवन को पारिभाषित करते हुए अगर हम यह कहें कि यह वह जीवन है जिसमें हर प्रकार के सांसारिक भोग हैं, शारीरिक रूप से संतुष्टि प्रदान करने वाली सभी चीजें हैं तो यह पूर्ण रूप से ठीक नहीं होगा। 'श्रेय' शब्द का अर्थ है 'यश तथा कल्याण देने वाला'। क्या हम उन्नत जीवन का यह पर्याय मानें कि हम उस जीवन में स्वयं को श्रेष्ठ साबित कर सकें, अपना जीवन मंगलदायक ही नहीं प्रिय भी बना सकें। प्रिय का यहाँ आशय केवल स्वयं के लिए ही नहीं अपितु दूसरों के लिए भी होना चाहिए। यदि किसी की सफलता की नींव ही झूठ, कपट आदि अमानवीय मूल्यों पर रखी गई हो तो उस जीवन को कैसे उन्नत माना जा सकता है? जीवन वही सफल है जो लोगों के विश्वास तथा उनके प्रेम पर टिका हो।

**उद्योगिन पुरुष सिंह मुपैतिलक्ष्मी**
**देवेनदेयमिति का पुरुषा वदन्ति**

आज संसार में विकास चरमोत्कर्ष दिखाई दे रहा है। मानव विज्ञान के पथ पर अग्रसर अपने जीवन को निरंतर सुखप्रद बनाने की चेष्टा में लगा हुआ है। वैज्ञानिक अविष्कारों द्वारा मानव ने जीवन को विशेष गति प्रदान की है। विज्ञान के कारण मानव सुख और सम्पन्नता के सागर में गोते लगा रहा है प्रश्न उठता है कि क्या मानव अपने जीवन से संतुष्ट है? क्या उसकी अनंत पिपासा की तुलना में हमारी सारी उपलब्धियाँ क्षीण नहीं हो जाती? अपने जीवन को उन्नत शील बनाने के प्रयास में वह उसे अप्रिय भी बना रहा है। यह कैसा जीवन है। जहाँ न तो शुद्ध वातावरण है और न स्वस्थ मनुष्य। मानव अपने स्वार्थ के लिए दूसरों को हानि तक पहुँचाने में भी नहीं हिचकिचाता।

साथियों! मनुष्य ने भूतल ही नहीं अपितु रसातल और व्योम मंडल के अनेक रहस्यों को खोलकर मानव कल्याण के लिए नये-नये आयाम दिए हैं। मनुष्य अपनी अनंत महत्त्वाकांक्षा के पथ पर अग्रसर हो, जीवनदायनी प्रकृति के साथ परस्पर तादात्म्य को नष्ट करने में भी नहीं हिचकिचा रहा। मानव प्रकृति की प्रतिबंधित सीमाओं को त्याग कर उसकी प्रत्येक वस्तु पर अपना अधिकार जमाने के लिए एक अजीबोगरीब द्वन्द्व में फँस गया है। स्वार्थ भावना से वशीभूत होकर मनुष्य अमंगलकारी कार्य व्यापारों को बढ़ावा देने लगा है। इसका परिणाम भी उसे स्वयं ही भुगतना पड़ रहा है

**"करती है जब विद्रोह प्रकृति अधीर होकर**
**आदमी अपनी मौत तब स्वयं बुलाता है**
**जब बम अजमाता है निज पौरुष निर्बल पर**
**तब उसका ही निर्माण उसे खा जाता है।"**

निर्णायकगण, यह सत्य है कि मनुष्य हर दिन एक नई सफलता पा रहा है। उसके आविष्कारों की संख्या बढ़ती ही जा रही है परन्तु इसके साथ-साथ उसको अनेक समस्याओं का भी सामना करना पड़ रहा है जिसमें प्रदूषण की समस्या मुख्य है। इससे आज सारा विश्व चिंतित है। यदि एक ओर हम यह कहें कि दैनिक जीवन का शायद ही कोई ऐसा पहलू है जिसमें हम किसी न किसी रूप में विज्ञान की अतुलनीय उपलब्धियों के ऋणी न हों तो दूसरी ओर यह कहना भी अनुचित न होगा कि विश्व का कदाचित् ही कोई ऐसा कोना है जो प्रदूषण के प्रभाव से अछूता है।

बन्धुवर, कई और भी ऐसे पहलू हैं जो मानव के उन्नत जीवन को अप्रिय बना रहे हैं। अब तक मानव जो शस्त्रास्त्रों का निर्माण कर चुका है उनके प्रयोग से उत्पन्न तबाही की कल्पना करते ही मानव मन सिहर उठता है। उसका सारा उत्साह समाप्त हो जाता है। इस उन्नत जीवन का एक प्रभाव यह भी पड़ रहा है कि सुख सुविधा में मग्न मानव तप, त्याग, भक्ति आदि मानवीय मूल्यों को भूल सा गया है जिससे उसका नैतिक पतन हो रहा है।

**"सभ्यता कहाँ आगे**
**खड़ा है कहाँ विश्व**
**जा रहा किधर गतिरथ**
**विज्ञान-कलाओं का**

किस दिशि उन्मुखइतिहास?

दे रहा यह विकास?

क्या शोर समय का है?

या शोर हवाओं का?"

अन्त में मैं यही कहूँगा कि यदि मानव विज्ञान का प्रयोग केवल रचनात्मक तथा लोकहित कार्यों के लिए ही करे तो यह विश्व स्वर्ग बन जाएगा। वह श्रेय और प्रेय दोनों से युक्त होगा फिर मानव को अपना जीवन अप्रिय नहीं लगेगा। दूसरे शब्दों में यदि मानव अपने जीवन को सुविधापूर्ण बनाना चाहता है तो उसे विज्ञान का सीमित मात्रा में ही प्रयोग करना चाहिए क्योंकि अति हर चीज की बुरी होती है। सुख सुविधा के साधन जुटाने में विज्ञान का अत्यधिक प्रयोग ही नैतिक ह्रास को जन्म देता है। अब यह तो स्पष्ट हो ही गया है कि उन्नत जीवन की संज्ञा वास्तव में क्या है। मानव का बहुमुखी विकास जिसमें निहित हो वास्तव में वही उन्नत जीवन है। केवल ऐश्वर्य और वैभव विलास ही जीवन को समृद्ध नहीं बनाते। विद्या, बुद्धि, शील और सौजन्य की भूमिका भी इस संदर्भ में निश्चित रूप से विद्यमान है। जीवन में सत्यम्, शिवम् और सुन्दरम् का समावेश अति आवश्यक है।

"आदमी को आदमी बनाने के लिए
जिन्दगी में प्यार की कहानी चाहिए
और कहने के लिए कहानी प्यार की
स्याही नहीं, आखों वाला पानी चाहिए"।

विद्या, ज्ञान, शील और धर्म के बिना उन्नत जीवन की कल्पना व्यर्थ है। वह श्रेय और प्रेय युक्त तभी हो पाएगा जबकि उसमें नीति और धर्म भी समाहित हो।

येषाम् न विद्या तपो न दानं
ज्ञानम् न शीलं गुणो न धर्मः
ते मृत्युलोके भुवि भार भूताः
मनुष्यरूपेण मृगाश्चरन्ति।

# दीप से दीप जले

**"उनकी खातिर तो यहाँ हमको बदलना ही पड़ा,**
**चाँद बनने के लिए सूर्य को ढलना ही पड़ा,**
**नभ के तारे न करें व्यंग्य कहीं धरती पर,**
**इसलिए रात में हर दीप को जलना ही पड़ा।"**

दीपक का कार्य अन्धकार का विनाश करना तथा प्रकाश फैलाना अर्थात् अज्ञानता को नष्ट कर के ज्ञान का प्रकाश फैलाना। दीपक यह कार्य बहुत ही अच्छी तरह करता हुआ सम्पूर्ण जगत को अपने आलोक से देदीप्यमान कर देता है। इसी कारण कहा जाता है कि 'थोड़ा सा अन्धकार' अर्थात नफरत बहुत सारे प्रकाश अर्थात् प्यार को नहीं नष्ट कर पाता है बल्कि थोड़ा सा प्यार या प्रकाश बहुत सारे अन्धकार या नफरत को समाप्त कर देने में समर्थ सिद्ध होता है। एक दीपक अपने प्रकाश द्वारा यह कार्य करने में अधिकांशत सफल सिद्ध होता है। दूसरी महत्वपूर्ण बात यह है कि एक दीपक ही दूसरे दीपक को जलाता है। यह क्रिया अनवरत काल से अनवरत रूप से चलती आ रही है। प्रत्येक व्यक्ति जो शिक्षित है, अनुभवी है वह अपने विचार मूल्यों व अन्य संस्कारों को आगन्तुक में स्थानान्तरित करता है तथा प्राप्त कर्त्ता उन गुणों को अन्य में स्थानान्तरित करता है। इस क्रिया में शिक्षा महत्वपूर्ण भूमिका का निर्वाह करती है। यदि इस क्रिया में शिक्षित व्यक्ति भी सम्मिलित है तो वह प्राप्त की गई विरासत के दोष व गुणों का आलोचनात्मक विश्लेषण करता हुआ केवल उन्हीं का स्थानान्तरण करता है जो किसी प्रकार से व्यक्ति या समाज के लिए अहितकर होते हैं।

'दीप से ही दीप जले' का एक अन्य महत्वपूर्ण पक्ष है कि यदि किसी परिवार में एक भी व्यक्ति शिक्षित होगा तो इसका अर्थ है कि सम्पूर्ण परिवार भी शिक्षित होगा। यदि वह सदस्य नारी है तो सम्पूर्ण पीढ़ी शिक्षित होगी जैसा कि कहा गया है कि—"यदि हम एक नारी को शिक्षित करते हैं तो उसकी सम्पूर्ण पीढ़ी को शिक्षित करते हैं।"

वर्तमान समाज में शिक्षितों की संख्या काफी बढ़ी है किन्तु यह स्थिति केवल अब भी शहरों तक ही सीमित है। कुछ गाँवों में तो अधिक अज्ञानता व्याप्त है। यदि एक भी शिक्षित व्यक्ति वहाँ पहुँच जाए और वह अपने ज्ञान के आलोक से अन्य दीपकों को प्रकाशित करे तो इस प्रक्रिया में समस्त गाँव ज्ञान के प्रकाश से आलोकित हो सकता है। अतः आवश्यकता केवल एक दीप के जलाने की है। फिर तो समस्त दीपक स्वयं ही झिलमिला उठेंगे।

**"मुस्कुराता हुआ दीप मैं बन सकूं**
**ईश, स्नेह इतना हृदय में भर दो**
**मोतियों से रोती रहे आंख यह**
**रागिनी कंठ में खो न जाए कहीं**
**प्राण! उल्लास इतना भर दो आज।"**

एक दीपक के अन्तःकरण में अनेक मूल्यवान तथ्य छिपे होते हैं तथा यह आवश्यक है कि उनको प्राप्त करने के लिये प्राप्तकर्त्ता स्वयं भी योग्य तथा इच्छुक हो क्योंकि तभी दूसरा दीपक प्रकाशित हो सकता है अन्यथा वह दीपक जल तो जायेगा मगर न ही स्वयं को तथा न ही अन्य को प्रकाशित कर पायेगा अर्थात यदि व्यक्ति किसी से अच्छे मूल्य विश्वास तथा मान्यताओं आदि को प्राप्त तो करता है किन्तु न ही उनका स्वयं उपयोग करता है और न ही उनको अन्य में वितरण की इच्छा करता है तो उसका ज्ञान अर्थहीन तथा व्यर्थ हो जाता है। इस कारण दीपक का केवल जलना ही पर्याप्त नहीं है बल्कि उसका महत्वपूर्ण कार्य यह है कि वह स्वयं को भी प्रकाशित करे तथा समस्त समाज को भी नवीन ज्ञान से आलोकित कर दे।

यह तो कहा ही गया है कि ज्ञान का कोष ऐसा अद्भुत है जो व्यय करने से तो वृद्धि को प्राप्त होता है।

अपूर्व कोऽपि कोषोऽयमं विद्यते तव भारती।
व्ययतो वृद्धिमायाति क्षयमायति संञ्चयात्।

इस प्रकार दीपक अपने प्रकाश से सर्वत्र आनन्द का सागर फैलाता हुआ हमारे में अत्यन्त महत्वपूर्ण भूमिका का निर्वाह करता है किन्तु आज हमारे समाज में घृणा की विषाक्त धारा प्रवाहित हो रही है। सद्भाव व प्रेम धीरे धीरे समाप्त हो रहा है। इसे दूर करना तो थोड़ा मुश्किल कार्य अवश्य है किन्तु इसे करने में ज्यादा कठिनाई नहीं होगी। जरूरत केवल एक प्रेम व सद्भावना का दीपक जलाने की है क्योंकि फिर तो अनेक दीप जगमगा उठेंगे तथा इस प्रक्रिया से सर्वत्र प्रेम व आपसी भाइचारों की भावना भी विस्तार पाएगी।

**"कितनी ही उबड़ खाबड़ हो रास्ता किन्तु**
**वह प्यार फूल सा तुम्हें उठाले जाएगा,**
**कैसी ही भीषण आँधियारी हो धुआँ-धुंध,**
**पर एक स्नेह का दीपक सुबह ले आएगा।"**

इस प्रकार पारस्परिक सहयोग से ज्ञान के प्रसार से भारतवासी विद्वान बनेंगे और यह तो सर्व विदित है ही कि विद्या अर्थात ज्ञान अन्ततः सुख को देने वाला है—

**"विद्या ददाति विनयं विनयादयति पात्रत्वाम्**
**पात्रत्वाद धनमाप्नोति धनः प्राप्ति ततः सुखम्।"**

अन्त में मैं यही कहूँगी—

**"दीप से दीप जलाता जा,**
**अज्ञान का तिमिर मिटाता जा**
**क्षमताओं और सीमाओं की मजबूती देख**
**मिलकर कदम बढ़ाता जा।"**

# आज के संदर्भ में स्वामी दयानन्द

"दीया तुम्हीं ने भारत को,
ऋषि स्वतंत्रता सन्देश।
सद्‌यत्नों से दिव्य तुम्हारे,
गौरवान्वित हुआ स्वदेश।।
त्याग तथा बलिदानों का पथ,
तुमने सहज दिखाया,
हुआ अग्रसर अन्धजाल को,
तोड़ मधुमय देश।।
नव्यचेतना नवजागृति का,
कण-कण में भर स्पन्दन।
काल जयि ऋषि दयानन्द की,
ऋणी धरा, गगन।।"

आदरणीय अध्यक्ष महोदय तथा अन्य उपस्थित जन! आज की भाषण प्रतियोगिता का विषय है—"आज के संदर्भ में स्वामी दयानन्द"। हिरण्यकश्प भारत-भूमि सदैव से ही वीर प्रसविनी रही है। यहाँ अनेक महापुरुषों ने जन्म लिया जिसमें महर्षि दयानन्द जी का नाम प्रमुख है जिन्होंने सन् 1875 में आर्य समाज नामक संस्था की स्थापना की। इस संस्था का जन्म उस समय हुआ जब जीवन के हर क्षेत्र में घोर अमावस्या, आडंबर एवं निराशा का बोल-बाला था। परिणामस्वरूप विधर्मी और विदेशी इस स्थिति का लाभ उठा कर भारत के सांस्कृतिक दुर्ग पर आघात करने में लगे हुए थे। ऐसे समय में देश की सोची हुई आत्मा को जगाने का निश्चय दयानन्द जी ने किया। राष्ट्र संकट उत्पन्न करने वाली कुरीतियाँ, छूआ-छूआ, बाल-विवाह, विधवाओं की दुर्गति, स्त्री जाति का अपमान, जन्म से ही वर्ण व्यवस्था, मूर्ति-पूजा, तांत्रिक सिद्धियों में मिंथ्या और अन्धविश्वासों एवं पाखण्डों का खण्डन कर अज्ञान के तिमिर को समूल नष्ट किया।

राष्ट्र में उत्पन्न जिन धार्मिक आध्यात्मिक, सामाजिक, शैक्षणिक, दार्शनिक एवं राजनीतिक विषमताओं का शमन कभी महर्षि दयानन्द ने किया था आज वहीं समस्याएँ विकराल एवं ज्वलंत रूप धारण करके संपूर्ण राष्ट्र के सामने खड़ी हैं। आज भारत एवं हिन्दू जाति के सामने सबसे बड़ा संकट अपने अस्तित्व का संकट है। यदि हम भारत में ही हिन्दुत्व की रक्षा नहीं कर सकते तो संपूर्ण विश्व में उसका प्रसार करने की बात निरर्थक सिद्ध हो जाती है। आज तो स्थिति यह है कि महर्षि दयानन्द के समय के भारत का 30 प्रतिशत भाग बंगला एवं पाकिस्तान बन चुका है तथा 70 प्रतिशत भाग जो आज भारत के रूप में विद्यमान है तेजी से विघटन की ओर बढ़ रहा है। भारत में धर्म के नाम पर सांप्रदायिक दंगे हो रहे हैं। पंजाब में हो रहे हत्याकांड इस बात के ज्वलंत प्रमाण हैं। यदि ऐसी विषम स्थिति में दयानन्द जी होते तो वे एक खण्डित भारत के हिन्दू चरित्र की रक्षा हेतु उसे अविलम्ब 'आर्य हिन्दू राज्य' घोषित करते और मिथ्याधर्म की आड़ में हो रही हिंसात्मक घटनाओं को रोकते। सबसे अधिक ध्यान वे उन लोगों पर देते जो हिन्दुत्व के मार्ग से भटक कर मुसलमान या ईसाई हो गए हैं। ऐसे लोगों का भारतीयकरण कर उन्हें पुनः हिन्दू समाज में लाते।

आज पाश्चात्य सभ्यता एवं संस्कृति ने भारतीय मानसिकता को झकझोर दिया है। आज की युवा पीढ़ी भारतीय आदर्शों व संस्कारों को तिलांजलि देकर पश्चिम की प्रत्येक वस्तु जैसे—वेशभूषा, नृत्य, संगीत जिनमें नग्नता, अश्लीलता और नैतिक पतन के अतिरिक्त कुछ भी नहीं हैं, उन्हें अधिक अभिमान के साथ आँखे मूँद कर अपना रही है। यदि आज महर्षि दयानन्द जी होते तो वे पाश्चात्य सभ्यता की ओर नई पीढ़ी का मोह समाप्त करते। यदि वे होते तो कहते—

**"मानवता के यदि प्राण बचाने हैं तुम्हें**
**तो भारतीय संस्कृति का फटा वस्त्र फिर से बुन लो**
**पश्चिम का नहीं पूर्व का रास्ता चुन लो।"**

मैं ऐसा अनुभव करता हूँ कि आज राष्ट्र में कुछ समस्याओं के कारण एकता की भावना समाप्त होती जा रही है। मेरे विचार से महर्षि दयानन्द राष्ट्रभाषा हिन्दी का प्रचार एवं प्रसार कर के जनता में एकता की भावना उत्पन्न करते क्योंकि उनका विचार था—"दूसरे मुल्क की जूठन को गले लगाने की बजाय अपनी माटी की गन्ध में से विचार प्रक्रिया पैदा करने और व्यक्त करने के लिए हिन्दी भाषा ही उपयुक्त हैं। "आज शिक्षा के क्षेत्र में सरकारीकरण एवं धर्म निर्पेक्षता के नाम पर नैतिक और राष्ट्रीय शिक्षा को शिक्षा के क्षेत्र से अलग करने के कारण शिक्षा का रूप बदल गया है। यदि आज के समय में महर्षि दयानन्द होते तो शिक्षा नीति में परिवर्तन कर,

नैतिकता और राष्ट्रीय भावना बना कर तथा नैतिक मूल्यों की रक्षा कर भारत को शक्तिशाली राष्ट्र बनानेवाली पाठ्यपुस्तकों का निर्माण करते।

यह तो बात हुई राष्ट्रीय स्तर पर, अब हम अन्तराष्ट्रीय स्तर पर बात करते हैं। आज सर्वत्र स्वार्थ का बोल बाला है। स्वार्थ भावना के ही वशीभूत होकर आज एक राष्ट्र दूसरे राष्ट्र पर आधिपत्य स्थापित करना चाहता है। ऐसी स्थिति में महर्षि दयानन्द ही विश्व में शांति स्थापित कर सकते थे क्योंकि संपूर्ण विश्व का उपकार करना, सबकी उन्नति में अपनी उन्नति समझना, अधर्म, द्वेष, स्वार्थपरता, संकीर्ण हृदयता को दूर कर विश्व में शांति स्थापित करना इनका मुख्य उद्येश्य था। इसी कारण उन्होंने—"कृणवन्तो विश्वमार्यम" का संदेश दिया।

आज अधिक भौतिकता का विकास होने के कारण नैतिक मूल्यों के प्रति लोगों की आस्था समाप्त हो गई है। अज्ञान रूपी अन्धकार सभी जगह फैल गया है। जिसका कारण है—वेदों से विमुखता। यदि आज महर्षि दयानन्द होते तो वेदों के ज्ञान का प्रचार एवं प्रसार कर इस अज्ञान के अन्धकार को दूर करते। महर्षि दयानन्द जी ने विश्व को अत्यधिक ज्ञान प्रदान किया है।

अन्त में यही कहूँगा—

घुट रहा है दम निरन्तर,<br>
वेद का, विज्ञान का।।<br>
धर्म के अमृत-कलश में,<br>
घुल रहा है विष यहाँ।<br>
खून पानी की तरह,<br>
बहने लगा इंसान का।।<br>
हर तरफ झूठ की जय,<br>
सत्य के सिर गाज है।<br>
हम को ऋषि की जरूरत,<br>
कल से ज्यादा आज है।।"

# यदि आज नेहरू जीवित होते

जब-जब मैं पन्द्रह अगस्त 1947 में भारत को प्राप्त हुई स्वतंत्रता के बारे में सोचता हूँ, तब-तब मुझे याद आता है एक हँस, जी हाँ एक सुन्दर सुकोमल हँस जिसे देवदत्त के निर्दयी बाणों ने बींध दिया था। उसके रक्त विलिप्त, क्षय-विक्षत पंखों को देखकर मन रो उठता था। सौभाग्यवश उन अभागे हँस को विधाता ने सिद्धार्थ के करुणामय, दयालु, प्रेममय हाथों में सौंप दिया। कुछ-कुछ ऐसी ही दशा उस वक्त मेरे भारत की भी थी। जब अंग्रेज शासन के क्रूर एवं अत्याचारी अधिकारियों ने मेरी इस सोने की चिड़िया को पूरी तरह घायल कर दिया था। इस ऊँचें गगन में उड़ने वाले हँस को ज़मीन पर लाकर पटक दिया था।

आदरणीय अध्यक्ष महोदय, निर्णायक मंडल तथा अन्य उपस्थित जन, यह भारत का सौभाग्य ही था कि इसे कुछ ऐसे नेताओं का प्रतिनिधित्व मिला जिनके अथक प्रयासों और परिश्रम के फलस्वरूप इसे एक नया जीवन मिला। उन नेताओं में सबसे सशक्त नाम था पण्डित जवाहर। इस साधारण से दिखनेवाले मानव के असाधारण व्यक्तित्व एवं अथक परिश्रम ने जो काम कर दिखाया, उसे देखकर दुनिया ने दाँतों तले अंगुलि दबा ली। इन्होंने सारे विश्व की नजरों में इस अभागे भारत की भाग्य रेखा ही बदल दी। कुछ ही समय बाद उसके परिश्रम का फल सम्पूर्ण भारत को मिला परन्तु वे इससे कदाति सन्तुष्ट नहीं थे। वे तो भारत को कुछ और ही बनाना चाहते थे। वे चाहते थे कि भारत प्रगति और उन्नति की उच्चतम सीमाओं को भी लाँघ ले परन्तु इससे भी पहले वे यह चाहते थे कि भारत से भुखमरी, गरीबी, दरिद्रता, शोषण, सामाजिक कुरीतियों का कलंक सदा-सदा के लिए मिट जाए। वे एक महान राजनीतिज्ञ भी थे। वे भारत में एक शुद्ध और ईमानदार राजनीति चाहते थे।

आज यदि पण्डित जवाहर जीवित होते तो सर्वप्रथम वे भारत के दरिद्र, दलित एवं शोषित वर्ग की ओर देखते क्यों कि उन्हें दलितों से अत्यधिक स्नेह था। दलित वर्ग की दयनीय स्थिति को देखकर वे दुःखी होते क्योंकि आज भी भारत में शोषित वर्ग का लगभग वही हाल है जो उन्नसठ साल पहले था। आज आंकड़ों के अनुसार

लगभग पचास प्रतिशत भारतवासी गरीबी की जिन्दगी बसर करते हैं। यह उनके लिए एक अत्यंत खेदपूर्ण बात होती। यदि आज वे जीवित होते तो सर्वप्रथम वे गरीबों के लिए आवास, भोजन, कपड़ों आदि का प्रबन्ध करते।

तत्पश्चात् वे उन नेताओं को देखते जो इन लोगों के प्रतिनिधि हैं। तब तो शायद उनकी आंखें भर आतीं यह देखकर कि आज के नेता कितने भ्रष्ट एवं आत्मकेंद्रित हैं। वे जरूर आज के नेताओं की निंदा करते जो देश को छोड़ अपने बारे में सोचते हैं। 'गद्दी' हड़पने की होड़ में लगे आज के नेताओं को देखकर वे विषाद को प्राप्त होते। आज की घटिया और बेहुदा राजनीति और राजनेताओं को देखकर तो उनका हृदय भर आता, भारत में राजनीति की यह दशा देखकर तो वे आत्मग्लानि से ही विह्वल हो उठते और सोचते—

**"नेताओं ने गांधी की कसम तक बेची**
**कवियों ने निराला की कलम तक बेची**
**मत पूछ कि इस दौर में क्या-क्या न बिका**
**इन्सानों ने आंखों की शरम तक बेची"**

आज यदि वे होते तो अवश्य यह कहते कि मेरी जन्मशताब्दी न मनाकर वह पैसा जो कि व्यर्थ बहाया जा रहा है उससे गरीबों और दलितों की मदद करो तो ज्यादा बेहतर होगा।

अब वे आज के नेताओं को छोड़ कल के होने वाले नेताओं अर्थात् युवाओं की ओर देखते तो उनका अंतर्मन और भी रो ही पड़ता। वह युवा वर्ग जिसकी शक्ति पर देश को नाज़ करना चाहिए—आज नशे की गर्त में समाता जा रहा है। तब तो उनके दुःख का पारावार न रहता जब उन्हें पता चलता कि आज लगभग पचास प्रतिशत युवा वर्ग एक ऐसे अंधकार में जीवित हैं जहां उनका व्यक्तित्व, आत्म सम्मान मर चुका है और अब वे शायद ही इस अंधकार से बाहर निकल सकेंगे तो वे फूट-फूट कर रोते।

अब शायद उनका ध्यान उस प्रगति पर जाता जो बाकी के युवा वर्ग ने की है। अब उनका रोना थमता और वे मुस्कुराने की कोशिश कर पाते। आज के उन्नत परन्तु फिर प्रगतिशील भारत को देखकर उनका मन प्रफुल्लित हो उठता। आत्मनिर्भर भारत को देखकर आज वे ज़रूर खुश होते कि जिस उन्नत और गर्वपूर्ण भारत का सपना उन्होंने देखा था, वह कितनी हद तक साकार हो गया है। आज का भारत यदि सबसे ऊँचा नहीं तो उसकी उड़ान बहुत ऊँची तो अवश्य ही है और वह दिन दूर नहीं जब यह सबसे ऊँची उड़ान भरने लगेगा। आज बड़ी-बड़ी इमारतों, कारखानों, बांधों, परमाणु ऊर्जा संयत्रों इत्यादि को देखकर वे अवश्य ही अपने देश पर गर्व

करते। वे हर प्रकार से देश में शांति बनाये रखने का पूर्ण प्रयास करते व देश की आर्थिक व सामाजिक समस्याओं को जड़ से उखाड़ फेंकते। वे अपने मूल सिद्धांत 'आराम हराम है' से प्रेरित हो भारत की जनता को प्रेरणा देते तथा निरंतर कार्यक्षेत्र में कर्म करते हुये भारत की समस्याओं को सुलझाते।

विज्ञान व तकनीकी क्षेत्रों में उन्नति में सहायक होते, नये कल-कारखानें खुलवाते व बेरोज़गारों को रोज़गार दिलवा कर गरीबी की समस्या को हल कर देते।

वे राष्ट्र की सुरक्षा पूरा ध्यान रखते व राष्ट्र की सीमाओं पर वीर सैनिकों को देश की रक्षा के लिये तैनात करते तथा व पड़ोसी देशों से मित्रता का व्यवहार कर मित्रता का हाथ बढ़ाते और उनकी प्रत्येक कार्य में सहायता करते।

यदि वे जीवित होते तो कृषि की वृद्धि के लिये उपयुक्त बीज, खाद व आधुनिक तकनीकों का प्रयोग करते व भारत की भुखमरी को शांत कर महँगाई को मुँह-तोड़ जवाब देते।

उन्हें अपने देश से इतना अधिक लगाव था कि वे अपने देश की खातिर मर मिटने को तैयार थे और अपने वतन में 'कौमी दंगे फसाद' बंद करवाने के लिये अपनी जान की बाज़ी लगा देते।

उनके विचार से साक्षरता, शिक्षा महत्वपूर्ण थी। यदि वे जीवित होते तो प्रत्येक गाँव शहर में बालक-बालिकाओं के लिये विद्यालय खुलवाते। जिससे उनके मस्तिष्क का विकास हो और वे स्वावलम्बी बनें। उन्हें बच्चों से विशेष लगाव था इसी कारण वे उनके शारीरिक विकास के लिये खेल क्षेत्र की वृद्धि को प्रोत्साहन देते क्योंकि वे कहते थे कि "आज के बच्चे ही कल के नेता हैं।"

वे स्त्रियों के विकास के लिये कई संस्थायें खुलवाते और उन्हें स्वावलम्बी बनाते हुये, अपने पैरों पर खड़े होने का मौका देते व असहाय नारियों की सहायता करते।

इस प्रकार वे भारत को प्रत्येक क्षेत्र में उन्नति के शिखर पर पहुँचा देते व अपने देश की जनता को स्वावलम्बी आत्मविश्वासी होने की प्रेरणा देते और सबको अपने देश के लिये मर-मिटने की शिक्षा देते। उनके विचार से–

**"जो भरा नहीं है भावों से,**
**बहती जिसमें रसधार नहीं,**
**वह हृदय नहीं वह पत्थर है।**
**जिसमें वतन के लिये प्यार नहीं।"**

इस प्रकार हम कह सकते हैं 'वीर जवाहर' जैसे युवा पुरुषों के आदर्शों का आचरण करते हुये हमारा देश अवश्य ही उन्नति के मार्ग पर अग्रसर हो सकता है।

चाचा नेहरू आज जीवित तो नहीं परन्तु उनके आदर्श जो आज भी हमारे बीच हैं भुलाये नहीं जा सकते। क्योंकि–

**"शहीदों की चिताओं पर, लगेंगे हर बरस मेले,**<br>**वतन पर मिटने वालों का, यही अंतिम निशां होगा।"**

इसमें कोई संदेह नहीं कि यदि चाचा नेहरू जीवित होते तो भारत आज विश्व के प्रथम दो-तीन उन्नत देशों में अग्रगण्य होता। "चाचा नेहरू याद तुम्हारी आती हैं और नई उमंगे नई तरंगे जीवन में उत्साह लाती हैं।"

चलते-चलते–

**"यह कैसी ज्वाला उठी**<br>**जलाने आई है जो आज**<br>**प्यार की शत दीपावलियाँ**<br>**बता दो किसने बीने शूल**<br>**किस ने बिछाई कलियाँ।"**

# विश्व-शान्ति में आर्य समाज का योगदान

**मैं अंकुर जिसके उपवन का, उस माली ने विस्तार दिया,**
**कोमल कलियों को कर सुरक्षित, पीड़ा का सारा भार दिया।**
**साये सा रहता साथ सदा, है सुमन प्रेरणा कर हर क्षण**
**शब्दों का हार पिरोकर यह, करती मैं उनको ही अर्पण।**

निर्णायक मंडल! जी हां, मैं बात कर रही हूँ आर्य समाज संस्था की जिन्होंने विश्व-शांति में सम्पूर्ण योगदान दिया। आज हम तृतीय विश्व युद्ध के कगार पर खड़े हैं। हर देश भयभीत है। प्रश्न उठता है कि युद्ध की पुनरावृत्ति की आशंका क्यों है? सोचें, विचार, आत्म-चिन्तन करें। क्या दुर्योधन बन हर व्यक्ति, हर समाज, हर देश, दूसरों का हक छीनने का प्रयास करता रहेगा? क्या यह होने के उपरान्त दुर्योधन के परिणाम को हम भूल सकते हैं। अगर यही क्रियाएं बार-बार होती रहीं तो सृष्टि का विनाश अवश्यंभावी है। आज के इस परमाणु युग में सामान्य जीवन को सुंदर तथा सार्थक बनाने के लिए जो अब सर्वथा अनिवार्य है, वह है विश्व शान्ति। यदि विश्व में शांति का प्रचार न होता तो आज हम सभी को तृतीय विश्व युद्ध के भीषण परिणामों का सामना करना पड़ता।

**"तुम शान्ति नहीं ला पाए युद्धों के द्वारा**
**अब फेंक जरा तलवार, प्यार लेकर देखो,**
**सच मानो निश्चय विजय तुम्हारी होगी**
**दुश्मन को अपना हृदय जरा देकर देखो।"**

यह शांति, यह परस्पर सहृदयता हमारे जन-जीवन में यों ही नहीं आ गई हैं। इसका समावेश करने में विभिन्न संस्थाओं का अपूर्व सहयोग है और इसका अधिकांश श्रेय जाता है आर्य समाज को।

आर्य समाज के अंतर्गत आने वाले नियम एवं उनका उद्गम स्रोत हमारे वेद, शांति का अमूल्य पाठ पढ़ाते हैं :

**सर्वे भवन्तु सुखिनः, सर्वे सन्तु निरामयः**
**सर्वे भद्रणि पश्यन्तु, मा कश्चिद् दुःख भाग् भवेत।**

निर्णायक मंडल! इस सत्य से तो सभी अवगत हैं कि आर्य समाज के दस नियम सांस्कृतिक एवं सामाजिक विकास के बहुमूल्य उपकरण एवं माध्यम हैं। आर्य समाज के दूसरे नियम में अनेकेश्वरवाद का खण्डन किया गया है। ईश्वर को एक व सर्वशक्तिमान माना गया है। इसी कारण धर्म व संप्रदाय के नाम पर होने वाले दंगों और उसके दुष्परिणामों से आर्य समाज ने हमें बचाया है। छठे नियम में प्रत्येक मनुष्य में परोपकार की भावना जागृत होने की कामना की गई है व सातवें नियम में 'वसुधैव कुटुम्बकम् ' का सिद्धांत दिया गया है। जब तक ये शिक्षाएं हमें ही मिलती रहेंगी तब तक मानव हृदय द्वेष एवं अशान्ति से दूर रहेगा। नौवें नियम में प्रत्येक को अपनी उन्नति से ही संतुष्ट न रहने की बात करके संपूर्ग मानव जाति के विकास की बात कही गई है क्योंकि आर्य समाज का मूल उद्देश्य ही संपूर्ण मानव जाति का विकास करना है। आर्य समाज के सभी नियमों में एक विकसित समाज की नींव परिलक्षित है। वेदों पर आधारित होने से ये नियम सार्वभौमिक हैं। इन नियमों में कोई भी ऐसी बात नहीं मिलती जो हमें साम्प्रदायिक बंधन में बाधती हो। महर्षि दयानन्द द्वारा रचित 'सत्यार्थ प्रकाश' के समस्त ज्ञान में समस्त मानव समाज की भलाई के तत्व निहित हैं जो सार्वकालिक व सर्वक्षेत्रीय हैं। निर्गायक मंडल! आप ही बताइए जो संस्था प्रत्येक व्यक्ति के विकास को महत्त्व देती है, वह विश्व शांति स्थापित करने में अग्रगण्य क्यों न होगी?

आर्य समाज के सिद्धांतों में से ही एक है, 'कृण्वन्तो विश्वमार्यम्' अर्थात् सम्पूर्ण विश्व मेरा घर है, इसकी शांति ही मेरी धर्म है और क्लेश रहित जीवन मेरा प्रसाद।

आर्य समाज के ग्रंथों में सम्पूर्ण प्रकृति को शान्त करने के लिए अनेक श्लोक दिए गए हैं।

**ओ३म शं नो अदितिर्भवतु व्रतेभि, शं नो भवन्तु मरूतः स्वर्काः।**
**शं नो विष्णुः शमु पूषा नो अस्तु शं नो भवित्रं शम्वस्तु वायुः।।**
**ओ३म् शं नः सूर्य उरूचक्षा उदेतु, शं नश्चतस्त्रः प्रदिशोभवन्तु।**
**शं नः पर्वता ध्रुवयो भवन्तु, शं नः सिन्धवः शमु सन्त्वायः।।**

इन मन्त्रों में प्राकृतिक सम्पदाओं व शक्तियों के शान्त रहने की बात की गई हैं। जब शांति के संदेश से ओतप्रोत ये मन्त्र वातावरण को सुगन्धित करते हैं, तब सम्पूर्ण विश्व को शांति के महत्व का ज्ञान होता है।

अंत में केवल इतना ही कहा जा सकता है कि मानवता व शांति मानव की पहचान है। जिस मानव में इंसानियत नहीं होगी वे मानव के पुतले तो हो किन्तु

मानव नहीं हो सकते। अतः मानव को मानव धर्म व विश्व-शांति को आत्मसात करना होगा और ऐसा करने में आर्य समाज सदा की भांति अपना योगदान हमें देता रहेगा।

**ओ३म् द्यौः शांतिरन्तरिक्षं, शांतिः पृथ्वी, शान्तिरापः**
**शांतिरोषधयः शांतिः, वनस्पतयः शांतिर्विश्वेदवाः**
**शान्तिर्ब्रह्म, शांतिः सर्व शांतिः शांतिरेव**
**शांतिः सा मा शांतिरेधि।**
**ओ३म् शांति शांति शांतिः ओ३म्।**

# कृणवन्तो विश्वमार्यम्

**एतद्देप्रसूतस्य सकाशादग्रजन्मनः।**
**स्वं स्वं चरिणं शिक्षेरन् पृथ्वियां सर्वमानवाः।।**

आदरणीय अध्यक्ष महोदय, निर्णायक मण्डल व अन्य उपस्थित सभाजन। आज की सम्भाषण प्रतियोगिता का विषय है—'कृणवन्तो विश्वमार्यम्' अर्थात समस्त विश्व को आर्य बनाएँ। 19वीं शताब्दी के मूर्धन्य वैदिक विद्वान, अप्रतिम ओजस्वी वक्ता, समाज सुधारक महर्षि दयानन्द का यह उपदेश कितना सार्थक है। वास्तव में समस्त सृष्टि में केवल मनुष्य को ही परमात्मा ने यह क्षमता दी है कि वह स्वयं श्रेष्ठ पुरुष बन सकता है और अन्य को बना सकता है।

महर्षि दयानन्द जी ने उपदेश दिया कि समस्त विश्व को आर्य बनाओ प्रत्येक आर्य बन्धु का कर्त्तव्य है कि सैंकड़ों मत सम्प्रदायों, जातियों में विभक्त विश्व को वैदिक विचारधारा के आधार पर आर्यत्व के स्नेहसूत्र में बाँधने का प्रयास करें। आर्य किसी मतावलम्बी या साम्प्रदायिक व्यक्तित्व का नाम नहीं है। आर्य का लक्षण है—

**कर्तव्यमाचरन् कर्म-अकर्तव्यमनाचरन्।**
**तिष्ठति प्रकृताचारे स वै आर्य इति स्मृतः।।**

अर्थात मानवता के हितकारक कर्म करने वाला और निन्दनीय दुष्कर्मों का त्याग कर वेदानुकूल स्वाभाविक आचरण में रत रहने वाला मनुष्य ही आर्य कहलाता है।

इसके विपरीत अनार्य के लक्षण हैं—

**वर्णेपेतम विज्ञातं नर कलुषयोंनिजम्।**
**आर्य रूपभिवानायं कर्मभिः स्वै विर्भावयेत्ः।।**

आर्य समाज अर्थात् श्रेष्ठ व्यक्तियों का समाज, उसका मुख्य ध्येय सम्पूर्ण मानव जाति का उपकार करना अर्थात् लोगों की शारीरिक, आत्मिक और सामाजिक उन्नति करना है। महर्षि दयानन्द द्वारा निर्मित आर्य समाज के नियमों में भी मनुष्य को सर्वहितकारी कार्य करने का उपदेश दिया गया है। इन नियमों में व्यक्ति को अपने व्यक्तित्व को उन्नत एवं क्रियान्वित करने का पूर्ण अवसर दिए जाने के साथ-

साथ विचार की, व्यवहार की, चुनाव की और धार्मिक व्यक्ति के सदृश आचरण करने की स्वतंत्रता भी दी गई है। मनुष्य के शरीर को श्रेष्ठ बनाने वाले साधनों का वर्णन करते हुए महर्षि दयानन्द जी ने कहा भी है—

**स्वाध्यायेन व्रतैर्होमैस्त्रेविद्येनज्यया सुतॅः।**
**महायज्ञैश्च यज्ञैश्च ब्राह्मीयं क्रियते तनुः।।**

इस प्रकार यह दावा ठीक सिद्ध हो जाता है कि महर्षि दयानन्द ने मानव जाति के उच्च आदर्शों और मानव की वैयक्तिक और सामाजिक समन्वयात्मक उन्नति और सदाचार के आदर्श को प्रस्तुत किया है।

सर्वप्रथम हमें उसके आचरण को सुधारना होगा। मनुस्मृति में कहा भी गया है—

**आचारः परमो धर्मः श्रुत्युक्तः स्मातिएवच**
**तस्मादस्मिन्सदा युक्तोनियं स्यादात्मवान्द्विजः।।**

वेदों में पूर्व दिशा में उदित होते हुए सूर्य से भी यही प्रार्थना की गई है—

**ओ३म् विश्वानि देव सवितर्दुरितानि परासुव**
**यदभद्रन्तन्नः आसुव।**

अर्थात—हे अन्धकार के नाशक परमदेव! हमारी समस्त बुराइयों को दूरकर हमें कल्याणकारी मार्ग में लगाएँ। जैसे घोड़ों को सारथि रोककर शुद्ध उस प्रकार मनुष्य को इन्द्रियों को अपने वश में करके अधर्म मार्ग से हटाकर धर्म मार्ग पर चलाना चाहिए। कर्त्तव्य पालन का पयार्यवाची ही धर्माचरण है। धर्म का लक्षण भी दार्शनिक ऋषियों ने कितने सार्वभौम दृष्टिकोण से निरूपित किया है—

**धृतिः क्षमा दमोऽस्तेयं शौचमिन्द्रिय निग्रहः।**
**धीर्विद्या सत्यमक्रोधों दशकं धर्म लक्षणम्।।**

यही लक्षण आर्यत्व की पावनमर्यादाएँ हैं। विश्व के मानवों को इन्हीं सार्वजनिक शुभगुणों से अलंकृत करने का प्रयास ही 'कृणवन्तो विश्वमार्यम' का सन्देश है।

सर्वप्रथम धर्म का प्रचार करने वाले मनसा वाचा कर्मणा पूर्ण पवित्र हों। तपस्वी विश्वमंगलाभिलाषी धार्मिक जन अपने शुभ आचारों से ही धर्मोपदेश किया करते हैं। उनके पावन कर्म सहयोगियों को तो प्रभावित करते ही हैं साथ ही साथ आसपास के वातावरण को भी स्वच्छ कर देते हैं। राग द्वेष रहित संसार के समस्त प्राणियों पर मित्र भाव रखने वाला ही धर्म प्रचार में सफल होता है। परोपकार करने से पूर्व जो अपने को आचारवान बना लेता है वही धार्मिक व्याख्यान युग निर्माता होने का अधिकारी हो सकता है। आचारहीन प्रचारक अपनी वाणी विलास से केवल कुछ

समय तक ही प्रभावशाली हो सकती है। अतः ज्ञान वृद्ध के साथ-साथ आचार वृद्ध विद्वान प्रवक्ता ही विश्व में वैदिक धर्म का शुभ संदेश प्रसारित कर सकते हैं।

आज सारा संसार अनेक मतमतान्तर, पथ सम्प्रदाय तथा राजनैतिक विद्वेषों के कारण परस्पर विघटित हो चुका है। वेदों की सार्वभौम विचारधारा ही इनके भेदभावों को मिटाकर एक सूत्र में बाँध सकती है। धार्मिक, राजनीतिक एवं आर्थिक विषमताओं को दूर करने के लिए वैदिक विधान के अतिरिक्त अन्य कोई उपाय नहीं हैं। अतः अंतर्राष्ट्रीय स्तर पर वेदानुकूल भारतीय संस्कृति का प्रचार ही अत्यावश्यक है।

वैदिक संस्कृति की आत्मा सुरभारती संस्कृत भाषा ही है जिसके अध्ययन से प्रत्येक मानव के हृदय में आर्यत्व का स्वतः स्फुरण होने लगता है हमारी भारतीय संस्कृति की परिचायिका यही सुरभाषा है। इसी से सम्बद्ध इतिहास और संस्कृति के स्वर्णिम पृष्ठ पलटते ही जीवन बदल जाता है। मतमतान्तरों के दुष्प्रभाव को अनायास ही वैदिक वाङ्मय का शिक्षण समाप्त कर देगा।

सार्वभौम एकता के प्रसार के लिए स्वदेश में आर्यराष्ट्र का निर्माण हुए बिना सफलता नहीं मिल सकती। आर्य संस्कृति के जनमान्य प्रशासकों द्वारा ही सदाचार की प्रतिष्ठा और अधर्म का समूल नाश सम्भव हो सकेगा। केवल ब्राह्मण उपदेशकों के प्रचार से कुछ सात्विक लोगों का कल्याण हो सकता है किन्तु दुष्ट दमन के लिए शूर प्रतापी राजन्य शक्ति का होना आवश्यक है। ब्रह्म शक्ति के साथ क्षात्र शक्ति का सहयोग स्वच्छ प्रशासन के लिए अति अपेक्षित है। प्राचीन चयन पद्धति से प्राप्त श्रेष्ठतम् व्यक्ति जब राज्य की बागडोर संभालेंगे तभी राजनैतिक मदारी और कट्टर विधर्मी स्वयं दब जाएंगे। संसार भर में एक सी उदार शिक्षा 'मानवता के सिद्धांतों' का प्रचार और सार्वदेशिक वैदिक संविधान के प्रचलन से ही विश्व आर्य बन सकता है, हमारा 'कृणवन्तो विश्वमार्यम्' का स्वप्न तभी साकार हो सकता है।

# 'वैदिक मान्यताएँ एवं श्रीकृष्ण'

आदरणीय अध्यक्ष महोदय, निर्णायक मण्डल, गुरुजन एवं मेरे प्रिय साथियों आज की भाषण प्रतियोगिता का विषय हैं—"वैदिक मान्यताएँ एवं श्रीकृष्ण"। विद्वज्जनों—

**कृष्ण एवं हि लोकानामुत्पत्तिरपि चात्वयः**<br>
**कृष्णस्य हि कृते तिश्तमीदं भूतम् चराचरम्**<br>
**अग्निहोत्रमुखा वेदा गायत्री छंद मुखम्**<br>
**राजा मुखं नरानाम् नदीनां सागरो मुखम्**<br>
**उर्ध्वं तिर्यगधश्चैव यावती जगतो गति**<br>
**सदैव विषु लोकेषु श्री भगणवान केशवो मुखम्।।**

श्रीकृष्ण ही समस्त जगत् के उपादान कारण हैं तथा अविनाशी हैं। यह संपूर्ण विश्व और चराचर प्राणी उन्हीं के लिए हैं। अग्निहोत्र वेदों का मुख हैं, गायत्री छंदों में शीर्षस्थानीय है, राजा मनुष्यों का मुखिया है उसी प्रकार संसार की उर्ध्व, मध्यम एवं निम्न जितनी भी प्रकार की गतियाँ हैं, उन सब के तथा तीनों लोकों के स्थानीय केन्द्र भगवान श्रीकृष्ण हैं।

वेद सृष्टि का सबसे सुन्दर साहित्य है प्रत्यक्ष उसमें जिस परमेश्वर की स्तुति की गई हैं, वह ईश शक्ति है। ईश्वर वही है जो समस्त क्रियाओं को नियंत्रण व नियम में रखता है। सृष्टिकर्ता भी उसका नाम है। वेदों में जिस ईश्वर की चर्चा की गई है उस के सभी गुण कर्मयोगी श्रीकृष्ण में स्पष्ट दिखाई देते हैं। वेदों में जो एक भाव प्रकट किया गया है वह है कि ईश्वर पूर्ण नियामक है। जिसमें शक्ति और सामर्थ्य दोनों का होना आवश्यक है। गीता के चतुर्थ अध्याय में योगेश्वर कृष्ण के प्रति ऐसा ही भाव प्रकट किया गया है-

**'यदा-यदा हि धर्मस्य ग्लानिर्भवति भारत।**<br>
**अभ्युत्थानमधर्मस्य तदात्मानं सृजाम्यहम।।'**

और ऐसे में धर्म की स्थापना के लिए प्रभु युग-युग में जन्म लेते हैं—

**धर्मसंस्थापनार्थाय संभवामि युगे-युगे।**

वेदों में ईश्वर को पूर्ण नियन्ता बताया गया है। अत उसे प्रत्येक कण में व्याप्त होना चाहिए। वेद मंत्र में कहा 'आवास्य' अर्थात ईश्वर संपूर्ण जगत में व्याप्त हैं–न केवल प्रत्येक वस्तु में अपितु प्रत्येक गति और क्रिया में भी।

यजुर्वेद के अनुसार-

**'तदेजति तन्नैजति तद् दूरे तद्वन्तिके'**

सामर्थ्य व व्यापकता के अतिरिक्त वैदिक ईश में एक और गुण है वह है एकता जो ईश्वर संपूर्ण में व्याप्त है। वह एक ही होना चाहिए क्योंकि जो वस्तु सूक्ष्मतम है वही व्यापक होगी। ईश्वर अति सूक्ष्म है एक है इसी लिए व्यापक है। वेदों में 'ईश' शब्द को एकवचन रखा गया है। कहने का तात्पर्य यह है कि संसार की समस्त क्रियाएं एक महती शक्ति द्वारा नियन्त्रित हैं।

वेद में ईश्वर का कथन है कि मैं समस्त जीवों के लिए पिता तुल्य हूँ क्योंकि उपासक मुझे पिता मानते है। मैं उपासकों को भोजन देता हूँ, मैं शक्तिशाली हूँ और मुझे मृत्यु कभी नहीं आती।

गीता में स्वयं श्रीकृष्ण अपने लिए कहते हैं कि मैं अजन्मा, अनादि हूँ, मैं जन्म और मृत्यु से परे हूँ। जो यह जान लेता है वह सब पापों से मुक्त हो जाता है 'यों माम् जाना च वेत्ति लोकमहेश्वरम्'।

ऋग्वेद में ईश्वर के एकत्व को स्पष्ट करते हुए कहा गया है कि यद्यपि अग्नि एक है तथापि संसार में अनेक रूपों में प्रकाशित है। उसी प्रकार सूर्य भी एक है फिर समस्त विश्व को प्रकाशित करता है। वह ईश्वर हम सबका प्यारा है।

'नमः शंभताय च नमोभवारा च नमः शंकराय च नमस्कराय च नमः शिवाय च शिवतराय च'।

वेद कहते हैं ईश्वर समस्त प्रणियों में उसी सुगमता से प्राप्त है। जैसे पुत्र का पिता हित करता है वैसे वह सबका भला करता है। वेदेतर कृष्ण की भक्तगण इस प्रकार स्तुति करते हैं–

**'पितासि लोकस्य चराचरस्य त्वमस्य पूज्यश्च गुरुर्गरीयान्।**
**न त्वत्समोऽस्त्यभ्यधिकः कुतोऽन्यो लोकत्रयेऽप्यप्रतिम प्रभाव।।**

अन्त में मैं यही कहूँगी यदि गीता सारे वेदोपनिषदों का सार है तो योगेश्वर कृष्ण वेदों से भिन्न भला किस प्रकार हो सकते हैं।

**'सर्वोपनिषदो गावो दोग्धा गोपालनन्दनः**
**पार्थो वत्सः सुधीभोक्ता दुग्धं गीतमृतं महत्।।**

# बारहवीं कक्षा का विदाई समारोह
## (शिक्षक वर्ग के भाव)

आज हर्ष का दिन है और दुःख का भी। हर्ष का इसलिए क्योंकि आप अपने सुखद भविष्य का निर्माण करने के लिए अपने विकास का प्रथम चरण बढ़ा रहे हैं। दुःख का इसलिए क्योंकि आप हमसे दूर जा रहे हैं लेकिन दुःख का भाव क्षणिक है। वह इसलिए क्योंकि भविष्य के लिए कई कल्पनाएँ, कई लक्ष्य, कई सपने हैं, कई महत्वकाक्षाएँ हैं आपके सामने। आपको इस विद्यालय में शिक्षकों का स्नेह मिला, अपनत्व मिला, सुरक्षित वातावरण मिला। कुछ नियम कुछ आदर्श आपको सिखाए क्योंकि यही आयु होती है कुछ संस्कार डालने की। जैसे संस्कार होंगे भविष्य में जीवन रूपी भवन का निर्माण भी वैसा होगा। यदि जीवन सुगन्धित, सात्विक कमल की तरह खिल गया तो सद्गुणों के भ्रमर गूंजते रहेंगे। अब आप सुरक्षित वातावरण से जीवन के विशाल क्षेत्र में प्रवेश करने जा रहे हैं। आप को जीवन में नम्रता, सहनशीलता, स्वावलम्बन, सदाचार, सत्यनिष्ठा आदि गुणों को आत्मसात् करना है। यदि ऐसा हुआ तो अगम्यमार्ग भी सुलभ बन जाएँगे आपके लिए। आप सफलता के गगन की बुलन्दियों को छू पायेंगे। यह सत्य है कि जीवन संघर्ष पूर्ण है। आपको जीवन लक्ष्य की प्राप्ति में अनेक मुसीबतें झेलनी पड़ सकती हैं, लेकिन तब भी आपने अपने धैर्य को नहीं खोना है क्योंकि जीवन में दुःख और सुख का चक्र तो चलता ही रहता है। याद रखिए आशावादी व्यक्ति ही विषम को पार कर समतल भूमि पर कदम रखता है। जो गिरता है वही उठता है। इसलिए कर्मयोगी बनकर अनुशासित जीवन बिताओ क्योंकि अनुशासनहीनता, उच्छृंखलता, व्यक्ति, समाज और देश की मान-मर्यादा को रौंद देती है। प्रत्येक व्यक्ति में आवश्यकता है अपनी क्षमताओं को पहचान कर उनका विकास करने की। आपमें चिन्तन और मनन की शक्ति है। आपको ज्ञान हेतु अपने ही आगे बढ़ने वाले प्रत्येक कदम से कुछ सीखना होगा और निर्धारित लक्ष्य की दिशा में अर्जुनदृष्टि अपनानी पड़ेगी। भविष्य की चुनौतियों से जूझने की शक्ति भी अपने अन्तर्मन से लानी होगी। जीवन के विविध सौपानों को सफलतापूर्वक पार कर

"नररत्न" बनना होगा क्योंकि आप ही राष्ट्र की सम्पत्ति हैं, देश का भविष्य हैं।

**बिना आपके सूना-सूना सा लगेगा**<br>
**यह गुलशन पहले जैसा खुशनुमा सा नहीं लगेगा।**

हाँ यह गुलशन पहले जैसा ही खुशनुमा लग सकता हैं यदि आप डी.ए.वी. के आदर्शों को विश्व के कोने-कोने में पहुँचाए तो, क्योंकि आज जिस परिवेश में बच्चों का विकास हो रहा है, उस वातावरण में आवश्यक हो जाता है कि उन्हें नैतिक, आध्यात्मिक और वैदिक ज्ञान दिया जाए। अगर आप ऐसा करने में सफल हो पाए तो ऐसा अनुपम और उत्तम उपहार आपकी ओर से हमारे लिए और कोई नहीं होगा।

**जा रहे हो तुम एक नई मंजिल की ओर**<br>
**दे रही हैं दुआएँ मेरे हृदय की भोर**<br>
**स्पन्दन हो रहा है आपके प्रेम का सब ओर**<br>
**निष्ठा व प्रेम ज्योति जलाना सब ओर**

# सन्देश

प्रिय विद्यार्थियों,

नए क्षितिज की ओर अग्रसर होओ। नए अनुभवों से जीवन की अपूर्णता की ओर जाओ। एक ही बिन्दु पर पहुँच कर थक जाना उसकी निष्क्रियता का सूचक हैं। प्रकृति में भी नित नवीनता का संचार होता है। पेड़-पौधों पर नए-नए पत्ते अकुंरित होते हैं। प्रकृति रूपी रंगमंच पर नई अंकुरित कोपलों के रूप में प्रकृति के नए अनुभव हमें पढ़ने को मिलते हैं, वायु अविरल बहती है। प्रवाहित जल ही निर्मल रहता है। सूर्य भी अपनी किरणों के माध्यम से संसार रूपी पटल पर नए दृश्य अंकित करता है। वर्षा की बूंदें बरसकर धरती को नया रूप देती हैं। नदी में बढ़ने वाली लहरें भी नई दिशाओं की ओर बढ़ती जाती हैं। इनसे जीवन लक्ष्य की ओर अग्रसर होने का सन्देश मिलता है। प्रकृति की ये विलक्षण लिखावट उन सीढ़ियों के समान है जिनके सहारे मानव एक-एक पग ऊपर चढ़कर जीवन के विकास की ओर बढ़ कर अपना लक्ष्य पा सकता है।

**"कर्मरतजग, हर दिशा से कर्म की आवाज़ आती**
**काल की गति एक पल को भी नहीं विश्राम पाती**
**है कभी सीखा न जिसने मुश्किलों में सिर झुकाना,**
**क्योंकि मंजिल है डगर पर सिर्फ चलने का बहाना**
**आज चलने के लिए जब धूल तक ललकारती है**
**तब पथ की कठिनाइयों से हार मान लो, यह संभव नहीं"**

# खण्ड-ग

# कविता

(मेरी मित्र अर्चना शर्मा को समर्पित
जो बाबा में विलीन हो चुकी है)

# स्वागत

पीछे मुड़ कर मत देखो
आने वाले कल को देखो
गुजरा हुआ कल
तुम्हारा अतीत है
वह लौटकर
नहीं आने वाला
वर्तमान को जीओ
यही तुम्हारे
भविष्य का आधार है
इसी से तुम्हारे
सपने साकार हैं
कर्म की तीली उठाओ
उसे जलाओ
कर्म निष्ठा है
कर्म दीक्षा है
कर्म विश्वास है
यही कृष्ण की वाणी है
यही गीता का सार है।

# शहीद की इच्छा

मेरी कब्र पर इक दिया तो जला दो,
मैं सरहद पे लड़ते हुए मर गया था,
मेरे रक्त का हर कतरा बहा था,
मैं सरहद पे लड़ते हुए मर गया था।

मेरे सामने बस मेरा ये वतन था,
अमानत शहीदों की मेरा वतन था,
बापू के सपनों का हिन्दोस्ताँ था,
हँसता खिलता चमन सा वतन था।

मेरे सामने ये हिमालय धवल था,
मेरे सामने संतवाणी का स्वर था,
मेरे सामने हर धर्म गंगाजल था,
मेरे सामने बस वतन ही वतन था।

मेरे घर पे वो वर्दी टंगी है
विधवा मेरी कैसी बेसुध पड़ी है,
तमगे मेरे हंस रहे चूड़ियों पे
जो आँगन में टूटी पड़ी रो रही हैं।

बिटिया मेरी मुंह में डाले अगूँठा
मेरे चित्र से कैसी रूठी खड़ी है
कि बीता दशहरा, बापू न आए
उसे क्या पता माँ सुबक रही है।

चूल्हे की लकड़ी हुई राख जलकर,
रोटी तवे पे जली सी पड़ी है,
पलोथन भी चौके में बिखरा पड़ा है,
सवेरा गृहस्थी का काला पड़ा है।

आखिरी साँस आँखों में सावन लिए,
छू के सरहद की माटी नमन कर चले,
आखिरी साँस पाखी से उड़कर चले
लो संभालो ये सरहद कि अब हम चले।

# बदलते रंग

जिन्दगी के बदले हुए रंग देखिए
पाप-पुण्य में ये छिड़ी जंग देखिए
छुप-छुप वार करते हैं तलवारें खीचँकर
अपनों के लिए अपनों के दिल तंग देखिए।

ईमान का लुटता हुआ बाजार देखिए
सूली चढ़ा के कील ठोकना तो देखिए
गुलदस्ते वो बनाते हैं फूलों को चढ़ाकर
फिर कत्ल करके कब्र का सजाना देखिए।

एक दौर वो भी हमारे जुनून का
कतरा कतरा देश की खातिर था खूनका
वह भगत सिंह मर मिटा था कौम की खातिर
गाँधी, सुभाष, नेहरू का बलिदान देखिए।

गली गली में बह रहा है खून आज भी
कि आदमी का कत्ल कर रहा है आदमी
जो भाषणों में बात करते देश प्रेम की
(जी हाँ गौर कीजिए)
उन्हीं का छुप के झोंकना कटार देखिए।

26 जनवरी आज मनाते है शान से
लग रहे हैं मेले शहीदों के नाम पे
राजीव के बदन के उड़ते हुआ चिथड़े
इन्दिरा के निहत्थे बदन के धाव देखिए।

कागज पे आँसुओं से लिखी गजल देखिए
मुरझा रहे एहसासों का पतझड़ तो देखिए
मोती न बन सके जो समन्दर में डूबकर
(गौर कीजिए)
अब उनकी किनारों से दुश्मनी तो देखिए।

(चलते-चलते दो पंक्तियाँ)–
शहीदों के नाम एक दिया तो जला दो
शहीदों को यूँ तो भुलाते नहीं हैं
हमें रोशनी देने वाले वही थे
चिरागों को यूँ तो बुझाते नहीं है।

# देश

रक्त में डूबा हुआ पंजाब कह रहा,
रक्त में डूबा हुआ कश्मीर कह रहा,
कराह पे कराह क्या सुनी है आपने?
कि रक्त में डुबो दिया है देश आपने।

दिन दहाड़े लूट-पाट दंगे हो रहे,
राम की लीलाओं में भी लोग मर रहे,
खूंखार बंधकों की कर रिहाई आपने
अपहरण पे अपहरण कराए आपने।

देश है उदास तुम जला रहे हो दीप,
मातमी माहौल है तुम गा रहे हो गीत,
भूख की तड़प से फिर सहम के आपने,
गिरवी रख दिया यहाँ का स्वर्ण आपने।

महंगाई की चक्की में सब गरीब पिस रहे
और कुम्भकरिणी नींद में शासक ये सो रहे,
रोटी के नाम के लगा के नारे आपने,
वोटों के लिए बरगलाई जनता आपने।

भोले भाले लाल गोलियों से भुन रहे,
सुहागिनों के माँग के सिंदूर पुंछ रहे,
नाम पे 'मिड डे मील' का विष खिला के आपने
जाने कितने घर उजाड़े फिर से आपने।

बर्फ के कहर से लोग बेघर हो रहे,
लुकते-छिपते आखिरी साँसे बचा रहे,
दर्द को खबर बना-बना के आपने,
बेचे हैं सुबह-शाम ये अखबार आपने।

# कसक

बैसाखी का रंग क्यों आज फीका लग रहा,
बसन्त मौसम भी आज म्लान सा लगा,
धरा भी कर रही है आज चीत्कार,
और हम मना रहे हैं यहाँ शहीदी त्यौहार।

सोनामी की लहरों से विनाश की होली,
चील और कौओं की मन रही है दीपावली,
पानी में बहती बेटी की लाश याद कर,
मीनू की माँ आज सुबकती रही।

निरीह लोगों का आज शव बह रहा
बहुतों के यहाँ आज चूल्हा नहीं जला
दर्द भी कराहता है आज बार-बार
और हम मना रहे हैं धूमधाम से त्योहार

रो रही है माँग यहाँ, रो रही है रोली,
दुःख से बिलख रही है आज हर हँसी भोली,
हर गली में बालिकाएँ व्यथित हैं खड़ी,
कर रहा बसन्त क्यों पतझड़ से ठिठोली।

लोभ का नाग आज सबको डस रहा,
पत्थर सा निष्प्राण हो गया है दिल और प्रेम नहीं रहा,
भ्रष्ट नीति से हो रहा आज हर ओर व्यापार,
और हम बना रहे देशभक्ति को व्यापार।

छोटे-छोटे बच्चों का अपहरण हो रहा,
नन्हीं-नन्हीं कोपलों को मानव मसल रहा,
छोटी-छोटी कन्याएँ भयभीत हैं खड़ी,
दुर्योधन का हर ओर साम्राज्य हो रहा।

जल रही है झोंपड़ी और जल रहे महल,
जल रहे हैं दीप और तम उछल रहा,
जल-जल के आज हिमालय रहा पिघल,
जल रही सरयू और जल रही चम्बल।

देश का गौरव भी आज राख हो रहा,
स्याह काले दिल है और विश्वास नहीं रहा,
कौन सा मसीहा अब बचयेगा हमें,
होलिका की मौज में जब प्रह्लाद जल रहा।

## दिशा

देश जात-पात के दलदल में फंस रहा
खून बदनसीबों का पानी-सा बह रहा
पहरेदार देश के आपस में लड़ रहे
फिर पन्द्रह अगस्त क्या मनाएँगे आप.........

हरी-भरी लताएँ आज सूखने लगीं
केसर की क्यारियाँ भी खून से सनी
साँय साँय चल रही हवाएँ बैर की
अब ऐसे में बसंत क्या मनाएँगे आप......

पिचकारियों में आज रक्त भरा जा रहा
होलिका दहन भी बस नाम का रहा
सीताओं को भी यहाँ राम ने नहीं बक्शा
ऐसे में दिवाली क्या मनाएँगे आप.......

पावन मिलन भी कर रहा है हाहाकार
काँटे सी चुभ रही है फागुनी बयार
नारी देह का हो रहा व्यापार
ऐसे में होली क्या मनाएँगे आप.......

राजा महान डूबे हैं कुर्सी के राग में
कलियाँ झुलस रहीं बासंती फाग में
भाषणों में नाग विष उगल रहे
ऐसे में तीज और त्योहार क्या मनाएँगे आप

हरा-भरा चमन भी आज शुष्क लग रहा
रस भरा हुड़दंग भी आज मातमी लगा
देश, देश भक्ति की चिताएँ जल रहीं
ऐसे में राष्ट्रीय पर्व क्या मनाएँगे आप......

# एकता

एकता की बात आज तुम से क्या करें,
दिलों में हमारे जबकि प्यार नहीं है,
लुट रहे हैं गुलशन और माली हँस रहे,
तभी बयार में मधुमास नहीं है,
ईर्ष्या द्वेष यहाँ नृत्य कर रहे,
तभी तो किलकारियों में हास नहीं है।

(सोचती हूँ)
देश के नाम पर एकता के लिए
चल के दो कदम हम भटक क्यों गए
क्यों कुर्सी से टकरा गए ये कदम
क्यों सत्ता के दल-दल में डूबा ये मन
देश के नाम पर एकता के लिए
उन शहीदों को याद हम क्या करें
नाम के वास्ते याद हम क्या करें
दिखावे के रास्ते याद हम क्या करें।

# खण्ड-घ

# निबन्ध

# आर्य सस्कृति के प्रतीक-राम

"नीलाम्बाजु श्यामल कोमलाङ्गम् सीतां समोरोपित वाम भागम। पाणौ महासायकं चारु चापं नमामि रामं रघुवंशनायम।"

भारतीय इतिहास के एक प्राचीन उज्ज्वल युग ने एक ऐसे अपूर्व व्यक्तित्व की सृष्टि की जो मानव की आदर्श भावनाओं व आर्य संस्कृति का प्रतीक बन कर प्रासाद से कुटीर तक जनमानस में छा गया। वह व्यक्तित्व था दशरथ के पुत्र 'राम' का।

अपनी रामायण में महर्षि वाल्मीकि ने महापुरुष विषयक उन सभी प्रश्नों के उत्तर दिए हैं जो उन्होंने नारद मुनि से किए थे। उन्होंने कहा कि ऐसा कौन सा व्यक्ति है जो गुणवान भी हो और पराक्रमी भी? नारद मुनि ने कहा, श्री राम वीरवान भी हैं और गुणवान भी। महर्षि पूछते हैं ऐसा कौन सा व्यक्ति है जो धर्म को जानने वाला है, किए को मानने वाला, सदा सत्य बोलने वाला और व्रत पर दृढ़ रहने वाला है। जानते हैं महर्षि को क्या उत्तर मिला? उन्हें बताया गया कि श्री राम ने प्रत्येक संकट के समय भी इस विषय पर विचार किया कि कर्त्तव्य क्या है? वे आँखें बंद करके परिस्थितियों के पीछे नहीं भागे। जब कैकेयी ने महाराज दशरथ के वचन को सिद्ध करने के लिए वन गमन की सूचना दी तब राम ने कर्त्तव्य को सर्वोपरि स्थान दिया।

महर्षि ने जब नारद मुनि से यह प्रश्न किया कि, "ऐसा कौन सा व्यक्ति है जो तपस्वी तो हो परन्तु क्रोधी न हो तथा ईर्ष्यालु न हो।" श्री राम ही ऐसे व्यक्ति हैं जो तपस्वी होते हुए भी क्रोधी और ईर्ष्यालु नहीं। उनमें सत्य है, शक्ति है, क्षमा है लेकिन क्रोध और ईर्ष्या-द्वेष नहीं। श्री राम दुष्ट-दमन कर्ता थे, उनकी शक्ति का वर्णन करते हुए रावण की सभा में विभीषण नें कहा था "श्री राम धर्मात्मा हैं, यह समझकर निःशंक नहीं होना चाहिए। वे दुष्टों को दंड देने की शक्ति भी रखते हैं इस कारण उनके सामने तो देवता भी हत्बुद्धि हो जाते हैं फिर मनुष्य और राक्षसों की बात ही क्या है?"

आर्य सस्कृति में जिन गुणों का समावेश व्यक्ति में आवश्यक माना जाता है वे सभी गुण श्री राम में समाहित हैं। राम आदर्श राजा ही नहीं अपितु वे आदर्श पुत्र, आदर्श पति, आदर्श भाई आदर्श स्वामी, आदर्श मित्र आदर्श सहचर, आदर्श वीर आदि

सब कुछ ही तो हैं। हमारे ऋषि-मुनियों ने अथवा हमारे धर्म ग्रन्थों ने जिन मर्यादाओं का उल्लेख किया है उनका श्री राम ने जिस प्रकार पालन किया ब अन्यतम उदाहरण है। मर्यादा पुरुषोत्तम राम ने लंकापति रावण का वध कर असंख्य प्राणियों को उस के अत्याचारों से मुक्त किया था। राम की यह विजय धर्म की अधर्म पर अपूर्व विजय थी। राम ने रावण का राज्य छीनने के लिए लंका पर चढ़ाई नहीं की थी और न लंका की प्रजा को दास बनाकर उस का दोहन, शोषण करने के लिए, अपितु आर्य परम्परा के अनुसार अत्याचार के उन्मूलन और धर्म प्रतिष्ठा के लिए युद्ध किया। उन्होंने अपनी विजय से सच्चे वीर का आदर्श उपस्थित करके आर्य क्षत्रिय धर्म का, महिमा का भव्य दिग्दर्शन कराया। भगवान् राम का हम सत्कार करते हैं क्योंकि वे आदर्श पुरुष और आर्य संस्कृति के मूर्तिमान प्रतीक हैं। उन्होंने आर्य जाति की मर्यादा के अनुरूप विश्वास की भावना को गौरवान्वित किया। आदिकवि वाल्मीकि ने अपने अमर काव्य रामायण में राम के चरित्र को जिस उदात्त रूप में प्रस्तुत किया, वह वर्तमान संक्रमण काल के लिए वरदान सिद्ध हो सकता है। राम का आदर्श चरित्र प्राचीन काल से लेकर आज तक कवियों का प्रेरणास्रोत बनता रहा है और इसी के आदर्श पर आज तक एक बड़ी संख्या में रामकाव्यों की रचना की जा चुकी है। मर्यादा पुरुषोत्तम राम ने जिस सुन्दर आदर्श समाज की स्थापना की वर्तमान में उस समाज के निर्माण के अनुकरण का यदि किंचित मात्र भी प्रयास किया जाए तो हम सभ्यता तथा संस्कृति के उच्चतम मूल्यों की स्थापना कर सकते हैं।

**वैदिक पथ पर स्वयं चले तुम,**
**वैदिक पथिक संसार बनाया,**
**अनुपम, शौर्य, शक्ति, साहस से,**
**दानवता की वृत्ति को मिटाया।**
**भरा तुम्हीं ने हे युग मानव**
**युग में निर्भयता स्पन्दन,**
**हे राम तुम्हें कोटि नमन।**

श्रद्धा सुमन इन्हीं शब्दों में व्यक्त करती हूँ—

**"कंठ में संगीत बैठा बुदबुदाता"**
**ओंठ पर आता न, पीछे लौट जाता**
**पायलों में एक कंपन सा विलय है**
**आरती में दीप रह-रह झिलमिलाता**
**प्रकृति में रूप-रस छा गया तुम कहां हो**
**श्री राम तुम यहाँ, यहाँ, यहाँ हो"**

# आत्म-विश्वास

**"सफर में मुश्किलें आयें तो हिम्मत और बढ़ती है।**
**कोई जब रास्ता रोके तो जुर्रत और बढ़ती है।"**

'आत्मविश्वास' जीवन में असफलता को सफलता में बदलने की केवल एक ही कुंजी है। यह जीवन में सफलता पाने की पहली सीढ़ी है। आत्म-विश्वास वह शक्ति है जिससे मनुष्य बड़े-से बड़े काम कुशलता से पूरा कर सकता है, जीवन में आने वाली कठिनाइयों को दूर कर सकता है। यह एक आशा है, बल है और जीने का सच्चा आनन्द है। मानव चाहे जैसी भी परिस्थितियों से गुजरता रहे उसे अपने ऊपर के विश्वास को खोना नहीं चाहिए। उसे किसी भी परिस्थिति में अपने विश्वास को कमजोर नहीं होने देना चाहिए। अपने-आत्मविश्वास को पुनः जगाकर स्वयं अपनी मुश्किलों को आसान बनाना होगा क्योंकि आज 'सच है महज संघर्ष ही' का भाव अधिक महत्त्व रखता है। जिसने अपने आप पर विश्वास खो दिया वह कभी किसी भी मोड़ पर किसी भी व्यक्ति पर विश्वास नहीं कर पाएगा और परिणामतः हर मोड़ पर एक नई असफलता उसके कदम पर होगी। आज लोगों में इसी आत्मविश्वास की कमी को देखते हुए किसी ने सच ही कहा है :–

**"जो अपने को दुर्बल समझता है, वह दुर्बल ही हो जाता है।"**

यह बात शत-प्रतिशत सही है क्योंकि जो मनुष्य अपने जीवन में हार मान लेता है और सोचता रहता है कि मैं कुछ भी नहीं हूँ, मैं दीन-हीन हूँ, नाचीज हूँ उससे कोई भी आशा रखना बेकार है। अगर, तुम सोचो कि मैं कुछ हूँ, मेरा भी अस्तित्व है और मैं किसी से पीछे नहीं हूँ, मुझमें हर चीज को सहन करने की ताकत है, अपने ऊपर इतना भरोसा है कि किसी भी कठिनाई के समय में मैं कमजोर नहीं पड़ूँगा तो दुनिया की ऐसी कोई शक्ति नहीं है जो तुम्हें तुम्हारे लक्ष्य से विचलित कर दे या तुम्हें असफलताओं का मुँह देखना पड़े क्योंकि कहा गया है :–

**'मन के हारे है, मने के जीते जीत।'**

इस विश्वास के साथ तुम दुनिया को जीत सकते हो और असंभव कार्य को संभव कर सकते हो और फिर 'नर हो न निराश करो मन को' की उक्ति को चरितार्थ

कर सकते हो। इससे सफलता तुम्हारे कदम को चूमेगी और काँटे भी राह में आने से पहले डर जाएँगे।

**"तुम नया विश्वास लेकर पग बढ़ाओ आज अपना**
**तुम नया इतिहास लेकर पग उठाओ आज अपना।**
**छूट जाने दो बहुत पीछे पुराने इस गगन को,**
**तुम नया आकाश लेकर जग सजाओ आज अपना।**
**पार करना चाहते हो इस गिरजते सिंधु को यदि**
**प्राण लेकर आज लहरों में उतरना ही पड़ेगा।"**

हम अपना कोई भी कार्य करते समय यह क्यों भूल जाते हैं कि हम एक ऐसे सर्वशक्तिमान, अजर, अमर प्रभु की बनायी हुए सन्तान हैं जिन्हें अपनी ताकत आजमाने पर कोई परास्त नहीं कर सकता। फिर चाहे वह दिमाग से लगायी जाए या हृदय से। हम यह क्यों भूल जाते हैं कि हम सब कुछ हैं, किसी से कम नहीं हैं। इस विचार से हमारा जीवन आनन्दमय हो सकता है। जिन्दगी का सफर असीम उत्साह से भरपूर और मधुर हो सकता है। यह कोई कठिन बात नहीं है। यदि हममें आत्मविश्वास का बल है तो निश्चय ही हम अपने जीवन को एक नया मोड़ देकर सफलता और सच्चे सुख की अनुभूति कर सकते हैं। आज हमारे सामने इतिहास के बहुत से ऐसे उदाहरण हैं जो हमें यह अहसास करवाते हैं कि आज अगर हमारे पूर्वजों में ऐसा दृढ़ आत्मविश्वास नहीं होता तो भारत इतनी ऊँचाई पर नहीं होता। वह यही आत्मविश्वास था जिससे वह सभ्यता की ऊँचाइयों को छू पाए। अगर आज उनके द्वारा प्राप्त की गई सफलताओं में कोई दोष आ गया है तो इसका कारण है हमारा खोया हुआ आत्मविश्वास। जिस दिन से हमारा अपने ऊपर भरोसा कम हो गया उसी दिन से वे सभी सफलताएँ जो इतिहास में रचित हैं असफलताओं में परिवर्तित होने को तैयार हो गईं। हमें किसी भी कीमत पर इस विश्वास को खोना नहीं चाहिए। ठोकर खाकर गिरना अपराध नहीं है परन्तु गिरकर न उठना महान अपराध है। अपने मन में साहस भर मुस्कराइए और कहिए– "मै अभय हूँ, साहस हूँ, शक्ति हूँ, मैं पूर्ण पुरुष हूँ, जीवन की सफलता मेरे हाथों में है।"

आत्मविश्वास मानव का सबसे शक्तिशाली तथा महत्त्वपूर्ण अंग है। अगर एक व्यक्ति छोटा है और उसके पास ताकत कम है परन्तु आत्मविश्वास भरभूर है तो वह बड़े से बड़े कार्य को कर सकता है तथा सबको परास्त कर सकता है। अगर हमारे अन्दर आत्मविश्वास हो तो यह कहावत कि **'अकेला चना भाड़ नहीं फोड़ सकता'** भी गलत सिद्ध हो जाएगी। हमें अपने आने वाले भविष्य को इस कदर आत्मविश्वास से भर देना चाहिए कि दूसरा भी एक बार किसी कार्य को कठिन

बताने से पहले सोचे। हमें खुद ऐसे कार्य इस पूर्ण विश्वास के भरोसे करने चाहिए जिनसे अपनी पहचान तथा दूसरों के लिए मिसाल बन जाए। हमें बच्चों में बचपन से ही आत्मविश्वास की भावना उत्पन्न करनी होगी क्योंकि अगर हम उनकी नींव अच्छी बनायेंगे तभी तो उनके घर अर्थात् भविष्य को मजबूत कर पायेंगे।

मनुष्य का चरित्र उसकी विभिन्न आदतों को बताता है, उसके मन में बहुत से लोगों के लिए तथा झुकावों का योग होता हैं। जैसे-जैसे वह अपने जीवन में सुखों और दुःखों के समय से गुजरता है, उसी समय में वे सुख और दुःख अपनी-अपनी पहचान या सस्कार उस पर छोड़ जाते हैं और आगे चलकर यही अलग-अलग छापें मनुष्य का चरित्र कहलाती हैं।

हम जीवन में चाहे किसी भी क्षेत्र में कार्य कर रहे हों, यदि आपको अपने लिए सफलता सम्पत्ति और स्वास्थ्य के द्वारों को खोलना है तो अपने आपको पहचानना होगा। मनुष्य का सबसे अंधकारमय क्षेत्र उसका मन ही है और मनुष्य की सबसे श्रेष्ठ तथा उत्तम शक्ति भी उसके मानसिक विचार ही हैं।

**"ये तरंग दूर से चलकर तुम्हारे पास आती**
**उस नए जग के नए संदेश अपने साथ लाती,**
**चाहते यदि तुम नया जीवन, नयायौवन, नयापन,**
**आज बाहों में उमड़ता सिंधु भरना ही पड़ेगा।"**

आज हम जो कुछ हैं वह सब अपने श्रेष्ठ विचारों की बदौलत हैं। प्रत्येक विचार हमारे शरीर पर लोहे के हथौड़े के समान छाप छोड़ता है और उसके द्वारा हम जो बनना चाहते हैं बनते जाते हैं। विचार तो मानव को बहुत दूर तक ले जाते हैं इसलिए हमें विचारों के संबंध में सावधान रहना चाहिए। अधिकतर यह देखा गया है कि जब भी हमारे जीवन में दुःख आते हैं तो वे हमें ऐसी शिक्षा दे जाते हैं जो कि सुख भी दे नहीं पाते। अगर हम अपने महापुरुषों को देखें तथा उनके चरित्र का अध्ययन करें तो हम यह जान पाएँगे कि सम्पत्ति की अपेक्षा दारिद्रय ने, सुख की अपेक्षा दुःख ने तथा स्तुति की अपेक्षा आघातों ही उनके अन्दर की ज्योति को अधिक बढ़ावा दिया था। इस संदर्भ में किसी ने बिल्कुल सच ही कहा है :—

"विलास और ऐश्वर्य की गोद में पलते हुए, गुलाबों की शय्या पर सोते हुए और कभी भी आसूँ बहाए बिना कौन महान् हुआ है?"

जिस समय हम अपना संतुलन खो बैठते हैं, जब कोई प्रकाश की किरण नजर नहीं आती और जब हमारे अन्दर आत्मविश्वास की कमी होने लगती है उस समय हमारे अन्दर एक प्रकार की ब्रह्म ज्योति जलती है जो हमारा मार्ग प्रशस्त करती है। यदि मन की तुलना सागर से की जाए तो हम महसूस करते हैं कि उसमें जब एक

लहर उठती है और दब जाती है, तो हम उस लहर को बिल्कुल नष्ट हुआ नहीं कह सकते क्योंकि वह लहर एक चिह्न जरूर छोड़ जाती है। उसी प्रकार हमारा प्रत्येक कार्य तथा प्रत्येक विचार एक निशान मन पर छोड़ जाता है। जिससे हम अपने जीवन में फिर से विश्वास को प्रबल करने में सफल हो जाते हैं इसलिए हमें अपने अन्दर अपने विश्वास को कायम रख जिन्दगी को सही मायने में जीना होगा क्योंकि :–

**"जिस वक्त जीना गैर मुमकिन-सा लगे,**
**उस वक्त जीना फर्ज से इन्सान का,**
**लाज़िम लहर के साथ है तब खेलना,**
**जब हो समुन्दर पर नशा तूफान का,**
**जिस वायु का दीपक बुझाना ध्येय हो,**
**उस वायु में दीपक जलाना धर्म है।**

# जीवन में मित्रता का महत्व

बचपन से ही मैं दादाजी से श्रीकृष्ण व सुदामा की मित्रता की कथा सुनती थी जैसे कि सब बच्चे सुनते हैं। सुनते-सुनते मन में एक प्रश्न उपजा और मैंने जिज्ञासु होकर दादाजी से पूछा कि मित्रता क्या होती है और उसका जीवन ने क्या महत्व है? दादाजी ने उत्तर दिया मित्रता वह बेल है जो स्नेह, सहिष्णुता, सहायता और सहानभूति का जल पाकर पल्लवित होती है और जिसमें स्वर्गीय उल्लास के फूल लगते हैं। तब मैं दोस्ती के वास्तविक अर्थ को न जान पाई। परन्तु जब मुझे सच्चे मित्र मिले तभी मैंने इस परिपक्व रिश्ते को समझा। मित्र बनाने का उद्देश्य है कि मैं किसी को अपना बना लूँ जो मुझे अपने आप से भी अधिक प्यारा हो और जिस पर मैं अपना जीवन तक बलिदान कर दूँ। इस प्रकार की मित्रता करना ऐसी फसल बोना है जो कई गुना होकर वापिस मिलती है। प्रसिद्ध विचारक बेकन ने मित्रता की परिभाषा इस प्रकार की है, 'जिसकी उपस्थिति में दुःख आधा हो जाए और सुख दुगुना हो जाए।' मित्रता के बिना संसार शून्य है। यह संसार को प्रेमपूर्वक सहज भोगने का एक माध्यम है। संसार के समाज सम्बन्धी अन्य भाव-मातृत्व, पितृत्व, बन्धुत्व आदि जन्म से ही मिलते हैं किन्तु मित्रता सदा प्रयत्नपूर्वक बनाई जाती है। श्री डिजरायली मित्रता को दैवी-देन स्वीकारते हुए लिखते हैं–"मित्रता दैवी देन है और मनुष्य के लिए अत्यन्त बहुमूल्य वरदान।" मित्रता को आँखों को ज्योतित करने वाला रसायन और हृदय के आह्लाद का जनक कहा गया है। उसमें शिवी के समान आत्म-त्याग तथा बोधिसत्वदृश सर्वस्व समर्पण की भावना निहित होती है। "क्षीरेणात्मगतोदकाय हि गुणा दन्ताः पुरा ते खिला क्षीरे तापमवेक्ष्य तेन पयसाह्यात्मा कृशानौ हुतः गन्तुं पावकमुन्मनस्तद्भव ददृष्टवा तु मित्रापद युक्तं तेन जलेन शाम्यति सतां मैली पुनस्त्वीदृशी" अर्थात् दूध में जब पानी मिलाया जाता है तो दूध अपने सारे गुण पानी को दे देता है, तब पानी दूध में लगते हुए अग्नि के ताप को देख कर स्वयं आग में कूद उसे शान्त करना चाहता है। उस समय मित्र के दुःख से दुःखी होकर दूध अग्नि में कूदना चाहता है तब उसे पानी द्वारा शान्त किया जाता

है जो उपयुक्त ही है। अतः सज्जनों की मित्रता इसी प्रकार की होती है।

श्री चार्ल्स कैल्व काल्टन ने कहा है, "सच्ची मित्रता उत्तम स्वास्थ्य के समान है उसका महत्त्व तभी ज्ञात होता है, जब हम उसे खो बैठते हैं।" वास्तव में जीवन में अकेलापन विधाता का एक अभिशाप है। सामाजिक प्राणी होने के नाते मनुष्य समाज में रहना चाहता है, भावनाओं का आदान-प्रदान करना चाहता है, अपने सुख-दुःख का साथी बनाना चाहता है।

परिवार में सम्बन्धी होते हुए भी हमें ऐसे व्यक्ति की आवश्यकता होती है जिससे हम दिल खोलकर हर विषय में बात कर सकें। परिवार के सदस्यों की भी कुछ सीमाएँ होती हैं। कुछ बातें ऐसी होती हैं जो केवल पिताजी से कही जा सकती हैं कुछ ऐसी होती हैं जो केवल माताजी से ही कहीं जा सकती हैं परन्तु वे सब बातें चाहे अच्छी हों या बुरी, गुण हों या अवगुण की, हित की हों या अहित की, कल्याण की हों या विनाश की, उत्थान की हों या पतन की, उत्कर्ष की हों या अपकर्ष की–यदि किसी से दिल खोलकर कही जा सकती हैं तो केवल मित्र से। मित्र के अभाव में मनुष्य कुछ खोया-खोया सा अनुभव करता है, किससे अपने सुख-दुःख की कहें, किसके सामने वह अपने हृदय की गठरी को खोले? अपने मनोविनोद और हास-परिहास के समय को वह किसके साथ बिताए? विपत्ति के समय किससे सहायता ले, सत्य परामर्श ले और सहानुभूति प्राप्त करे? अपनी रक्षा का भार वह किसी को सौंपे? क्योंकि मित्र की रक्षा उन्नति, उत्थान सभी कुछ एक विश्वस्त सन्मित्र पर आधारित होते हैं–

**"कराबिन शरीरस्य नेत्रयोरिव पक्ष्मणि।**
**अविचार्य प्रियं कुर्यात् तन्मित्रं मित्रमुच्यते।"**

अर्थात् जिस प्रकार मनुष्य के दोनों हाथ शरीर की अनवरत रक्षा करते हैं इन्हें कहने की आवश्यकता नहीं होती परन्तु वे एक सच्चे मित्र की भाँति सदैव शरीर की रक्षा में संलग्न रहते हैं, इसी प्रकार आप पलकों को भी देखिए, नेत्रों में एक भी धूलि का कण चला जाए, पलकें तुरन्त बंद हो जाती हैं। इसी प्रकार एक सच्चा मित्र भी बिना कुछ कहे-सुने मित्र का सदैव हितचिन्तन किया करता है। तुलसीदास जी मित्र की पहचान बताते हुए कहते हैं–

**कुपंथ निवारी सुपन्थ चलावा।**
**गुण प्रगटहि अवगुणहिं दुराया।।**

तात्पर्य यह है कि सच्चा मित्र अपने साथी को चोरी धोखा, दुर्व्यसन और कुरीतियों से दूर कर सन्मार्ग पर चलने की प्रेरणा देता है। आचार्य शुक्ल मानते हैं,

'सच्ची मित्रता में उत्तम से उत्तम वैद्य की सी निपुणता और परख होती है। अच्छी माता का सा धैर्य और कोमलता होती है।'

खलील जिब्रात का कहना है 'तुम्हारा मित्र तुम्हारे अभावों की पूर्ति है।' ऋग्वेद में भी इस कथन की पुष्टि करते हुए कहा गया है 'न सा सखा यो न ददाति सख्ये।'

मित्र को सहानुभूतिपूर्ण, संवेदनशील और सहनशील होना चाहिए। यदि मित्रों में सहनशीलता नहीं हैं, तो मित्रता अधिक समय तक नहीं चल सकती। इसलिए चिरस्थायी मैत्री के लिए सहनशीलता परम आवश्यक है। श्रेष्ठ मित्र के लक्षण को भर्तृहरि ने एक श्लोक में लिख दिया है–

**"पापान्निवारयति योजयते हिताय;**
**गुह्यानि गूहन गुणान् प्रगटीकरोति।**
**आपद्गर्त चन जहाति, वदाति काले,**
**सन्मित्रलक्षणमिद्न प्रवदन्ति सन्तः।।"**

अर्थात् जो बुरे मार्ग पर चलने से रोकता है, हितकारी कामों में लगता है, गुप्त बालों को छिपाता है, तथा गुणों को प्रकट करता है, आपत्ति के समय साथ नहीं छोड़ता तथा समय पड़ने पर कुछ देता है, विद्वान इन्हीं गुणों को श्रेष्ठ मित्र के लक्षण बताते हैं। हमारी दृष्टि में इस श्लोक में भर्तृहरि जी ने मित्र के कर्त्तव्य के विषय में सब कुछ कह दिया है।

मित्र, यदि मैत्री सम्बन्धों में स्थायित्व चाहता है, तो उसे ध्यान रखना चाहिए कि वह मित्र से कभी वाणी का विवाद न करे, पैसे का सम्बन्ध भी अधिक न रखे तथा मित्र की पत्नी से कभी परोक्ष में सम्भाषण न करे, अन्यथा मैत्री सम्बन्ध चिरस्थायी नहीं रह सकते; जैसा कि श्लोक में कहा गया है–

**"यदीच्छेत् विपुलां प्रीति, त्रीणि तत्र न कारयेत्।**
**वाग्विवादोऽर्थ सम्बन्धः एकान्ते दारभाषणम्।।"**

इस सन्दर्भ में महाकवि बिहारी की उक्ति भी प्रशंसनीय है–

**"जो चाहो चटक न घटै मैलो होय न मित्र।**
**रज राजसु न छुबाइए नेह चीकने चित।।"**

मित्र का कर्त्तव्य है कि वह अपने मित्र के गुणों को प्रकट करे जिससे समाज में उसकी प्रतिष्ठा बढ़े। इसी उद्देश्य की पूर्ति के लिए वह अपने मित्र के गुणों का नगाड़े की चोट पर गान करता है और अवगुणों को छिपाने व दूर करने का प्रयत्न करता है। उसकी **"छिद्रान्वेपण प्रकृति"** नहीं होती अर्थात् वह अपने मित्र की कमियाँ ढूंढकर प्रकाश में लाने का दुस्साहस नहीं करता। तुलसीदास जी कहते हैं–

## "गुण प्रकटहिं, अवगुणहि दुरावा"

अथवा

## "गुह्यानि गुह्यति गुणान् प्रकटीकरोति।"

आज के मित्रों को मित्र कहने की अपेक्षा यदि शत्रु कहा जाए तो अधिक उचित होगा। जब तक उनकी स्वार्थ सिद्धि, उनकी वासनाओं की शान्ति, उनकी तृष्णा की पूर्ति होती रहती है तब तक वे आपके साथी हैं, जहाँ उनकी स्वार्थपूर्ति न हुई वह आपके पास भीं नहीं आएँगें। उर्दू का एक शेर है, जो इस प्रसंग पर प्रकाश डालता है–

**"खाके जो तीर देखा कीमगाह की तरफ।**
**अपने ही दोस्तों से मुलाकात हो गई।।"**

कीमगाह उस स्थान को कहते हैं जहाँ से तीर चलाया जाता है। पीठ पर तीर खाकर जब पीछे मुड़कर देखा गया तो पता चला वहाँ कोई अपना ही दोस्त बैठा तीरन्दाजी कर रहा था।

हमें मित्रता करनी चाहिए परन्तु कुसंगति के विकराल पंजों से अपनी रक्षा भी आवश्यक है। कुसंगति एक 'काजल की कोठरी' के समान है जिसमें प्रवेश करने वाले को कहीं न कहीं काला धब्बा लग ही जाता है। किसी ने सच ही कहा है–

**'काजल की कोठरी में कैसा ही सयानों जाए।**
**एक लीक काजल की लागि हैं पै है।।'**

इसके विपरीत सत्संगति कुन्दन है। इसके मिलने से काँच के समान मानव हीरे के समान चमक उठता है। अतः प्रगति का एकमात्र सोपान सत्संगति ही है। मानव को सज्जन पुरुषों के सत्संग में रहकर ही अपनी जीवन नौका को समाज रूपी सागर से पार लगाना चाहिए।

**गुणप्रवाल विनयप्रशाचखं विश्रम्भूमूलं महनोयपुष्पम्**
**तं साधुवृक्षः स्वगुणै! फलादयं सुहृद्विहङ्ग् सुखमाश्रयन्ति**

अर्थात् मित्र रूपी पक्षी श्रेष्ठ मनुष्य रूपी वृक्ष पर बसेरा कर लेते हैं–व्यक्ति के गुण वृक्ष की हरियाली के समान हैं, उसका चरित्र शाखाएँ हैं व उस पर भरोसा जड़ों के समान है। ऐसे मनुष्य रूपी वृक्ष में बसेरा लेने से मित्र रूपी पक्षी सुख पाते हैं।

जब मनुष्य के ऊपर विपत्ति के काले बादल घनीभूत अन्धकार के समान छा जाते हैं और चारों ओर निराशा के अन्धकार के अतिरिक्त और कुछ दिखाई नहीं पड़ता तब केवल सच्चा मित्र ही एक आशा की किरण के रूप में सामने आता है

और विपत्ति के गहन गर्त में डूबते हुए अपने मित्र को निकाल कर बाहर ले आता है। रहीम ने लिखा है–

**"रहिमन सोई मीत हैं, भीर परे ठहराई।**
**मथत-मथत मारबन रहे, वही वही बिलगाई।।"**

मित्रता होनी चाहिए मीन और नीर जैसी। एक कहानी प्रसिद्ध है। सरोवर में जब तक जल रहा मछलियाँ भी क्रीड़ा तथा मनोविनोद करती रहीं परन्तु जैसे-जैसे तालाब के पानी पर विपत्ति आनी आरम्भ हुई, मछलियाँ उदास रहने लगीं। जल का अन्त तक साथ दिया। उसके साथ संघर्ष में रत रहीं, परन्तु जब मित्र न रहा तो स्वयं भी अपने प्राण त्याग दिए, लेकिन अपने साथी जल का अन्त तक विपत्ति में भी साथ न छोड़ा।

**"धीरज धर्म मित्र अरु नारी। आपत्ति काल परखिए चारी।।**
**जो न मित्र दुख होंहि दुखारी। तनहिं विलोकत पातक भारी।।"**

इसलिए संस्कृत में कहा गया है कि "आपगदत च न जाहाति ददाति काले" अर्थात् विपत्ति के समय सच्चा मित्र सहायता करता है साथ नहीं छोड़ता। जिस प्रकार स्वर्ण की परीक्षा सर्वप्रथम कसौटी पर घिसने से होती है उसी प्रकार मित्र की विपत्ति काल में।

दादाजी इस संसार में नहीं रहे परन्तु मैं दोस्ती का वास्तविक अर्थ समझ गई हूँ। सोचती हूँ...... मैत्री के इस कोमल भाव के बिना सृष्टि का संचालन अपूर्ण है।

# बढ़ती हुई जनसंख्या और सिकुड़ते साधन

**"बढ़ती जनसख्या करे प्रहार**
**पर मत मानो अपनी हार।"**

आज हम प्रगति तो कर रहे हैं, पर हम अपने साथ क्या ले जा रहे हैं? "बढ़ती हुई जनसंख्या।" इस जनसंख्या का प्रभाव आज हमारे देश पर हर तरह से दुष्परिणाम लिए हुए है।

भारत जैसा प्रगतिपथ पर चल रहा देश आज जनसंख्या के प्रकोप के कारण अनेक प्रकार की समस्याओं से ग्रस्त है—जैसे मंहगाई, आतंकवाद, भ्रष्टाचार, बेरोजगारी आदि। देश की प्रगति की राह में इस समस्या ने बाधा उत्पन्न कर दी है। व्यक्ति की मूलभूत आवश्यकताएँ रोटी, कपड़ा और मकान भी आज पूर्ण नहीं हो पा रही हैं।

**"दुर्लभ अब जीवन साधन,**
**गृह, अन्न, वस्त्र, वन, गोधन,**
**मंत्री पदों तक सीमित,**
**वंचित सुख सुविधा से जन"।**

एक सच यह भी है कि स्वतन्त्रता के पश्चात् हमारे देश ने काफी उन्नति की तथा प्रचुर मात्रा में उत्पादन शक्ति में भी वृद्धि हुई है। तो प्रश्न यही उठता है कि आखिर व्यक्ति की अवश्यकताएँ पूर्ण क्यों नहीं हो पा रही? क्यों जनता का रहन-सहन का स्तर ऊँचा नहीं उठ पा रहा है? कारण है 'महंगाई', जिसके पीछे बढ़ती जनसंख्या का ही हाथ है। आज हर एक व्यक्ति इस समस्या से इतना तंग आ चुका है कि अब व्यंग्य करता हुआ यही बात दोहराता है—

**"देख बेटी की करतूत,**
**बाप रो रोकर यह कहता,**
**जिन्दा दीवार में चिनवा देता,**
**ईंट, गारा, चूना, अगर महंगा न होता।"**

इसके फलस्वरूप आज देश की आर्थिक व्यवस्था हिल उठी है। देश की

जनसंख्या वृद्धि में और भी कई कारण हैं जो इस समस्या को इस प्रकार बढ़ा रहे हैं जैसे घी आग को बढ़ाता है। ये कारण है अशिक्षा, गरीबी, अंधविश्वास, बहु-विवाह आदि। शैक्षिक धरातल पर भारत ने काफी प्रगति की है फिर भी देश में अशिक्षा है। जिस ने सर्वप्रथम संसार में ज्ञान रूपी प्रकाश वितरित किया, वही भारत आज अज्ञान के अंधकार में डूबा हुआ है—क्यों? क्योंकि तेज रफ्तार से जनसंख्या बढ़ रही है, उस रफ्तार से अधिक हमारी प्रगति नहीं हो रही है। कुछ सीमा तक भारत का भौगोलिक वातावरण भी इसके लिए जिम्मेदार है। इसके साथ विदेशी घुसपैठ भी इस समस्या का प्रधान कारण है। हर साल विदेशी लाखों की तादाद में आकर यहाँ बसते हैं।

आज जीवन के हर क्षेत्र में समस्याएँ मुँह बनाए खड़ी रहती है। बढ़ती जनसंख्या के कारण ही आज नागरिक को आवास सम्बन्धी मुश्किलों का सामना करना पड़ रहा है। इसी समस्या को हल करने के उद्देश्य से अधिक पेड़ काटे जा रहे हैं। सरकार कदम उठा रही है परन्तु आज भी यह समस्या वहीं बरकरार है और अपने साथ समस्याओं का ढेर लिए हुए है। अनेक समस्याओं को जन्म देने वाली इस समस्या ने अब जाल-सा बुन दिया है।

**"एक समस्या का करके सामना,**
**हर समय पड़ रहा है हाँकना,**
**किस तरह यह दूर होगी,**
**ताकि खुशियाँ पास होंगी।"**

नवयुवक रोजगार की तलाश में भटकते हैं। आखिर क्या कारण है? आज देश में प्रतिवर्ष एक करोड़ शिशु जन्म लेते हैं, उस अनुपात में रोजगार के साधन नहीं बढ़ रहे। फलतः बेकारी प्रतिपल-प्रतिक्षण बढ़ती जा रही है।

आज देश की जनसंख्या उस स्तर तक पहुँच गई है जो अनिष्ट का सूचक है। जनसंख्या की दृष्टि से भारत विश्व का दूसरा सबसे बड़ा देश है। जनसंख्या वृद्धि को रोकने के लिए जन-जागृति पैदा करनी होगी।

जन-संचार के माध्यम से देश की जनता को शिक्षित करना होगा। विशेषकर गाँव में इस प्रकार के प्रचार की बहुत आवश्यकता है। महिलाओं में विशेष रूप से जागृति की आवश्यकता है। छोटे परिवार के महत्त्व को समझ कर ही हम देश को विकास और प्रगति के रास्ते पर ला सकते अन्यथा हम सदा समस्याओं से घिरे रहेंगे। वैयक्तिक तथा राष्ट्रीय दोनों स्तरों पर ही हमारा जीवन अन्धकारमय हो जाएगा। अतः हमें हर प्रयत्न से जनसंख्या को काबू में करना है।

**"जनसंख्या का बढ़ता बोझ**
**कम करने का रास्ता खोज"।**

# चरित्र निर्माण के बिना शिक्षा अधूरी

**येषां न विद्या न तपो न दानम्**
**ज्ञानं न शीलं न गुणों न धर्मः**
**ते मृत्युलोके भूविभारभूताः**
**मनुष्य रूपेण मृगाश्चरन्ति**

यह सत्य है कि जिस मनुष्य में तप, दान, ज्ञान शील, सत्य, अहिंसा आदि गुण नहीं है वह इस पृथ्वी पर भारस्वरूप है। मनुष्य जीवन की सार्थकता उसके सत्पात्र होने में है। विद्यार्थी जीवन में जो नैतिक मूल्य हमारे भीतर प्रविष्ट हो जाते हैं वही अंत-समय तक हमारे चरित्र की गरिमा को बनाए रखते हैं।

धार्मिक तथा शास्त्रीय परंपराएँ मनुष्य के चरित्र निर्माण में सहायक होती हैं। ईश्वर, आत्मा और मोक्ष आदि के सिद्धांत मनुष्य के हृदय पर एक विशेष प्रभाव डालते हैं और यही प्रभाव हमारे चरित्र को सुदृढ़ बनाता है।

अब प्रश्न उठता है कि आखिर चरित्र निर्माण क्या है? चरित्र निर्माण से आशय केवल मनुष्य में अच्छे संस्कारों का समावेश करना नहीं है अपितु चरित्र निर्माण तो मनुष्य के संपूर्ण व्यक्तित्व को उभारने का कठिन कार्य है। इस बात से तो सभी सहमत होंगे कि मनुष्य का व्यक्तित्व उभारने में शिक्षा का महत्वपूर्ण योगदान है अतः केवल यह सोच लेना कि शिक्षा का उद्देश्य मनुष्य को जीविका अर्जित करने योग्य बनाना है पूर्णतयाः गलत है।

इस विषय पर चर्चा करते समय यह प्रश्न मस्तिष्क में अवश्य उठता है कि आज समाज में ऐसा क्या हो रहा है जिससे हमें युवाओं को यह समझाने की आवश्यकता पड़ रही है कि चरित्र निर्माण के बिना शिक्षा अधूरी है? इसका एकमात्र उत्तर है कि आज मूल्य-संक्रमण की प्रक्रिया चल रही है। पाश्चात्य संस्कृति के अनुकरण के कारण नैतिक मानवीय मूल्य लुप्त होते जा रहे हैं।

आज छात्र छात्राओं में सहयोग और अपनत्व के भावों का स्थान शारीरिक मोह और तथाकथित प्रेम ने ले लिया है। छात्रों का भविष्य संपूर्ण देश का भविष्य है।

अतः अपने देश का भविष्य सुदृढ़ बनाने के लिए आज हमें शिक्षा को ही चरित्र निर्माण का साधन बनाना होगा।

आज हमारी युवा पीढ़ी पश्चिम का भारतीय संस्करण बन कर रह गई है। पश्चिमी संस्कृति अपनी उन्मुक्तता और विकृति के लिए प्रसिद्ध है। संपूर्ण विश्व को आदर्श प्रस्तुत करते वाले भारत देश का युवा जब मैडोना, माईकल जैक्सन या सामंथा फॉक्स में अपना आदर्श ढूंढता है तो यह इस देश का सबसे बड़ा दुर्भाग्य बन जाता है।

आज दुर्बल चरित्र के कारण ही भ्रष्टाचार एक औपचारिक अनिवार्यता बनकर रह गया है। यदि हम भ्रष्टाचार को मिटाना चाहते हैं व अपने देश की युवा पीढ़ी को उचित मार्गदर्शन देना चाहते हैं तो हमें उन्हें महापुरुषों के तप के मार्ग से परिचित करवाना होगा जिससे उनके भीतर नैतिक मूल्यों को अपनाने की इच्छा बलवती हो उठे। आज राष्ट्र के गौरव के लिए हमें सदाचारी, सत्यप्रिय, विनयी, मृदु तथा ईमानदार चरित्र निर्माण की आवश्यकता है। आज यदि हम शिक्षा को केवल कुछ पुस्तकों तक सीमित कर देंगे तो शायद हमारे देश में कभी कोई गांधी, टैगोर या दयानंद पैदा नहीं होंगे। स्वामी विवेकानंद ने भी कहा था—"हमें ऐसी शिक्षा की आवश्यकता है जिससे चरित्र निर्माण हो। यदि तुम इन भावों को ग्रहण कर तदानुसार अपने चरित्र का गठन कर सको तो तुम्हारी शिक्षा उस व्यक्ति की शिक्षा की अपेक्षा बहुत अधिक है जिसने एक पूरा पुस्तकालय कण्ठस्थ कर लिया है।"

आज का युग विज्ञान का युग है। आज जब सारा संसार तीसरे विश्वयुद्ध के कगार पर खड़ा है तो यह सर्वाधिक आवश्यकता है कि मनुष्य का चरित्र सुदृढ़ हो। यदि हम पहले व दूसरे विश्वयुद्ध से भी कुछ नहीं सीख सकते तो शायद हम अपने आप को मानव कहलाने का अधिकार भी खो बैठे हैं।

आज हमें भावी नागारिकों में स्वार्थहीनता के भाव जागृत करने हैं व प्रेम प्रस्फुटित करना है। आज हमें जनपद में व्याप्त न जाने कितने अंगुलिमालों को शांति का पाठ पढ़ाने के लिए अनेक विद्यार्थियों को बुद्ध बनाना होगा।

आज सामाजिक आवश्यकता इस बात की है कि युवाओं के चारित्रिक गुणों का विकास हो। ऐसे सदाचारी युवा ही जब देश की बागडोर संभालेंगे तब देश में सर्वत्र शांति होगी, खुशहाली होगी, प्रेम होगा और देश उन्नति के पथ पर बढ़ता जाएगा आगे, आगे और बहुत आगे।

# प्रदूषण की समस्या

आज था मेरा जन्मदिन तो सोचा क्यों न अपनी सखियों के साथ बाहर जाकर मौज मस्ती की जाए। पर यह क्या? इतना धुँआ, ऐसा लगा मानों किसी काले धुँए की चिमनी के आगे आकर खड़े हो गए हैं किन्तु नहीं हमारा अनुमान गलत साबित हुआ। यहाँ पर तो पूर्ण वातावरण में ही इसी प्रकार का धुँए में समाया हुआ था। अब आप ही बताए कि ऐसे में कौन बाहर घूमना चाहेगा? चारों तरफ यातायात का अम्बार और उससे निकलता जानलेवा धुँआ। कारों, ट्रकों, बसों और रेलगाड़ियों, हवाई जहाजों की कानफोड़ आवाज से घिरे हम और अन्य लोग देख कर ऐसा लगा मानो अभी दम घुट जाएगा और हम सब भी इसी धुँए में कहीं लुप्त हो कर रह जाएँगे। ऐसा लगता है मानव का प्रकृति से नाता टूटता जा रहा है। यह अहसास ही समाप्त होता जा रहा है कि कभी तितली के पंखों को देखकर भीतर कहीं कोई भावना जन्म लेती है उसी प्रकार खिलता हुआ फूल मात्र एक प्रक्रिया नहीं है। ये सब अलग-अलग धरातल हैं जिन पर खड़े होकर हम मानव होने के अहसास से भर जाते हैं। ऐसा कुछ जीवन में रच बस गया है कि हमें यह अहसास ही अटपटा लगने लगा है। आखिर क्यों? क्यों हो गया है आज का वातावरण इस प्रकार प्रदूषित? क्या कभी किसी ने इस ओर ध्यान दिया और क्या कभी इस समस्या को सुलझाने का प्रयत्न किया? अगर किया भी तो उसका क्या लाभ हुआ?

प्रदूषण की समस्या जो विज्ञान की देन है, औद्योगिक समृद्धि का बोनस है, मानव को मृत्यु के मुँह में धकेलने की अनचाही चेष्टा है, बीमारियों को बिन चाहे शरीर में प्रवेश की सुविधा है, प्राणीमात्र के अमंगल की अप्रत्यक्ष कामना है। क्या इससे कभी छुटकारा मिल सकता हैं? क्या हम सब पुनः उसी सृष्टि में जीवन बिता सकते हैं जो कभी प्रदूषण से कोसो दूर थी? आज सभी एक प्रश्न को दोहराते हैं।

हम सब, जो इस पृथ्वी पर निवास करते हैं, हमारा जीवन संतुलित पर्यावरण पर निर्भर करता है। संतुलित पर्यावरण में जीवन के लिए सभी आवश्यक तत्त्वों का एक निश्चित अनुपात होता है किन्तु जब पर्यावरण में निहित एक या अधिक तत्त्वों की मात्रा अपने निश्चित अनुपात से बढ़ जाती है या पर्यावरण में विषैले तत्त्वों का

समावेश हो जाता है तो पर्यावरण प्राणियों के लिए घातक साबित होता है। पर्यावरण के असंतुलित होने को ही प्रदूषण का नाम दिया जाता है। यह वही सृष्टि है जिसके निर्माण के समय प्रदूषण का नामोनिशान भी न था। प्रकृति में संतुलन बना हुआ था। दूसरे शब्दों में प्रत्येक वस्तु स्वच्छ थी। वायु शुद्ध थी, जल शुद्ध था, धरती उपजाऊ थी। वृद्धि और क्षय का प्राकृतिक क्रम था। ऋतुओं का चक्र भी नियमबद्ध था।

**"कहाँ गई वो प्रकृति?**
**सुन्दर, कोमल जिसकी आकृति।**
**देख जिसे हम हर्षित होते,**
**मन-ही-मन फिर पुलकित होते।"**

हमारी उसी प्यारी, स्वर्ग के समान सृष्टि को हमसे दूर करने वाली स्वयं मानव की ही अवांछित गतिविधियाँ हैं। प्राकृतिक संसाधनों का बिना सोचे-विचारे अंधा-धुंध दोहन करना, वस्तुओं के प्रयोग के पश्चात् उसके कूड़े-करकट को इधर-उधर फेंक देना और इस पर स्थिति और भी बिगड़ती है जब कारखानों की चिमनियों से मोटर वाहनों के एग्जसिट पाइपों से रेल के इंजनों से, घरों में काम आने वाले स्टोवों से तथा किसी भी जलने वाली वस्तु से जानलेवा गैस निकलती है तो वायु को प्रदूषित करने का कारण बनती है। जिस वातावरण में हम रहते हैं साँस लेते हैं वही सबसे अधिक दूषित है। क्या आप जानते हैं कि चार प्रकार के प्रदूषण यानि जल, वायु, ध्वनि और भूमि प्रदूषण इन चारों में से वायु प्रदूषण ही सबसे अधिक व्यापक और हानिप्रद है। वायु विभिन्न गैसों का मिश्रण है। वायुमण्डल में विभिन्न गैसों की प्रतिशत मात्रा लगभग निश्चित होती है। वायु में ऑक्सीजन की मात्रा का कम होना और कार्बन-डाइआक्साइड, सल्फर डाईआक्साइड तथा कार्बन-आक्साइड जैसी हानिकारक गैसों की मात्रा का बढ़ना ही वायु प्रदूषण है। आजकल महानगरों में भी यही स्थिति है जहाँ पर कार्बन-डाइआक्साइड मात्रा निरन्तर बढ़ती जा रही हैं। नगरों में यातायात के साधनों का आधिक्य है जिसके कारण सड़कों की हालत ऐसी है कि अगर कोई व्यक्ति शाम के 6 बजे से 8 बजे तक वहाँ खड़ा हो जाए तो वो सरलता से कई बीमारियों की चपेट में आ सकता है। यातायात के इन साधनों में पैट्रोल, डीजल जैसे ज्वलनशील पदार्थ ईंधन के रूप में प्रयुक्त होते हैं। इनमें निकलने वाला धुँआ तथा औद्योगिक संस्थानों की चिमानियों के धुएँ से उत्पन्न सल्फर-डाइआक्साइड और हाइड्रोजन सल्फाइड गैसें वायुमण्डल में पहुँचकर उसे प्रदूषित कर रही हैं। ये दोनों गैसें वर्षा के जल के साथ घुलकर पृथ्वी पर पहुँचती है और गंधक का अम्ल बनाती हैं अर्थात् इससे प्राणियों और अन्य प्राकृतिक पदार्थों को बहुत हानि पहुँचती है। इस

प्रकार की स्थिति हम आज भी देख सकते हैं। वायु प्रदूषण के कारण हमारे समक्ष अनेक प्रकार की नई बीमारियाँ आ रही हैं जो आज कल बहुत सामान्य हो चुकी हैं उनमें से प्रमुख है रक्तचाप, हृदय रोग, श्वास रोग, नेत्र संबंधी रोग, टी.बी. आदि रोगों की सम्भावना सदा बनी ही रहती है। वैसे यह वायु प्रदूषण मंदविष का काम करता है किन्तु भोपाल दुर्घटना तो हजारों लोगों को एक साथ खोल गई थी।

**"वायु प्रदूषण बढ़ रहा है,**
**मौत हमको दे रहा है।"**

वे व्यवसाय जो दुर्गंधयुक्त भाप उत्पन्न करते हैं जैसे—पशुवध, चमड़ा तैयार करना, साबुन तथा वे व्यवसाय जिनमें प्रचुर मात्रा में धूल उड़ती है जैसे—सीमेंट, चूना, खनिज आदि वायु प्रदूषण को बढ़ावा देते हैं। इसका प्रभाव प्रकृति पर भी पड़ता है जो कि बहुत ही भयानक रूप में सामने आता हैं। प्रदूषण से मौसम में काफी परिवर्तन आया है। ईंधन जलने से वायुमण्डल में कार्बन-डाईआक्साइड की मात्रा प्रतिवर्ष बढ़ रही है। इस गैस के बढ़ने से वायु-मण्डल का तापमान इतना बढ़ गया है जिससे हिमखण्ड पिघलने लगे हैं और जल-प्लावन का तांडव-नृत्य होने लगा है। विख्यात-विज्ञान-विशेषज्ञों का मत है कि यदि प्रदूषण उसी गति से बढ़ता रहा, तो लगभग सौ वर्ष पश्चात् वायुमण्डल इतना विषाक्त हो जाएगा कि मनुष्य का जीना दूभर हो जाएगा।

सन् 1972 में करीब 17,000 स्केयर फीट तक पेड़ काटे जाते थे लेकिन 1992 तक यह संख्या बढ़कर 1,00,000 स्केयर फीट तक पहुँच गई। पहले जब लोगों को कहीं जाना होता था तो वे आराम से पैदल चले जाया करते थे वही आज स्थिति ने ऐसा मोड़ लिया कि दस कदम का फासला भी इस प्रदूषित वातावरण में तय करना दूभर हो जाता है। केन्द्रीय प्रदूषण नियंत्रण बोर्ड दिल्ली ने भी अपनी जानकारी में यही दर्शाया है कि वायु प्रदूषण किस प्रकार अपनी सीमा से परे जा रहा है। नाइट्रोजन डाईऑक्साइड की अधिकतम सीमा 80 माइक्रोग्राम प्रति धन मीटर है। लेकिन वास्तविक स्थिति के हिसाब से यह 90 माइक्रोइम प्रति धन मोटर है। धूल के कण सामान्य सीमा पर 200 माइक्रोग्राम पति धन मीटर से बढ़कर 470 माइक्रोग्राम प्रति धन मीटर हो गया है। कार्बन मोनोऑक्साइड जो अधिकतम 2000 माइक्रोग्राम होना चाहिए वह भी एक दिन में तीन बार बढ़ता-घटता रहता है। इसके साथ-साथ यदि हम दीपावली के दिनों पर ध्यान दें तो हमें ज्ञात होगा कि किस प्रकार दीपावली के बाद लोगों में बीमारी की संख्या बढ़ती है। हर साल दीपों का पर्व हमारे जीवन में जहरीला धुँआ फैला कर हमारे स्वास्थ्य को असीम क्षति पहुँचाता है। दिल्ली सरकार के पर्यावरण विभाग के वरिष्ठ वैज्ञानिकों का कहना है कि पटाखों के जहरीले

धुँए से पर्यावरण में वायु प्रदूषण की मात्रा में लगभग छह से दस गुणा तक वृद्धि होती है जिसके कारण मानव स्वास्थ्य पर गंभीर और प्रतिकूल प्रभाव होते हैं।

संयुक्त-राष्ट्र पर्यावरण कार्य परिषद् ने अनेक बार चेतावनी दी है कि हमें स्वनिर्मित नाश की चेतावनी के निर्देशक-चिन्हों को पहचानना होगा और इस युग की चुनौतियों का सामना कर अपने को सुरक्षित और स्वच्छ वातावरण में बदलना होगा।

**"प्रदूषण से होकर बेचैन,**
**खोकर अपना सुख और चैन,**
**क्यों जिएँ ऐसे नरक में हम,**
**आओ बनाएँ एक प्यारा स्वर्ग हम।"**

प्रदूषण-नियन्त्रण के लिए हमें उन्नत वैज्ञानिक साधनों और उत्पादन उद्योगों को नष्ट करने की नहीं, बल्कि उसका विकल्प ढूँढ़ने की कोशिश करनी चाहिए। इसके लिए वाहनों के निर्माण में कुछ इस प्रकार फेरबदल लाने होंगे ताकि प्रदूषण की समस्या भी हल हो और लोगों को अपने यातायात के साधनों से परेशानी भी न हो। शुद्ध जल, शुद्ध वायु तथा शुद्ध भोजन मानव सृष्टि के लिए अनिवार्य तत्व हैं। इसकी प्राप्ति की समस्या राष्ट्रों के समक्ष जीवन-मरण का प्रश्न लिए खड़ी है। वायु प्रदूषण गम्भीर समस्या है, गूढ़ पहेली है। इसके हल होने पर ही मनुष्य स्वस्थ जीवन व्यतीत कर सकेगा व दीर्घायु प्राप्त कर सकेगा।

अतः कहा भी गया है :

**"वायु प्रदूषण है एक अभिशाप**
**न रोका तो होगा विनाश**
**आवश्यक है ढूढ़ँना एक ऐसा हल**
**जो दे सभी को खुशी के पल।"**

# महात्मा हंसराज का आर्य समाज एवं शिक्षा के क्षेत्र में योगदान

**दुःखेस्वनु द्विग्नमनाः सुखेषु विगतस्पृहः।**
**वीतराग भयक्रोधः स्थितधीर्गुनिरूच्यते।।**

जिसका मन दुःखों से विचलित नहीं होता, सुखों में जिसकी लालसा नहीं, जो राग, भय और क्रोध से परे है, वहीं स्थिर बुद्धि वाला है। उसी को मुनि व महात्मा कहा जाता है।

सात्विकता, निराभमानिता, कर्मठता, त्यागशीलता, परोपकारपरायणता एवं मनस्विता की साक्षात जाज्वल्यमान मूर्ति महानता महात्मा हंसराज पर महर्षि स्वामी दयानन्द सरस्वती द्वारा स्वरचित "सत्यार्थ प्रकाश" के तृतीय समुल्लास में लिखित निम्न श्लोक को उद्धृत किया जा सकता है—

**विद्यावलासमनसो**
**धृतशील शिक्षा,**
**सत्यव्रता रहित**
**मानमलापहाराः।**
**संसारदुः खदलनेन**
**सुभूषिता ये,**
**धन्या नरा विहितं**
**कर्मपरोपकाराः।।"**

जिन पुरुषों के मन विद्या के विलास में तत्पर, सुन्दरशील स्वभावयुक्त सत्यभाषणादि नियम पालन युक्त, अभिमान एवं अपवित्रता से रहित, अन्यान्य जनों की मलिनता के नाशक, सत्योपदेश, विद्यादानादि द्वारा सांसारिक जनों के दुःख दूर करने से सुभूषित, वेदाविहित कर्मों द्वारा परोपकार में तत्पर रहते हैं, ऐसे नरनारी धन्य हैं।

इस परम त्यागी महान् आत्मा का जन्म 19 अप्रैल 1864 ई. को पंजाब के

बजबाड़ा कस्बा में श्रीमती सुधड़देवी की कुक्षि से हुआ। अपने पिता लाला चुन्नीलाल जी के प्रभावानुसार ये प्रार्थना, यज्ञ संध्यावन्दन आदि में भाग लेते थे। बारह वर्ष की अल्पायु में पिता की मृत्यु होने के कारण परिवार पर विपत्तियों के पहाड़ टूट पड़ा पर बालक से एक दम प्रौढ़ बने हंसराज ने इस संकट काल में बड़े विवेक से काम लिया।

1875 ई. में इन्होंने वर्नाक्यूलर की फाइनल परीक्षा पास की, उन्होंने पढ़ना जारी रखा और 1880 ई. में कलकत्ता यूनिवर्सिटी से एन्र्टेस की परीक्षा पास करके 1885 ई. में पंजाब भर में द्वितीय रहकर बी.ए. की परीक्षा उत्तीर्ण की। 30 अक्टूबर 1883 ई. को अजेमर में स्वामी दयानन्द का अवसान होने पर 9 दिन बाद आठ नवम्बर 1883 ई. को लाहौर में ऋषि स्मारक क्या हो, इसके लिए एक विशाल सभा नियोजित हुई। इस सभा में महर्षि के स्मारक के रूप में एक एंग्लोवैदिक कॉलेज और एक स्कूल खोलने का निश्चय किया गया और इस उद्देश्य की पूर्ति के हेतु लोगों ने सात हजार का चंदा इकट्ठा कर लिया लेकिन धनाभाव के कारण स्कूल चलाने में बड़ी कठिनाइयाँ आ रही थीं। तरुण हंसराज का अन्तर्मन क्रन्दन कर उठा, उन्होंने अपना जीवन स्कूल को दान करने की सोची और इसी उधेड़-बुन में वे अपने बड़े भाई के पास पहुँचे—"मैं एक पैसा लिए बिना अपना जीवन स्कूल को दान करना चाहता हूँ और इसके लिए मुझे आपके सहयोग की जरूरत है।" भाई ने तत्काल अपने 60 रुपये के वेतन में से चालीस रुपया प्रतिमास जीवन भर हंसराज जी के परिवार को देने की प्रतिज्ञा की और इसे जीवन भर निभाया बड़ी खूबी के साथ। 30 नवम्बर 1885 ई. को आर्य समाज की अन्तरंग सभा में महात्मा जी का "जीवन दान" स्वीकृत हो गया।

महात्मा जी ने अपने कर्त्तव्यनिष्ठा और शालीनता से सिद्ध कर दिया कि भारतीय प्रशासन के क्षेत्र में वे अंग्रेजों से कम नहीं हैं, उनके नेतृत्व में स्कूल और कॉलेज प्रगति के शीर्ष बिन्दु पर पहुँचकर समूचे पश्चिमी भारत के लिए शिक्षा का मुख्य केन्द्र बन गए। महात्मा जी ने इस जिम्मेदारी को इतनी लगन से निभाया कि एक बार सर सैयद अहमद खाँ ने डी. ए. वी. कॉलेज को देखकर कहा—'मेरे पास आपसे अच्छी प्रयोगशालायें हैं, अच्छे खेल के मैदान हैं, फिर भी हमारा परीक्षा परिणाम आपकी तरह ऊँचा नहीं रह पाता। काश मेरे पास भी कोई हंसराज होता।"

हंसराज जी पहले भारतीय मुख्याध्यापक थे, इनके कार्यकाल में परीक्षा-परिणामों में सारी विशेष योग्यताएँ डी.ए.वी. स्कूल की होती थीं। इस स्कूल के परीक्षा परिणाम से संतुष्ट होकर पंजाब सरकार ने बिना माँगे हर प्रकार की सुविधा इसे उपलब्ध

कराई। 1889 में महात्मा जी आर्य समाज, अनार कली और अगले वर्ष आर्य प्रतिनिधि सभा, पंजाब के प्रधान बने।

महात्मा जी आर्यसमाज और कॉलेज का काम—दोनों में संतुलन बनाकर करते थे। तभी उन्हें जीवन के हर क्षेत्र में आशातीत सफलता मिली और वे दूसरों के लिए आदर्श बन गये।

महात्मा जी 1889 से 1911 तक दयानन्द कॉलेज के प्रिन्सिपल रहे, 45 वर्ष की आयु में उसे त्याग कर लाला साईदास को प्रिन्सिपल बनवा दिया। वेद प्रचार, समाज सेवा और आर्य प्रादेशिक प्रतिनिधि सभा का काम हाथ में लिया, दुःखी पीड़ितों की सेवा में रात दिन एक करके महर्षि का संदेश भारत के एक कोने से दूसरे कोने तक पहुँचा दिया और जब उन्होंने यह देखा कि समाज का काम भी चलने लगा तो सन 1937 में इसे भी त्याग दिया। उनके उल्लेखनीय काम थे—दयानन्द कॉलेज की स्थापना, अकाल, बाढ़, भूकम्प पीड़ितों की रक्षा के लिए खुद जाना, स्वयं सेवक भेजना, रूपया, खाद्य पदार्थ, वस्त्र, दवा आदि भेजना, शुद्धि आंदोलन और अछूतोद्धार तथा नारी शिक्षा।

महात्मा जी ने शिक्षा के क्षेत्र में भी क्रांतिकारी परिवर्तन किए—

महात्मा जी की दृष्टि में शिक्षा के चार प्रमुख उद्देश्य थे—शारीरिक शक्ति का विकास, मानसिक शक्ति का विकास, आस्था का विकास और जीवन का लक्ष्य निर्धारण करना। इन चारों की सफलता के लिए वह विद्यार्थियों को प्रोत्साहित करते थे। उनका कहना था कि मन से बलवान होने पर यदि मनुष्य शरीर से क्षीण रहे अथवा शरीर से बलवान होने से मन से दुर्बल रहे तो वांछित फल प्राप्त नहीं हो सकता। मनुष्य शिक्षित भी है और बलिष्ठ भी किन्तु उनमें आस्था नहीं हैं, धार्मिकता का अभाव है तो वह सामान्य मनुष्य नहीं कहा जा सकता। इन तीनों के होने पर भी यदि मनुष्य के जीवन का कोई लक्ष्य नहीं है तो वह दिशाहीन इधर-इधर भटकता ही रहेगा और कोई कार्य नहीं कर पाएगा।

महात्मा जी कहा करते थे कि शिक्षा सबके लिए अनिवार्य हो अन्यथा बड़े-बड़े योग्य व्यक्ति, गवेषक; अन्वेषक, उत्पन्न होना कठिन है। उनका यह भी कहना था कि शिक्षा केवल धनियों के लिए ही नहीं होनी चाहिए। अपितु निर्धन और अकिंचन व्यक्ति के लिए भी शिक्षा उतनी ही आवश्यक है इसलिए समाज को इस ओर ध्यान देना चाहिए जिससे कि निर्धनों की शिक्षा निःशुल्क हो सके अथवा धनी जन उनकी शिक्षा की व्यवस्था करें। शिक्षा के सम्बन्ध में महात्मा जी का निश्चित मत था कि मात्र अंग्रेजी शिक्षा हमारे नवयुवकों एवं नवयुवतियों को पथ-भ्रष्ट कर देगी। शिक्षा पद्धति से वह सहमत नहीं थे। महात्मा जी के काल में अंग्रेजों ने जो शिक्षा विधि

अपनाई उसमें धर्म शिक्षा का नितान्त अभाव था इससे उनके मन को ठेस लगी। राजकीय शिक्षा संस्थाओं में धार्मिक शिक्षा के लिए परिस्थितियाँ भी ठीक नहीं थीं। उसका स्वाभाविक परिणाम यह निकला कि उन स्कूलों में शिक्षा प्राप्त भारतीय धार्मिक शिक्षा से सर्वथा अनभिज्ञ रहे। महात्मा जी का मानना था कि शिक्षा में मानव धर्म को जोड़ा जाए। उसके लिए आर्य समाज द्वारा संचालित अथवा डी.ए.वी. संस्थाओं में धार्मिक शिक्षा पर बल दिया जाने लगा।

महात्मा जी आधुनिक भारत के सूत्रधार थे और उन के विचार और कार्य प्रणाली की जो सार्थकता और आवश्यकता आज से एक सौ वर्ष पूर्व थी, आज भी वह उतनी ही सार्थक और आवश्यक है।

काश! आज की उपभोक्ता संस्कृति की उपज सुविधा भोगी, धर्म-लिप्सा में आपादमस्तक निमग्न, नई पीढ़ी इस व्यक्ति से कुछ प्रेरणा ग्रहण कर सकती।

# गया समय फिर हाथ नहीं आता

गया समय फिर हाथ नहीं आता—यह उक्ति सार्थक है। युगों के भूले-बिछुड़े मिल जाते हैं, परन्तु जीवन के जो क्षण एक बार चले गए वे फिर इस जीवन में कभी नहीं मिलते। जड़ घड़ी की टिक-टिक हमें यही कुछ कहती हुई आगे बढ़ जाती है कि "समय चला जा रहा है, कुछ कर लो, कुछ कर लो।" कितनी अमूल्य हैं ये क्षण, कितनी तीव्रता है इनकी गति में, जो न आते मालूम पड़ते हैं और न जाते, परन्तु चले जाते हैं। एक ओर मानव के लघु जीवन की भयानक क्षण-भ्गुरता, दूसरी ओर सीमित समय की गतिशीलता एवं अस्थिरता।

**"स्वल्पं तथायुर्बहवश्च विघ्नाः"**

समय मनुष्य की न प्रतीक्षा करता है और न परवाह। समय की अमूल्यता की द्योतक कबीर की पंक्तियाँ कितनी महान् हैं—

**"काल करै सो आज कर, आज करै सो अब।**
**पल मे परलै होयगी, बहुरि करैगो कब।।"**

जीवन की सफलता का रहस्य समय के सदुपयोग में निहित है। समय की उपयोगी साधारण से साधारण व्यक्ति को भी महान् बना देती है। आज तक जितने महान् पुरुष हुए उनके जीवन की सफलता का रहस्य एकमात्र समय के अमूल्य क्षणों का सदुपयोग ही रहा है। बड़े से बड़े संकट, भयानक से भयानक संघर्ष में भी सदैव वैजयन्ती ने उनका वरण किया है। **"पाँच मिनट"** के महत्त्व और महात्म्य से अपरिचित आस्ट्रियन, नैपोलियन से युद्ध में पराजित हो गए थे।

जो मनुष्य आज का काम कल पर टाल देते हैं उनका काम कभी पूरा नहीं होता। वे जीवन में सदैव पश्चात्ताप की अग्नि में जलते रहते हैं।

**"आज जी भर देख लो चाँद को**
**क्या पता यह रात फिर न आए**
**है अनिश्चित हर एक दिवस हर एक क्षण**
**सिर्फ निश्चित अनिश्चतता यहां**

**इसलिए संभव बहुत है, प्राण**

**कल चांद आए चांदनी लाए न लाए।"**

बुद्धिमान व्यक्ति अपने अवकाश के क्षणों को भी व्यर्थ नहीं जाने देता।

**"काव्यशास्त्रविनोदेन कालो गच्छति धीमताम्।**

**व्यसनेन च मूर्खणां निद्रया कलहेन वा।"**

समय का दुरुपयोग, मानव को कायर, पुरुषार्थहीन एवम् अनुद्योगी और अकर्मण्य तथा मृतप्राय बना देता है।

समय के सदुपयोग के लिए मनुष्य को अपने प्रतिदिन के कार्य का सम्यक विभाजन कर लेना चाहिए। जो मनुष्य अपना निश्चित कार्यक्रम बनाकर, मानसिक वृत्तियों को एकाग्र करके कार्य करता है, उसे जीवन-संग्राम में अवश्य सफलता प्राप्त होती है। प्रत्येक मानव का यह कर्त्तव्य है कि वह अपने समय का सदुपयोग करता हुआ अपने समाज, अपने देश और मानव-जाति का कल्याण करे।

**"आलस्यं हि मनुष्याणां शरीस्यो महान् रिपुः"**

आलस्य का परित्याग करके समय का सदुपयोग करने वाले व्यक्ति ही साहित्य सृष्टा, राष्ट्रनायक, वैज्ञानिक और आविष्कारक हुए हैं। ठीक ही कहा गया है।

**"क्षण त्यागे कुतो विद्या, कण त्यागे कुतो धनम्।**

**क्षणशः कणशश्चैव विद्यामर्थञ्च चिन्तयेत।।"**

गोस्वमी तुलसीदास जी ने कहा है, **"समय जात नहीं लागहिं बारा।"** समय की गति तीव्र है इसलिए यदि हम अपनी शारीरिक, मानसिक और आध्यात्मिक उन्नति करना चाहते हैं, अपने देश और अपनी जाति का उत्थान चाहते हैं तो हमें अपने समय का सदुपयोग करना सीखना चाहिए तभी हमारी उन्नति सम्भव है। विद्यार्थियों को तो विशेष रूप से समय का महत्व समझना चाहिए क्योंकि

**"गया वक्त फिर हाथ नहीं आता।"**

# भगवान श्री कृष्ण

"कृषिर्भूवाचकः शब्दोणश्च निवृत्तिवाचक
विष्णुस्तद्भाक्योगाच्च कृष्णों भवति शाश्वतः।"

अर्थात् 'कृष' सत्ता का नाम है और 'ण' आनन्द का वाचक है। सत्ता और आनन्द दोनों ही के योग से सनातन परमेश्वर 'कृष्ण' कहलाते हैं।

वैष्णव भक्ति के अन्तर्गत भगवान् विष्णु के विभिन्न अवतारों की चर्चा हुई है, जिनमें मर्यादा पुरुषोत्तम राम तथा कर्मयोगी कृष्ण हैं। अपनी बाल लीलाओं से भक्तों को तृप्त करने वाले श्री कृष्ण महाभारत के प्रतिपाद्य हैं, और महानायक के रूप में चित्रित हैं। वह पूर्ण पुरुषोत्तम हैं। वह पूर्ण पुरुषोत्तम होने के सभी लक्षणों को धारण करते हैं। दूसरे शब्दों में श्रीकृष्ण भगवान हैं, क्योंकि वह पूर्णाकर्षण के केन्द्र हैं। पूर्णाकर्षण के सिद्धांत के बिना 'भगवान' शब्द का तात्पर्य नहीं है।'

श्रीकृष्ण के प्राकटय से लेकर समाहित होने तक उनकी प्रत्येक लीला सृष्टि के इतिहास में बेजोड़ है। भौतिक तत्वों में उद्भूत होने वाले सभी अवतार विष्णु के ही पूर्ण अवतार हुए। जब स्वयं श्रीकृष्ण अवतरित होते तो सभी विष्णु उन्हीं में समा जाते हैं कृष्ण पूर्ण ईश्वर हैं और सभी पूर्ण अवतार इन्हीं के साथ संयुक्त हैं। जब श्रीकृष्ण अवतरित हुए तो भगवान विष्णु भी उनके साथ ही थे। अतः श्रीकृष्ण अपनी वृन्दावन लीलाओं के प्रदर्शन हेतु एवं शुद्ध सीमित सीमाओं को भागवत् मुख करने के कारण ही प्रकट हुए। श्रीकृष्ण ने विष्णु अशं से वृन्दावन लीलाओं के अन्तर्गत असुरों का वध किया। उनका एक सुन्दर धाम भी है जो 'गोलोक वृन्दावन' के नाम से सुविख्यात है। वहाँ निरन्तर मुरली की मधुर ध्वनि सुनाई देती है। यहाँ श्रीकृष्ण एक नीले मेघ के वर्ण से हैं, वे इतने आकर्षक हैं कि सौन्दर्य में सहस्रों कामदेव भी द्युतिहीन नजर आते हैं।

तत्पश्चात् आरम्भ होता है नीतिकुशल कर्मयोगी श्रीकृष्ण के जीवन का आरम्भ। अरिवल प्रेमामृत सिंधु सर्वजीवप्राण वासुदेव श्रीकृष्ण स्वभावतः ही प्रेमधन मूर्ति है। मानव-मात्र के प्रति उनका प्रेम निर्मल था ऊँच-नीच, ज्ञानी-मूर्ख सभी के प्रति उनकी प्रेमस्निग्ध समदृष्टि थी। युद्ध (महाभारत का युद्ध) में उनकी कोई रुचि

नहीं थी। समस्त-सर्वत्र विषयों में वे प्रेम शान्ति से अपौरूषेय वेदवाणी और सुनिपुण विचारों की सहायता से मनुष्य की अन्तःआत्मा को जगाकर विश्वमानव के महामिलन का महान आदर्श प्रचार करने लगे थे।

भारत के प्रतिपाद्य महानायक वासुदेव श्री का ऐक्य और साम्य का महान् आदर्श, महाभारत की प्रतिष्ठा का कथ्य उनका आध्यात्मिक नींव पर समाज, राष्ट्र के प्रसाद– निर्माण का कार्य देखते ही बनता है। युद्ध में उनकी रुचि न होते हुए भी उन्हें आदर्श की निष्ठा के लिए, योद्धा का स्वाँग धारण करना पड़ा और अहिंसा और सत्य की प्रतिष्ठा लिए हिंसा और असत्य के प्रति प्रबल पराक्रम के साथ खड़ा होना पड़ा।

प्रबल शक्तियों के भय से या साथ संघर्ष की आशंका से वे आदर्श का त्याग करने के लिए कदापि तैयार नहीं थे लेकिन आवश्यकता पड़ने पर वे अपनी विप्लव मूर्ति प्रकट कर स्थिति के अनुकूल क्षत्रियभाव दण्डनीति का उपयोग करते हुए विपत्तियों के नाश में प्रवृत्त हो गए।

वेद और पुराण में भी श्रीकृष्ण के जीवन से सम्बंधित घटनाओं का वर्णन किया गया है। उनकी सब जीवों के प्रति सहानुभूति करुणा और प्रेम तथा समदृष्टि थी। उनका अखण्ड महाभारत की स्थापना का अटूट सङ्कल्प था जिसके लिए उन्हें बहुत से प्रबल-पराक्रमी दैत्य-दानवों तथा असुरों के साथ युद्ध करना पड़ा। कई स्वार्थोद्धत मदोन्मत्त सम्राट उनके शत्रु बनें और कई धनी-मानी पण्डितों के लिए उन्हें भय का स्थान बनना पड़ा। भारतीय सभ्यता को महामानवता की सुदृढ़ भूमि पर सुप्रतिष्ठित के मार्ग में आये किसी भी विप्लव का वे सामना करने के लिए निःसंकोच तैयार रहते थे।

मैं उनकी वन्दना इस प्रकार करती हूँ–

**"कौन रंग भरता है इन्द्रधनुष में,**
**कौन रंगता है रंग तितलियों के पर**
**कौन भरता है गीत कोकिल के कंठों में**
**कौन तुम्हारे भीतर श्वास ले रहा है?**
**कौन तुम्हारे भीतर धड़क रहा है**
**कौन है तुम्हारा जीवन?**
**तुम पत्ते-पत्ते में उसके हस्ताक्षर पाओगे**
**तुम पत्थर-पत्थर में उस छिपा पाओगे।"**

# जन-साक्षरता अभियान और मेरी सहयोगी भूमिका

**शिक्षा धन है मनुज हित, अक्षय और यथेष्ट।**
**अन्य सभी संपत्तियाँ, होती है नहीं श्रेष्ठ ।।**

साक्षरता, एक शब्द, जो आज सभी के अधरों पर व्याप्त है, एक ऐसी कांति है जो सम्पूर्ण वातावरण को कांतिमय बना देती है। साक्षरता का अर्थ केवल मात्र वर्णमाला सिखाने की ही कसरत नहीं है, और न ही सूचना, संप्रेषण और नवाचार अथवा आधुनिकीकरण की दुनिया में प्रवेश करने का कोई उपाय. बल्कि इसका दृष्टिकोण तो मौलिक रूप में समतावादी रहा है। यह समाज नें बराबरी लाने का काम करती है। साक्षरता एक ऐसी सुगन्धित वायु है, जिसके बहने से संपूर्ण राष्ट्र ही नहीं, अपितु संपूर्ण विश्व की असमानता एवम् जातीय भेद जैसी दुर्गन्ध की समाप्ति हो जाती है।

जब हमारे राष्ट्र को अंग्रेजों की कठोर बेड़ियों से स्वतन्त्रता प्राप्त हुई, उस समय हमारे समक्ष राष्ट्र को साक्षर करने की एक अहम् भूमिका थी। राष्ट्र में गरीबी एवम् जातीय भेदभाव का गूढ़ आतंक छाया हुआ था, लोग धर्म व जाति के नाम पर लड़ रहे थे। ऐसी विकट परिस्थिति में राष्ट्र को साक्षर करना अत्यन्त आवश्यक था, और यह बीड़ा उठाया हमारे राष्ट्र के सुशिक्षित नवयुवकों ने।

**"स्वतन्त्रता जब हुई प्राप्त,**
**दीप जले थे घर-घर में।**
**राष्ट्र को साक्षर करने हेतु,**
**उठे नवयुवक हर दर से।।**
**एक ललक थी, एक थी आशा,**
**मन में व्याप्त था दृढ़-विश्वास।**
**करूँ देश को साक्षर मैं,**
**ये शब्द थे हर नवयुवक के पास।।"**

मैं उन अनगिनत व्यक्तियों को श्रद्धासुमन अर्पित करती हूँ, जिन्होंने राष्ट्र को साक्षर करने के लिये अपना तन-मन-धन न्यौछावर कर दिया।

हमारे राष्ट्र में निरक्षरता का मूल कारण निरंतर बढ़ती हुई जनसंख्या है। भारत में प्रति मिनट पचास बच्चे व प्रतिदिन 72,000 बच्चे पैदा होते हैं। 1मार्च, 1991 को भारतवर्ष की आबादी 84,39,30861 थी। विश्व की 16 प्रतिशत आबादी भारत में रहती है। इतनी विशाल आबादी के लिये संपूर्ण विश्व भू-भाग में से भारत के पास केवलमात्र 2.4 प्रतिशत भाग ही है। नतीजा यह है कि इतनी विस्तृत आबादी को पालने के लिये आर्थिक अवस्था दिन-पर-दिन बिगड़ती जा रही है। अतः आर्थिक स्थिति मजबूत न होने के कारण अधिकांश व्यक्ति शिक्षा प्राप्त करने की सामर्थ्य नहीं रखते। अतः शिक्षा-प्रसार के कार्य में सीमित परिवार की व्याख्या करना अति आवश्यक है। जनसंख्या को काबू में करने के पश्चात ही हम अपने अभिमान के उत्तरदायित्व को संपूर्ण रूप से पूर्ण करने में समर्थ होंगे।

प्रतिवर्ष 8 सितंबर का दिन अंतःराष्ट्रीय साक्षरता दिवस के रूप में मनाया जाता है। राष्ट्र के कर्णधार प्रत्येक व्यक्ति को शिक्षित करने की उमंगें अपने हृदय में संजोकर पवित्र भावना से मैदान में उतरते हैं। इस विशाल कार्य को मात्र मनोरथ से सम्पन्न नहीं किया जा सकता। आवश्यकता है परिश्रम और अटूट परिश्रम की। चित्त में कार्य-सम्पन करने की ललक की, अभिलाषा, चाह व दृढ़-विश्वास की। भारत में आज भी 40.4 करोड़ व्यक्ति अशिक्षित हैं। इतनी विस्तृत संख्या को शिक्षित करना कोई सुलभ कार्य नहीं है। आज भारत में साक्षरता दर केवल मात्र 52 प्रतिशत ही है। आज भी 80 प्रतिशत ग्रामीण स्त्रियाँ एवम् 31.14 प्रतिशत पुरूष अशिक्षित हैं। शोक की बात है कि हम अभी तक अपने राष्ट्र से अशिक्षा के गहन अँधियारे को विलुप्त करने में समर्थ नहीं हो सके। महात्मा गाँधी ने कहा था—"करोड़ों लोगों का निरक्षर रहना भारत के लिए कलंक और अभिशाप है। इससे मुक्ति पानी ही होगी।" महात्मा गाँधी के इस विचार को ध्यान में रखते हुए हमें संपूर्ण हिम्मत जुटा कर इस पुण्य कार्य में जुट जाना होगा।

**'मिलकर हम संकल्प करेंगे।**
**हम एक बनेंगे नेक बनेंगे,**
**भारत होगा अब खुशहाल,**
**शिक्षा की जल उठी मशाल।।'**

'प्रसाद' की इन पंक्तियों की प्रेरणा से मैंने भी साक्षरता के प्रखर उजियारे को फैलाने का निश्चय किया। ऐसा नहीं कि कुछ व्यक्तियों को समूह अथवा सरकारी स्तर पर प्रयास ही इस कार्य को कर सकता है, वरन व्यक्ति की व्यक्तिगत

दृष्टि और प्रयास भी इस कार्य में महान योगदान देने की क्षमता रखते हैं। व्यक्ति यदि अपने समीपवर्ती क्षेत्र को भी देखे तो अनेकानेक अशिक्षित व्यक्ति दृष्टिगोचर होंगे। ये व्यक्ति अंधविश्वासों की गरम भट्टी में जलकर तड़प-तड़प कर अपने जीवन की स्वर्णिम बेला का सर्वनाश कर रहे हैं। अशिक्षा उनकी गरीबी को और अधिक बढ़ा रही है। वे अपनी आय को व्यय करने का हिसाब ही नहीं जानते। आय-व्यय में न तो संतुलन बना सकते हैं, और न ही बचत के तौर-तरीके। ऐसे व्यक्तियों को हम यदि विद्या रूपी अमृत का पान कराएँ, तो कितना अच्छा होगा। वास्तव में साक्षरता के लिए प्रयास एक अनोखी दौड़ है, जिसमें न केवल नवसाक्षर विजयी होता है, अपितु संपूर्ण राष्ट्र की विजय होती है।

हमारी शिक्षा-प्रणाली आज आधुनिक रूप ग्रहण करती जा रही है। इस शिक्षा-प्रणाली में ऐसी बहुत सी कमियाँ हैं, जिनके कारण शिक्षा-प्रसार के कार्यों में बहुत-सी कठिनाइयों का सामना करना पड़ता है। अधिकांशतः दृष्टिगोचर होता है कि शिक्षक और शिष्य आपस में तालमेल उपस्थित करने में असमर्थ रहते हैं। इससे शिष्य के हृदय में आत्मविश्वास और ज्ञान की पिपासा दोनों ही जागरुक नहीं होते। शिक्षक भी सम्पूर्ण ज्ञान दिल खोलकर देने में असमर्थ रहते हैं। शिष्य को अक्षर-जान तो हो जाता है, किन्तु जीवन के वास्तविक रूप से वह पूर्णतः अनभिज्ञ रहता है। अतः शिक्षा-प्रसारण के लिए शिक्षा का व्यावहारिक और व्यावसायिक बनाना होगा और ऐसी व्यवस्था करनी होगी कि गुरु-शिष्य में तालमेल रह सके। इसके अतिरिक्त शिक्षा-प्रसारण हेतु निम्नलिखित कुछ मुद्दों की ओर प्रयास श्रेयस्कर होगा—

1. सीमित परिवार (जनसंख्या वृद्धि पर रोक)
2. माता-पिता की उत्तरदायित्वपूर्ण भूमिका
3. रोगमुक्त एवम् स्वस्थ परिवार (पौष्टिक आहार)
4. घरेलू तथा पर्यावरण स्वच्छता
5. गृह-प्रबन्ध
6. स्थान-स्थान पर शिक्षा-केन्द्रों की स्थापना इत्यादि।

मैं अपने शिक्षा-प्रसार कार्य-क्रम में इस बात का ध्यान रखती हूँ कि मुझसे ज्ञान-प्राप्त करने वाले व्यक्ति मात्र अक्षर-ज्ञान तक ही सीमित न रहें, अपितु साक्षर बनकर जीवन के मौलिक रूप को समझें और अपने अमूल्य जीवन को व्यर्थ ही नष्ट न करके एक सार्थक जीवन जीने का प्रयास करें।

**'एकै साधे सब सधे, सब साधे सध जाय।**
**रहिमन मूल को सींचिये, फूले फले अघाय।।'**

रहीम के इस दोहे की वर्तमान युग में भी प्रासंगिकता है। अक्षर-ज्ञान के

साथ-साथ यदि व्यक्ति को जीवन का मूल अर्थ समझा दिया जाय, तो उसकी बुद्धि का विकास तीव्रगति से आसमान की ऊँचाइयों को छूने की क्षमता रखेगा। यदि पौधे की जड़ को सिंचित किया जाए तो वह अपनी सुगन्ध से सम्पूर्ण वातावरण को रसीला और आकर्षित बना देगा ठीक उसी प्रकार जिस प्रकार अक्षर-ज्ञान के साथ व्यक्ति को आध्यात्मिक ज्ञान भी दिया जाय तो उसकी सुगन्ध सारे राष्ट्र को सुगन्धमय बना देती है।

मैंने इस तथ्य पर विचार किया और अपने शिक्षा-अभियान में इसको महत्वपूर्ण स्थान दिया। मैंने व्यक्ति-व्यक्ति को उसके जीवन-मूल्य समझने के लिये प्रेरित किया। मैंने शिक्षा-प्रदीप के उजियारे का प्रारम्भ अपने आस-पास के निर्धन क्षेत्र से किया। जिस क्षेत्र में हजारों लोगों की झोंपड़ियों में अज्ञान का अंधकार था, वहाँ ज्ञान की रोशनी से वातावरण में चार-चांद लगाने का प्रयास किया। वहां के कुछ लोग तो निर्धनता व अशिक्षा के कारण इतने टूट चुके थे कि उनमें जीवन जीने की आशा ही शेष न थी। मैंने उन्हें जीवन के उतार-चढ़ाव से परिचित कराया। जीने की कला सिखाई। कम आमदनी में भी सुखी-जीवन यापन करने के तरीके बताएं। उनके अन्दर उत्साह और जीवन में शिक्षा-प्राप्त करने की ललक पैदा की। तभी वे साक्षर बन सके। ललक नहीं होती, रोटी कपड़ा और मकान की चिंता सताती रहती तो शिक्षा (साक्षरता) के प्रति उनकी रुचि कैसे उत्पन्न हो सकती थी? मेरे कुछ मित्रों ने भी इस कार्य में मेरा साथ दिया। प्रतिदिन एक घंटा अशिक्षितों को ज्ञान-दिशा की ओर अग्रसर करने का हमारा नियम था। ज्ञानमृत को पाने वाले बालक प्रौढ़ और स्त्रियां सभी थे। सहअस्तित्व का भाव सभी के रोम-रोम में पुलकित हुआ। सभी एक साथ प्रेमपूर्वक व उत्साहपूर्वक ज्ञान-पिपासु छात्रों की भांति निरंतर अध्ययनरत रहे और ज्ञान-प्राप्त करने में सफल रहे।

अपने इस अभियान में मुझे अनेक कठिनाइयाँ आईं। कई बार ऐसा होता कि जब मैं झोपड़ियों के बच्चों को इकट्ठा करके पढ़ाती, तभी उनके अभिभावक बीच ही में उनको प्रताड़ित करते हुए ले जाते तथा उनको काम पर जाने के लिए बाध्य करते। मुझे भी उनकी कटु झिड़कियां सुनने को मिलती। उनका क्रोध भी सच था। व्यक्ति के पास यदि पेट भरने के लिये रोटी ही नहीं है, जन्म से उसको शिक्षा का वातावरण ही नहीं मिला है और न ही इसका महत्व ज्ञात है, तब स्वाभाविक रूपेण ऐसा ही होगा। अतः साक्षर होने की ललक पैदा करने का मार्ग कंटीली डगर से परिपूरित था, किंतु मैं अपने निश्चय पर अटल थी। मैंने उत्साह पूर्वक उन्हें इस पवित्र मार्ग से अवगत कराया। न जाने कितने दिन उनको साक्षरता का महत्व समझने में लग गए। अंत में वह दिन भी आया कि एक-एक करके सैंकड़ों और

फिर हजारों व्यक्ति इस अमृत-पान करने के लिये प्रेरित हो उटे। अक्षर ज्ञान के पश्चात छोटी-छोटी ज्ञान-कोश पुस्तकें भी उन्होंने पढ़नी प्रारम्भ कर दीं। इस प्रकार मैं उनके अंदर से ऐसी बुराइयों को निकाल सकी, जिन्होंने उनको मन-प्राण व शरीर तथा धन सभी से नष्ट कर दिया था। नशाखोरी, जुए की लत, अंधविश्वास को मैं उनके दिल और दिमाग से निकाल सकीं। यह बड़ी उपलब्धि थी। यही नहीं वातावरण को स्वच्छ रखने की क्रिया से भी उन्हें अवगत कराया। अन्यथा चारों ओर गंदगी का साम्राज्य था। उस बस्ती में जाने में ऐसा प्रतीत होता था कि यह बीमारी का घर है किंतु आज वहां की काया-पलट गयी है।

मैंने उनमें लड़का और लड़की दोनों को समान प्यार और सुविधा देने की भावना पैदा की। आज उस बस्ती में जाकर और यह देखकर मैं आनन्द विभोर हो उठती हूँ कि वे कितना सुगम, सरल और आनन्द से जीवन यापन कर रहे हैं।

इसके उपरान्त मैंने पीतमपुरा गांव की ओर अपने कदम बढ़ाए। वहां की आर्थिक स्थिति तो झुग्गियों की अपेक्षा अच्छी थी, किंतु अशिक्षितों की संख्या विशाल थी। यद्यपि वहां झुग्गियों की अपेक्षा स्वच्छता की ओर सजगता था, किंतु कुव्यसनों के गूढ़ अंधकार में वे भी परिपोषित हो रहे थे। नशीले पदार्थों का सेवन एक आम बात थी। वे लड़की को लक्ष्मी का रूप न मानकर एक अभिशाप, बोझ और स्वयम् पर एक कंलक मान रहे थे तो जब मैंने उन्हें शिक्षा प्राप्त करने को प्रेरणा दी, सर्वप्रथम तो उन्होंने विद्या को दुत्कारा किंतु अंत में वे भी राह पर आ गए। उन्हें आभास हुआ कि यह दीपक वास्तव में ऐसी असंख्य किरणों का पुंज है जिसे प्राप्त करने से जीवन सफल हो जाता है। एक-एक करके उनके हृदय में अंध-विश्वासों का लोप हुआ, कुरीतियाँ विनष्ट हुईं और आधुनिकीकरण और नवीनीकरण की ओर उन्होंने कदम बढ़ाए।

मैंने जहां भी साक्षरता का प्रचार किया वहाँ मैंने उन सभी गतिविधियों से अनपढ़ व्यक्तियों को अवगत कराया, जो हमारे जीवन का अभिन्न अंग हैं। वातावरण, पानी, खाना, वस्त्र सभी को स्वच्छ रखने की आवश्यकता की जानकारी उन्हें दी। जानलेवा बीमारियों से बचाव के लिये आवश्यक टीकों के लगवाने की ओर प्रेरित किया। सीमित परिवार रखने की ओर उनके अन्दर जागरुकता पैदा की। बालक के प्रति उनके व्यवहार में सुधार भी ला सकी। कम आमदनी में भी वचत करने की सलाह दी।

तत्पश्चात मैंने प्रौढ़ शिक्षा की ओर विशेष ध्यान दिया। मेरी इस भावना से प्रभावित होकर मेरे कुछ मित्रों ने भी इस दिशा में कार्य करने की इच्छा अभिव्यक्त की। हम सभी ने मिलकर एक छोटी सी बाल-समिति का गठन किया। समिति ने

कार्यक्रम की रूप रेखा तैयार की। जिसके अन्तर्गत शिक्षा-प्रसार के लिये स्थान-स्थान पर जाने के साथ-साथ कुछ पुस्तकों के लिये भी कार्यक्रम बनाया गया। हमने अशिक्षितों के लिये कुछ पुस्तकें छपवाने के लिये अपने अभिभावकों को प्रेरित किया। हमारी इस 'साक्षरता अभियान समिति' ने रेडियों और दूरदर्शन पर भी कार्यक्रम इस रूप में दिये कि ये मनोरंजन और ज्ञान वर्धक हों। प्रौढ़ व्यक्तियों को साक्षर करना उतना ही कठिन कार्य है जितना कि पकी डाली को मोड़ना। भय था कि कहीं पकी डाली को मोड़ने से जैसे वह टूट जाती है, पर मुड़ती नहीं, उसी प्रकार प्रौढ़ों के मन भी कहीं हमारे प्रयास से टूट न जाएँ किंतु यहां भी हमें सफलता मिली। एक ही बस्ती के एक सौ से अधिक प्रौढ़ों को हम शिक्षा की ओर उन्मुख करके शिक्षित कर सकीं। हमने स्थान-स्थान पर पर प्रौढ़-शिक्षा से सम्बन्धित पोस्टर लगवा दिए। इससे प्रौढ़ों के मन में जागरुकता पैदा हुई। मैंने अपनी 'साक्षरता अभियान समिति' की सभी सदस्यों को यह बात ध्यान रखने के लिये कहा कि हमारे शिक्षा अभियान में अंहकार की भावना न आने पाए बल्कि हम ऐसा वातावरण तैयार कर सकें कि निरक्षर अपनी समस्याएँ खुले दिल से हमारे सामने रख सकें। हमें यह ध्यान सदैव रहता कि उन व्यक्तियों के मन में हमारे सम्मुख हीनता की भावना जागृत न हो। हम अपने व्यवहार को सीधा, सच्चा और सरल रखती। हमने उनके ऊपर अपना सम्पूर्ण स्नेह उडेल दिया। स्नेह-रिक्त हृदय किसको वश में नहीं कर लेता। प्रेम से तो भगवान भी वश में हो जाते हैं और फिर अब तो हम जन-जन में भगवान के दर्शन कर रही थीं।

नारी परिवार के उत्थान का आधार है। नारी-शिक्षा को भी प्रौढ़-शिक्षा के अन्तर्गत स्थान दिया गया। हमने प्रौढ़ों में न केवल पुरूषों को अपितु स्त्रियों को कहीं अधिक शिक्षित करने का प्रयास किया। हमने स्त्रियों को सीता की तरह गुणवान और शिक्षित बनने की प्रेरणा दी। एक नारी शिक्षित है तो पूरे परिवार को शिक्षित कर सकती है। उन्हें आभास हुआ कि वास्तव में यह जीवन दुःखों की कड़ी धूप के तले व्यतीत करने के लिये नहीं, जीवन की सांझ दुःखों में ढलने के लिये नहीं, अपितु अभी भी शिक्षित होकर पूर्णिमा के चन्द्रमा जैसी शीतलता पाकर वे अपने जीवन को तृप्त कर सकती हैं। इस प्रकार अपने प्रयत्न से हमने बहुत सी स्त्रियों को शिक्षित करके उनका एक महिला मंडल बनाया। जिससे वे शिक्षित महिलाएँ अपने सम्पर्क में आने वाली अन्य महिलाओं को भी शिक्षा-प्राप्ति की ओर उन्मुख कर सकें। कुछ महिलाओं ने तो इस दिशा में बहुत ही अधिक उत्साह दिखाया। वे गर्व-पूर्वक ये पंक्तियाँ दोहरा सकती हैं—

**'मत कहो इसे तुम अबला अब।**
**शिक्षित नारी है सबला सब'**

अब हमारे अभियान का द्वितीय अध्याय भी लगभग पूर्ण हो रहा था। इसके पश्चात हमारे अभियान का प्रमुख एवम् मूल कार्य निकटवर्ती गाँव में जाकर लोगों को शिक्षित करना था। हम सभी मित्रों ने पूर्ण उत्साह के साथ तैयारियाँ आरम्भ कीं। ग्रीष्मावकाश में हम सभी कुछ दिन की शैक्षिक यात्रा की ओर निकल पड़ीं। हम हरियाणा के एक गाँव में पहुंची। वहां की मनोवृत्ति को देखकर तो हम दंग रह गई। दहेज-प्रथा, बाल-विवाह और नारी अत्याचार का बोलबाला था। आबादी भी बहुत ज्यादा थी। लगभग दस दिन तक तो हमें ऐसा लगा कि हमारी किसी भी बात का उन पर कोई असर नहीं था। हमें उनके व्यंग्य ही सुनने को मिलते रहे किंतु हमारी यह दस दिन की मेहनत व्यर्थ नहीं गई। दृढ़ निश्चय और उत्साह के समक्ष किसी ने भी हार नहीं मानी। हमने वहां के सरपंच को सबसे पहले शिक्षा-प्रसार कार्य के महत्व को समझाया व ग्राम-पंचायत के सदस्यों की विचार-धारा में परिवर्तन किया। हम उस गांव में लगभग एक महीने तक रहीं। वहां हम एक छोटा-सा स्कूल खुलवाने में सफल रहीं। समीप के गांव के एक शिक्षित नवयुवक को वहां के स्कूल में लोगों को शिक्षा देने का कार्य भार सौंपा। वह शिक्षित युवक हमारे कार्यक्रम से प्रभावित हुआ और उसने सहर्ष अपना योगदान देने का वचन हमें दिया। दिन में तीन घंटे बच्चों की शिक्षा का कार्यक्रम रखा गया और रात्रि में दो-घंटे प्रौढ़ शिक्षा का कार्यक्रम बनाया गया। प्रारम्भ में वहां इस प्रकार पांच घंटे प्रतिदिन शिक्षा-संस्था में शिक्षा कार्य रखा गया। एक महीने में हम पचास बच्चों को विद्यालय में प्रवेश दिलाने में सफल हो पाईं। रात्रि में भी लगभग तीस पैंतीस पुरूष-स्त्रियाँ शिक्षा प्राप्त करने के लिये आने लगे। हम अपनी इस मंजिल को पाकर बड़ी प्रसन्न हुईं। इस सफलता ने हमारे अंदर और अधिक भी उत्साह का संचार किया।

यह सब कार्य अथाह सागर की एक बूंद मात्र है। प्रकाश की किरण अब हमारे समक्ष हैं और लग रहा है कि धीरे-धीरे प्रकाश पुंज इतना निकट आ जाएगा कि अपने किरणों से चारों ओर उजाला ही उजाला कर डालेगा। बूंद-बूंद से सागर बनता है, दीप से दीप जलता है, दीप माला बन जाती है। फूल-फूल गुँथकर माला का रूप बना देते हैं और गले की शोभा बढ़ाते हैं। अब तो यही लग रहा है कि हमारे देश के लाखों करोड़ों अशिक्षित भी एक-एक करके सभी शिक्षित हो जाएंगे और यह माला भारत-मां का सुरभित हार बन चारों ओर सुगंध का प्रसार करेगी। हमें इस पुण्य कार्य में मिलकर प्रयत्न करना होगा। सरकार के ऊपर ही इस कार्य को नहीं छोड़ना

होगा। प्रत्येक शिक्षित का कर्त्तव्य है कि वह अपने दैनिक जीवन में से शिक्षा-प्रसार कार्यक्रम को कम से कम एक घंटा अवश्य अर्पित करें।

हम सभी मित्रों का अभियान इतना ही नहीं है। हम अपने अभियान को निरंतर बनाए रखेंगी। हमें निरक्षरता और अंधविश्वास के अंधकार के अंधकार में डूबे जन-जन को साक्षरता और ज्ञान के प्रकाश में लाना होगा। इसका क्षेत्र अत्यंत विस्तृत है। जब दिल्ली जैसे महानगर में ही लाखों व्यक्ति अनपढ़ हैं, तो सुदूरवर्ती और आदिवासी इलाकों की तो बात ही क्या? शिक्षा-प्रसारण का चिराग अभी बहुत भेद्य प्रकाश दे रहा है, प्रयत्न रूपी तेल डालें तो यह प्रकाश-पुंज और अधिक चमक उठेगा। हमें अनेक कष्ट उठाने पड़ेंगे किंतु घबराना नहीं होगा। गुलामी की जंजीरों से निकालने के लिये भारत के वीरों ने अनेक कष्ट उठाए। हमें उनसे प्रेरणा लेनी चाहिये। तभी हम शिक्षा के वातावरण में सांस ले सकेंगे और अशिक्षा की गुलामी की जंजीरे तोड़ सकेंगे। तभी भारत का विकास सम्भव होगा। भारत अपने प्राचीन गौरव को पुनः प्राप्त कर सकेगा और जगद्गुरु बन सकेगा। विश्व के शिक्षार्थी यहां आकर शिक्षा प्राप्त कर सकेंगे। हर क्षेत्र में भारत सर्वप्रथम होगा। मन में दृढ़ विश्वास हो, उमंग हो, उत्साह हो तो लक्ष्य हमारे सम्मुख है।

# श्रद्धांजलि

साई!

उन फूलों का कोई महत्त्व नहीं;
जिसकी महक को
तुमने महसूस न किया हो।

उन दीयों की भी कोई महत्ता नहीं,
जिसकी वर्तिका में
तुम्हारें आदर्शों का तेल न डला हो।

उन नेत्रों का भी कोई सौन्दर्य नहीं
जिसने तुम्हारे प्रेम वियोग में
अश्रु न बहाए हों।

वह जीवन कोई जीवन नहीं,
जिसमें तुमसे बिछुड़ने की
कसक न समाई हो।

वह प्राण कोई प्राण नहीं
जो तुम्हारे नाम पर
मर-मिटना न जानते हों।

वह लेखनी सार्थक नहीं
जिसने तुम्हारी महत्ता व चरित्र को
वर्णित न किया हो

देव!

मुझे अपनी करुणा का
यही उपहार दे दो
मेरी प्रत्येक श्वास में
अपनी श्वास का स्पन्दन भर दो।
मेरी हर संवेदना को
अपने हृदय की धड़कन में बंद कर लो

# सहायक पुस्तकें


जब तुम जागो तभी सवेरा — स्वेट मार्डन
उद्धरण कोश — भोलानाथ तिवारी
जीत आपकी — शिव खेड़ा
रेकी-सम्पन्नता का प्रतीक — पॉला हॉरेन
सफल जीवन — सत्यकाम विद्यांल्कार
सूक्तियाँ — धमेन्द्रनाथ शास्त्री
भारतीय स्वतंत्रता आंदोलन में क्रान्तिकारियों की भूमिका — मांगेराम आर्य
आत्म विश्वास से जिएँ — बलराम
राजहंस हिन्दी निबन्ध
सत्यार्थ प्रकाश — महर्षिदयानन्द
हमारे लोकप्रिय गीतकार — गोपालदास नीरज
मुश्किलें हमेशा हारती है, संघर्ष करने वाले हमेशा जीतते हैं — राबर्ट एच. शुलर
सम्मान से जिएँ — शिव खेड़ा
बहुतेरे हैं घाट — ओशो
अवसर बीता जाए — ओशो
हंसे खेले न करे मन भंग — ओशो

समाचार पत्र— हिन्दुस्तान
पजांब केसरी
नवभारत टाइम्स
दैनिक जागरण
आर्य जगत

**नोट**–(मैंने अपने जीवन काल के 35 वर्षों में विद्यार्थियों को प्रतियोगिता की तैयारी करवाते समय कई पत्र-पत्रिकाओं, विभिन्न विद्यालयों की पत्रिकाएँ, समाचार, दूरदर्शन से प्रसारित कार्यक्रम, कवि सम्मेलन, गोष्ठियाँ; परिचर्चाएँ, निबन्ध, इतिहास व कविताओं की पुस्तकों की सहायता ली। अनेक साहित्यकारों के उद्धरण दिए– चूँकि समय अधिक बीत जाने के कारण मैं उन सब लेखकों प्रकाशकों व अन्य स्रोतों के नाम देने में असमर्थ हूँ परन्तु में उन सभी के प्रति हार्दिक आभार व्यक्त करती हूँ)